社会を変えるには

小熊英二

上海译文出版社

改变社会

[日]小熊英二 著

王俊之 译

前　言

　　想改变社会的人可能很多，但又并不认为真能改变。或者到底该怎么做也并不清楚。即便选举时去投票，即便自己当选为政治家，但对此举能改变社会持怀疑态度的人应该也不在少数。

　　2011 年，东日本大地震及福岛第一核电站事故相继发生后，爆发了多次脱核电游行。《朝日新闻》的舆论调查（2011 年 12 月 30 日晨刊）显示："大地震后想为社会尽一己之力的心情比以前强烈"的人约占 71%，而面对"游行能否推动政治"的提问，44% 的人回答说"能"，特别是 20—30 岁这一年龄层，占到 50%。

　　但是，回答"对参加游行有抵触感"的，整体占比为 63%，在 20—30 岁年龄层中，为 68%。"有政治参与意愿"的人则占 37%。

　　在不想参与的原因中，占比最高的是"即便参与社会也并不会轻易改变"，为 67%。可另一方面，认为"交给现在的政治家就可以"的却仅有 3%。

　　从中，可以隐约窥见这样的一种心情：有改变当前社会之心，可就算自己参与也不会改变，于是就不参与政治。但另一方面，当看到游行爆发时又会觉得"或许也不是不可能……"

　　这种情况，我们又该如何解读呢？社会会改变吗？又如何去改变？

　　经常有报社记者问我："游行又能改变什么？""投票不是更好

吗？""不组建政党将手无缚鸡之力吧？""不过是满足自我而已吧？"等。但说到底，所谓改变社会，到底指什么呢？

似乎很多人认为，前去投票，选举出议员、政党，通过法律，这就是改变社会了。但就如将在第四章中阐述的，这不过是诞生于18世纪至19世纪的近代代议制民主主义思维，若抱住不放，思路就未免狭窄了。那成立NPO（非营利组织）呢，创业呢？是不是就能改变社会了？但这也依然稍嫌狭窄，都是近20年，最多不过是约200年前出现的陈旧套路。

那该怎么办呢？在回答之前，我们有必要搞清楚的是，今天的日本到底在发生什么？而本书整体而言，就是要从历史的，社会结构的或思想的层面，对上述问题进行思考。

全书共分七章。

第一章是对日本社会现状的考察。其中将对作为社会运动主题于2011年浮出水面的核电问题在日本社会中的定位加以思考。

第二章要阐述的是随着社会的变化，社会运动又是如何变化的。第三章是在此基础上对战后日本的社会运动史加以描述，并思考其现代①定位。

第四章至第六章，则要思考民主主义到底是指什么，代表选举是怎么回事，发展到今天，这一制度又是如何寸步难行的。

这三章分别选取了不同领域的部分内容，第四章是古希腊思想，第五章是近代政治哲学，第六章则是现代思想。看上去像在绕远，但要探讨仅靠"投票选举议员"能否改变社会，就有必要通过这样的回顾和思考来拓宽思路。并且，这部分内容本身也是意想不到的有趣。

在前六章的基础上，我们将在第七章再次回到现代日本，并对投身社会运动时可能具有参考价值的若干理论进行简要的解说。

第四章至第六章均独立成篇，对到底什么是民主主义感兴趣的读者，可从这部分读起。

---

① 日本的"现代"划分起点为第二次世界大战之后，本书将沿用此"现代"的概念。——译者

目　录

第一章　当今日本身居何处

约从 2000 年代开始，经济低迷、贫富分化、危机密布之类唱衰之声，逐渐成为日本社会的"时代强音"。社会不变没有出路，如此下去"国将不国"之感，也正是以此为背景扩散开来的。

自 1960 年代至 1980 年代，日本曾被称为 "JAPAN AS NUMBER ONE"①。只要读好学校，进好公司，等待你的就是安定的生活、舒适的养老，即"一亿国民全中产②"的曼妙时代。但现在，那个时代构筑起的社会结构、雇佣制度、教育体制、社会保障、政治运作等均已寸步难行，日本似已陷入进退失据的全面故障之中，更糟糕的是，可取而代之的新型模式却至今无处可寻。在日本，若"要改变社会"，就非从把握这一状况开始不可。

已成往事的"工业社会"

1990 年代中期，日本的各类经济指标登峰造极，零售商品、出版物的销售额及新车国内销量，均在 1996 年创下最高纪录。发行量为世界之最的漫画杂志《周刊少年 JUMP》也在 1995 年达到每期 653 万册的发行量（2008 年，却只有 278 万册了）。此外，受雇员工的平均薪酬于 1997 年至 2010 年间下降了 15 个百分点，领取生活救济的人员数量（月均）于 1995 年创下 88 万人的最低纪录后，又于 2011 年突破了 200 万人大关。

这一切究竟是如何发生的？！在众多解析中，有以财政及金融政策说明的，也有以人口动态阐释的，而本书则是从"由工业社会过渡到后工业社会"的角度试加整理。

所谓"工业社会"，即以工业为中心的社会。那么日本的工业社会究竟起于何时，又止于何处呢？在日本，制造业从业人员数量超过传统农业（含农林水产业）是在 1965 年，并于 1992 年登顶，但仅两年之后的 1994 年便被服务业赶超。而到 2011 年，其从业人员的整体占比就已由峰值期 1992 年的 25% 下降到了 16%。

当然，日本的制造业至今占据重要地位，但从 1965 年到 1993 年，基本上是"从东京奥运会的举办到日本泡沫经济的破灭"这段时间，可以说，日本尚处于以工业为中心的"制造大国"时代。而此一时期，也是日本"婴儿潮一代"③年富力强、劳动力人口相当充足的时代。实际上，日本从业人员数量也在 1997 年达到了最高值。

美国又是什么情况呢？制造业从业人员占比在 1966 年登顶，之后到 2011 年这段时间，其比率基本由 28% 下降到了 9%。特别是在 1970 年代两次石油危机，及 2000 年代全球化的冲击下，美国制造业的人员占比不断走向新低。

也就是说，美国的制造业衰退远早于日本，而其催生的后工业社会论调，也在流入日本之后于 1980 年代盛行一时。但现在看来，对当时的日本来说，这一论调为时过早。

何谓工业社会

那么，工业社会到底是什么样的社会呢？综合各类社会理论的描述，其情形大致是这样的：

工业社会的象征是 20 世纪初的福特汽车厂。即大型厂房内的流水线

---

① 此为美国社会学家傅高义 1979 年的著作标题，中文译名为《日本第一：对美国的启示》。——译者

② 原文为"一亿总中流"，日本一段时期内的经济发展口号，共计一亿国民全体都变成中产阶级的意思。——译者

③ 日文原词"团块世代"，指日本二战后出现的婴儿潮，因其出生、上学、就业乃至退休都对日本经济有影响，故有专有名词指称。——译者

作业、大批量生产。工厂大量雇用劳动力，并提供高额薪酬。后者得益于庞大工会组织争取加薪的努力，而高额薪酬支撑下的强大购买力又保证了大量生产的工业产品的销路畅通，由此带给厂方的稳定利润又反向保障了雇用的稳定。实现此一（良性）循环的正是工业社会。

并且，一旦男性劳动者的雇用及高额薪酬安定无虞，曾在外劳动的女工及农妇也就逐渐变成了家庭主妇。而家庭主妇的大量出现也正是工业社会独有的社会现象。此前，不分农户商家，已婚女性都要外出工作以支撑家庭开支。而上流阶层的"贵妇"们虽幽居深庭，但也不是"主妇"，她们并不操持家事，而是将之交于侍女或家丁，这与专事家务的家庭主妇自然是有着质的不同。所以，家庭主妇既不在农户商家，又非为地主贵族，而是工业社会到来后都市中产阶层的专属象征。

在这样的社会，政治领域也颇为安定。农民、个体经营者及企业家支持保守党，工会则支持劳动党，两党制由此确立。当劳动党成为政治中心，社会福利制度就会随之完善，而其财政来源则是稳定雇用及高额薪酬支撑下的税收及社会公积金。

乍看之下，这样的社会相当美好，但也有不好的一面，即整个社会整齐划一。

先是商品的整齐划一。以该时代的生产及信息技术而言，要变更大批量生产的流水线并非易事，无法实现多样化。因此，即便大企业推出的新产品只进行了设计或功能的些微改变，也要靠强大的宣传力量才能脱销。在这样的社会，大家都开一样的汽车，用一样的电器，住一样的住宅，是一个如流水线所吐出的产品般整齐划一的时代。

整齐划一的还有劳动方式——寄身于大公司金字塔组织内的长期雇用。在既定时间前往公司或工厂，又在既定时间下班回家。蓝领们是统一的工装，白领们是清一色的西服，他们以爬上公司金字塔的更高一层为目标不断拼搏。

女性在主妇之外，其生活选项乏善可陈。而孩子们的目标，则是考入好大学，进入大公司。25 岁左右结婚，30 岁之前生下第二个孩子，并以长期雇用为担保贷款购房,一到 60 岁便退休。往好了说,这是稳定的一生,而往坏了说,不过是在既定轨道上狂奔的一生。当然,工业社会也有农民和个体经营者,但一般认为,总有一天,他们也会加入蓝领或白领的劳动大军,成为工厂或公司的一员。

后工业社会

相对于"工业社会",一般认为"后工业社会"是这样的:

先是信息技术进步、全球化蔓延。精密的设计图纸用电子邮件发送,就可在全世界任何地方的成本低廉的工厂定做了。于是,为规避国内昂贵的人工成本,发达国家的制造业要么移师海外,要么与海外工厂合作。即便工厂留在国内,但有了电脑控制的自动化机械,基本也不需要熟练工人了;而简单的重复性业务,则由短期雇用的非正式工来做。即便是事务性工作,简单事务同样可交给非正式工,设计等专业性业务,则发包海外即可。长期雇用的正式工,就只剩企划等少数核心员工了。金字塔形的公司组织就此溃散,取而代之的是随时召集、随时签约、随时解约的临时性人员网络。

发达国家的制造业减少,而信息产业及依靠 IT 技术投资全球的金融业等则兴旺起来,并催生出大量的新式承接业务,如快递、数据录入等。为向在商业街工作的核心精英提供支持,从事简单作业的事务员、清扫员、便利店员、餐饮店员等也必不可少。这就是以在麦当劳打工的工作人员为象征,被称为"Mac Job"的短期雇用者们的职业。一般认为,一位核心精英的周围,约需 5 位外围劳动者为其服务。这类劳动者无法发包海外。反过来说,虽说是发达国家的都市,但多数人都成了外围劳动者,贫富差距也越来越大。

工作方式的这一变化,也直接削弱了工会的力量。走马灯般频繁更换的临时工,海外发包与短期合同不断增加,本就未必能在同一个地方工作,组织性自然就会下降。说是"劳动者",但彼此的处境却各不相同,究竟保护哪一阶层的劳动者利益才好，这一判断本身都困难起来。若要保护原工会组织内的正式员工，就难免会与非正式员工发生冲突，而工会组织也确实仅被视为部分劳动者的代表了。

此外，如提起工人就是连体工装等的劳动阶级文化也不再成立了。工作方式、着装都"自由"和"多样"了，劳动者自身的身份意识日益淡薄，这也进一步弱化了工会与劳动党的力量。

但另一方面，是企业家就能团结一心，是农民就能利益一致等判断也同样不复存在了。大家都是越来越"自由"和"多样"了。曾得到他们支持的保守党一方也在弱化，由既有政党支撑的政治丧失了稳定感，无处可去的"浮游选票"不断增多。

并且，因长期稳定雇用的人在减少，用于社会福利的税收及公积金等也随之减少，又因工会及劳动党力量弱化，福利削减，贫富差距也越来越大。正式雇用减少，就职竞争愈演愈烈。因学历低就只能从事"Mac Job"，所以大学的升学率随之高企。但这与当年所有人争过独木桥的高考大战不同。如今，竞争激烈的只是家境富裕、成绩又好的这一组，其他阶层，则因知道即便入读中下等院校未来也是黯淡无光，所以，反而是竞争欲丧失、无心向学的孩子在不断增多。父辈们的阶层分化就这样过继给了下一代。

孩子们的学历确需父辈收入的支撑。即便不说孩子，因男性的雇用与薪酬不稳定，家庭主妇也只好走出家庭，导致女性劳动力占比上升。男性薪酬下降，女性劳动者增多，从各种意义上来说不再宽裕的家庭就在增多。虽不能说这是唯一的原因，但一个不争的事实是，这也直接导致了家庭结构的不稳定。

还有一点，虽说失业及非正式雇用比率在整体攀升，但因优先考虑年长者正式雇用的维持等，年轻人所遭受的失业及非正式待遇打击最为严重。年轻人因很难获得稳定收入，与父母同住的现象长期化，晚婚、少子化也就日甚一日了。

以上现象几乎在所有发达国家都是普遍存在的，但也会或多或少地出现某种变奏。在社会保障体系较为完备的国家，比如北欧各国，年轻人即便收入少，离开父母的屋檐之下生活也并无大碍，年轻人与父母同住的现象就没出现长期化倾向。相反，在社会保障体系尚不健全，或该体系以家庭为单位建构的国家，比如，一旦离开正式雇用的父母，非正式雇用的年轻人就无法加入健康保险，他们也就离不开父母了。在日本及南欧等国家，与父母同住的长期化倾向已经出现。

自由多样的社会

但后工业社会也有好的一面。这就是，所拥有的"自由"越来越多了。

稳定、长期雇用职位减少，非正式、短期雇用职位增多，无论是好是坏，工作方式确实是"自由"和"多样"起来了。差距虽在拉开，但一说正式员工便是西装笔挺、定点上下班等却也不复存在了。

而一旦工作方式多样化，各类生活方式也就被社会所容许和接纳了。比如一边从事临时性工作一边为音乐梦想努力，较之以前很容易就可做到。

此外，优质商品也便宜了。工业时代的大批量生产，其成本虽较手工业时代有所下降，但都是整齐划一的流水线产品，质量未必好。并且，因其在发达国家内部生产，价格无论如何也无法低于某一水平线之下。当然，也可以从发展中国家进口，但其工业产品易出故障，服装等的设计也很糟糕。正因如此才便宜吧。要想买优质的非流水线产品，就只能买价格不菲的品牌。

但最近，只要用电子邮件把精密的图纸数据送往发展中国家的工厂，就能做出与设想一致的产品了。再将之进口到国内，就可以低廉价格提供优质商品。即便是贴有品牌商标的服装、包包等，实际上它的生产过程是，图纸由意大利设计师画成，日本公司再将之送往柬埔寨的工厂加工。

因信息技术及快递业务普及，要改变生产及流通渠道也简单了，多品种少量生产、多样化配送方式成为可能且更便宜了。工业化时代无法奢望的适合自己品位的产品及服务，通过网络检索就能轻易到手。工业化时代，在"今年流行这一款"的宣传下，大批量生产的"新作"席卷市场的现象一去不返，一切，都成了各自的自由选择。

对消费者来说，可以说这是一个相当好的社会。但对生产者和劳动者来说，日子就不好过了。不断降低产品价格，又为提供好的产品而不断压低工资，改用非正式员工，将订单发往海外，时刻注意市场动向，可谓忙碌不堪。对于无须劳动的单纯消费者或能获取高额回报的精英自然不错，但剩下的人却只能拿着微薄的工资更加辛苦地工作，借购买物美价廉的商品来自我安慰，聊以消愁。

年轻人的幸福指数之高出人意料

在进入后工业社会的发达国家，年轻人的失业率都在攀升，从事非正式工作的则在增加。要打入核心员工圈绝非易事，就算挤进去，等待自己的也是无日无休的激烈竞争……

但意外的是，无论哪个发达国家，其年轻人的幸福指数均普遍偏高。日本内阁府每五年一次的"世界青年意识调查"也显示，无论哪个国家，18—24 岁的年轻人中，回答"幸福"或"若二选一，那就幸福"的基本占到了九成（截至 2003 年的数字，2008 年度的调查已没有这一设问）。

为什么会这样？原因众说纷纭，但首先，无论是生活还是工作，年轻人远不晓得什么叫严酷。身体很棒，大小病没有，说到将来，就是"车到山前必有路，船到桥头自然直"的无来由乐观。即便在各类不同国家中调查，年轻人的幸福感普遍高于年富力强，30—50 岁的所谓中坚阶层，也是一个几乎共通的倾向。

此外，好东西可很便宜地买到，自由、乐趣多多，似乎也是年轻人颇感幸福的原因所在。网络、电子游戏、手机等不断翻新，着装及工作方式也比以前自由了。时装也好，音乐也罢，优质之物均可低价享受。

比如听音乐，在1968年，一张LP唱片①要2 000日元左右，而当时一名大学毕业生的起步工资仅有30 600日元，换算到今天，买一张LP唱片就得掏13 000日元；但现在连每月800日元即可随便下载的音乐网站都有了。

在1980年代初，一件长外套的标价约为70 000日元，但现在却只要2 000日元。过去，只有唱片公司才能具备的专业录制器械，现在几万日元即可到手，且性能更好，所以从事非正式工作的音乐人不费吹灰之力就可制作出自己的CD。

此外，18—24岁的多数人还只是学生，并没走向社会。因现在的社会对消费者来说是一个美好的社会，幸福指数高一点也不足为怪。即便走出校门后暂时从事非正式工作，只要月入十几万日元，也依然能生活得相当快乐。

但话说回来，这些年轻人对未来人生的展望却并不乐观。买得起越南产的电器、柬埔寨制的服装，却买不起国产的住房；工业产品可以进口，却无法进口土地。房租不菲，也就无法离开父母的那片屋檐。无法进口的，还有以人为对象的服务。其中，可随便找人替换的便利店店员等虽然人工便宜，但专业性服务——比如教育——就昂贵了。在今天的日本，要把一个孩子养到大学毕业，试算下来会是一笔少则3 000万，多则6 000万日元的庞大开支。这就导致年轻人极易陷入"离不开父母、结不了婚、生不了孩子"的窘境。即便鼓起勇气结婚生子，若夫妻俩都没有正式工作，生活不稳定不说，也无法让孩子接受良好的教育。

但要真正感触到这些，多数人要到30岁以后。再加周围的成年人都还保留着前一时代的感觉，穿着够气派，一色儿的智能手机，难免会让人认为，这不还相当富有吗？说不定我也有那一天。于是，年轻人幸福感的小小火焰，又蹿升出一截。

---

① 每分钟33又1/3转的长时唱片，后被CD取代。——译者

日式工业社会

一般认为，日本进入后工业社会是在 1990 年代中期以后。前面也曾提到，日本制造业的从业人员数量，在 1992 年达到顶峰，并于两年后的 1994 年被服务业赶超。这一现象的出现，西欧各国及美国要远早于日本，特别是在 1973 年与 1979 年两次石油危机的冲击之下，这些国家相继大面积步入了后工业社会。OECD（经济合作与发展组织）各成员国在 1970 年至 1993 年间，制造业从业人员平均减少了 22%。

为什么欧美各国的制造业早在 1970 年代到 1980 年代便遭遇衰退，而日本却迟至 1990 年代都没发生呢？下面，我就把自己的思考作一简要陈述，与读者朋友分享。

首先，从大的方面来看，1970 年代到 1980 年代的日本，尚如今天的中国及东南亚各国，还是一个将发达国家业已衰退的制造业承接下来的新兴国家。当时日本制造强势的象征，就是现今已将生产中心转移至其他亚洲国家的半导体。实际上，日本 1984 年对美出口总量的四分之一是面向在日美企的出口和面向美国本土企业的零部件出口，再就是基于 OEM（其他公司品牌产品的委托制造业务）合同的成品出口。

让这一切成为可能的，则是东西两大阵营冷战正酣的国际环境。中国是东方阵营的一员，并未加入世界市场。韩国及东南亚的西方阵营各国又因处于冷战体制特有的亲美独裁政权之下，政局不稳，教育程度尚低，无法成为发达国家制造业转移的目标地点。此外，在 1980 年代的"新冷战"中，美元高企，日元走低，又进一步加强了日本制造业的承接能力，仅日本一国的国内生产也足以应付欧美的需求。

在上述条件下，我们今天所谓的"昭和日本"模式成型了。

1973 年的石油危机之后，日本企业推进生产自动化，不仅成功削减了石油及人工成本，也造就了一个"高技术国家"，其生产率之高技压群雄。但令人费解的是，制造业人员的削减并没造成失业率的上升。这是为什么？一般认为，其原因在于让女性、地方及中小企业等日本社会的"弱势群体"承受打击，再对这些群体加以辅助或保护的"日式工业社会"的确立。

石油危机之后，日本企业率先裁掉的就是女性员工。被鼓励婚后或育后辞职的女性们成了男性劳动力的配偶。成为主妇的女性若不外出求职，就不会计入失业者之内。男性员工呢？因为日本工会是企业内工会，企业不是通过裁员，而是通过将员工由制造部门调往销售部门或行政部门等，维持了男性正式员工雇用的稳定。

美国却完全相反，石油危机后，其男性雇用稳定不再，女性劳动者比率随之上升。直到1960年代，日本女性劳动者的比率一直高于美国，这一情况在1970年代发生了逆转。

在日本，1975年是女性劳动者比率最低的一年，反过来说，就是家庭主妇率最高的一年。这也正是"婴儿潮一代"的女性纷纷结婚生子的时期。育儿期结束后，女性们便作为低薪非正式员工进入制造业或服务业，支撑起了日本经济的发展，其所进入的就是都市中的超市或从事承接业务的地方中小企业。日本制造业的合理化，正是有了这类承接企业及非正式员工的"牺牲"才得以成立的。

这一时代，即便在日本，如超市的收银员与配送、大厦的保安及餐饮产业等诞生于后工业社会的"Mac Job"也出现了。而肩负起这类工作的，正是日本的主妇、学生和老人。大企业的简单事务性工作则由未婚女性承担。

在1980年代中期，由未婚女性、主妇、学生、老人等构成，这一有着"第二劳动市场"之称的阶层，在整体雇用人员中的占比为60%—65%，高居主要发达国家之首。可以说，所谓石油危机后的雇用分化，不是没在日本发生，而是被边缘化了，并不醒目而已。

尽管出现了上述情况，却并未作为问题呈现出来，则要归功于日本社会打造出了一个以"核心层"为这些"边缘层"提供支撑的社会结构。"核心层"是以制造业为中心的大企业和在那里工作的男性正式员工。只要大企业稳定，就能润及承接其业务的中小企业。而只要男性正式员工的雇用及薪金稳定，作为其配偶、子女的女性与年轻人即便是低收入劳动者也不会成为问题。此外，地方及中小企业、个体经营者与农民则能获得补贴，并受到竞争保护，以免被大企业击垮。

若从反面来看，因中小企业、女性及年轻人等所承担的是低收入劳动或无收入家务，所以，这也是一个大大提高了大企业及男性正式员工生产效率的社会。即相互扶持、相互依存的关系。

就这样，自1970年代至1980年代，"日式工业社会"构筑完成，虽说是"日式"，但相较于文化含义，更是其在当时的国际位置及技术水平中形成的社会构造的某种变奏。

但这一构造也潜伏着致命性危险，一旦"核心层"失势，日本社会就会整体雪崩。但当时，还是日本制造业被称为"JAPAN AS NUMBER ONE"的时代。在1973年的总理府①调查中，认为自己的生活处于"中产阶级"水平的超过了90%，"一亿国民全中产"的意识就此扎根。

当时的日本社会整体年轻，劳动者的平均工资也得以"低空飞行"而无虞。社会整体年轻，大企业与中小企业的工资差距、大企业内部的工资差距就并不醒目。但当老龄社会到来后，差距会越来越显著，社会保障的负担也会加重。只要经济增长无法一直保持，就是大企业也无力再向中老年正式员工支付高额工资，只能要么裁员，要么直接废弃随年龄加薪的"年功序列"制。而当时的日本，尚未面临这一严峻事态。

日式工业社会运转失灵

进入1990年代，日式工业社会也开始出现机能故障，运转失灵了。

1980年代中后期开始，受日元升值、冷战结束等因素影响，大型制造业的生产中心开始向中国及亚洲其他国家转移，最终，随着泡沫经济的

① 2001年更名为内阁府。下同。——译者

破灭，日本制造业人员开始减少，非正式雇用越来越多。

综合来看，日本制造业由盛而衰的关键转折点，还应说是1980年代中后期开始生效的日美广场协议①，各类保护性限制松动，自由化开始推行。

比如，若依据1973年制定的"大店法"（大规模零售店铺法），不经当地工商协会许可，是不得擅自经营大型卖场冲击中小商家的。但在日美广场协议的冲击之下，这一法规于1991年被修改（2000年废止）了。之后城郊大卖场数量激增，小商业街随之凋敝，从1991年到2009年，日本零售店数量减少到了原有的三分之二。

为应对经济低迷，日本政府加大了公共投资，公民馆及大型干道如雨后春笋般在中小城市出现了，但大型干道越是修建，沿线开设的城郊大卖场就越多，中小城市拥向大都市的人也越多，反而进一步加剧了小城市和乡镇的衰退。

这就是所谓"吸管现象"。即新建的大型干道就像吸管一样，将人不断吸往大都市，乡镇人口越来越少。而经济越衰退，依赖公共投资的人也就越多，1999年，日本建设业劳动人口占比11%，达至1958年的两倍。

自1992年之后，日本经济的年均增长率几乎接近于零，但仍维持到1990年代中期，一是之前的发展惯性仍在，二有公共投资的背后扶持，日本经济的恶化并不明显。然而自1997—1998年的金融危机爆发，包括受雇人员的工资在内，日本的各类经济指标却一转而为负数了。

为抗御金融危机的冲击，日本的公共投资迎来了最高潮时期，但国家财政不堪重负，又从2000年代开始缩水，2008年，日本公共投资的追加修正预算已缩减至1998年的一半，依赖建设业的地方经济愈发窘迫，失去工作的人们只好大量拥入以东京为代表的大都市。2008年，雷曼兄

---

① 1985年9月，美日英法及西德五个工业发达国家的财政部长和央行行长在美国纽约的广场饭店秘密会晤。之后，日元大幅升值。——译者

弟破产所带来的冲击不期而至，"除夕派遣部落"①在新年将至时设立，成为当年公众关注的一大焦点。

几乎是与此同时，欧美各国在 1970 年代到 1980 年代向后工业社会过渡过程中所出现的各类现象也在日本出现了。2006 年，年度"U - CAN 新语、流行语大奖"②的十大流行语中，"贫富差距"一词赫然入选。

实际上，非正式雇用的增多等现象，早自 1980 年代便开始出现了。但直到 1990 年代中期，一是大企业男性正式员工的雇用依然稳定，再加各类保护政策、补贴、公共投资等，问题被掩盖了起来。可继 1990 年代一系列保护政策松动之后，问题突然浮出水面！

在曾经的日本社会，很多人都归属于"某个地方"——公司、政府机关、商协、农协、居委会、学校、工会、家庭，等等。但当系统整体开始嘎吱作响，脱漏于系统之外"自由"起来的人们就开始大量出现了。即便归属于某个地方，但只要得不到一生的眷顾与保障，也就不会有归属意识，更多的，是处于悬浮状态的"自由"。

并且，在政治层面，自 1990 年代中期开始，社会、自民两党力量弱化，收集流动性浮游票当选的无党派政治家也开始冒头。最终，2009 年，打造了日式工业社会的自民党在众议院选举中大败而归。自民党政权的丧失，"无支持政党"的浮游票增多，并不是单纯的政局变动，可以说，这是日本社会结构变化的表现。

问题因天灾而暴露

在这样的形势下，一旦天灾降临，社会所蓄积至今的问题就会暴露

---

① 2008 年 12 月 31 日至 2009 年 1 月 5 日除夕期间，多家 NPO 及工会组织在东京日比谷公园开设临时避难所，为外宿的失业流浪人员提供食宿。这也被视为带有政治意图的一次社会运动。——译者

② 原名称为"新语、流行语大奖"，创设于 1984 年。每年选出 10 个反映当年度社会现象的话题性语句。与 U - CAN 公司协作后更改为现有名称。——译者

无遗。1995年的阪神、淡路大地震①即为其一。

震前，神户地区的主要产业：一是港湾、造船、制钢等基础性且长期性的大规模重工业，二是皮革制鞋等轻工业（一旦向后工业社会过渡，二者本就是会因与其他亚洲国家的竞争而日趋严峻的产业）。震后，很多企业没能返回重建后的神户，港湾产业被韩国釜山港击败，制鞋也未能战胜中国制造。在产业结构调整的过程中，一旦受到地震等灾害的打击，原有产业的低迷有时会突然加速。这与年轻人即便骨折也能康复，但老年人扭脚，有时就会卧床不起有几分相似。

并且，一直以来，灾后的重建与复兴，多是由长于公共事业、总部设于东京的大型综合类土木公司承接的。据估算，阪神大地震后，5年间投入灾区的重建经费中，约有90%流到了灾区之外，再加灾区原有产业的低迷，若把1993年的日本GDP与灾区GDP基数都设为100，那么，至10年后的2003年，日本GDP已增长到105，而灾区GDP却下降到88。

尽管如此，由于神户毗邻大阪，可以获得工作岗位，受灾企业等也暂时将经济活动转移到大阪，灾民们也得以到大阪去上班了。但因产业未能复苏如初，神户实质上沦为了大阪的"卫星城"。好在当时的兵库县还是少数几个人口增长县之一，城市的重建总算得以推进。

但是，每当自然灾害降临中小城市，灾区人口的过度减少就会突然加剧的现象却是屡见不鲜。1993年，在被海啸袭击的奥尻岛，以公共投资建起了气派的港湾，但当地渔业的衰退却并未止息，人口约减少至七成；在2004年的新潟县中越地震中受灾的山古志村（现长冈市），其老龄人口比率也于震后蹿升。

而于2011年东日本大地震中受灾的地区，也无一不是人口过度减少的区域，有预测显示，至2030年，这些地区的人口会减少二至三成。渔业街气仙沼、制铁街釜石等，都在1960年代到1980年代迎来人口高峰；

---

① 指1995年1月17日以淡路岛为震源的兵库县南部大地震。中国多称之为阪神大地震或神户大地震。——译者

但自 1989 年至今，釜石就再未制过铁。因其附近没有大型的生产基地，在当地产业被破坏后，灾民无职可就，很多人只好到仙台或远赴东京谋求生路。

在东日本大地震中，发生了因燃油不足而无法将救灾物资送抵灾区的情况。实际上，日本全国的加油站数量也在 1994 年达到顶峰，但到 2009 年却已减少到了三分之二。特别是中小城市，因后继乏人与人口过度减少，加油站的撤离非常显著。

此外，东北地区的零部件加工厂受灾，整个日本的制造业都受到了影响。前文也曾提到，一直以来，正是中小城市的中小承包企业支撑了日本的制造业。

我所知道的灾区内一家零部件加工厂，以相当于 300 日元时薪①的计件工资，雇用约 20 名女性员工制作电子零部件。这一工资标准是在听说母公司即将把外包业务转往秘鲁的情况下不得不接受的。

薪酬如此之低，这些女性还能生活下去的原因在于，她们的丈夫、儿子或女儿，要么在承接公共事业的建筑公司上班，要么是公务员或农民，家计是举全家之力维系的。而一旦将公共事业、地方补贴切断，支撑日本制造的这一系统也将无法维持。

并且，在东日本大地震中，还发生了核电站事故。但在 2007 年的新潟县中越冲地震②中，柏崎刈羽核电站也发生过事故，据说其损失远比公开发布的大。总之，日本人口过度减少的地区，无一不是老年人比率高、产业衰退且建有核电站的地区。也就是说，如果地震发生在中小城镇或村落，就会出现老年灾民多、燃油不足、零部件供应中断、殃及核电站的现象，考虑到日本当前的社会结构，可以说连锁灾难就是必然的。若感觉这是在意料之外的复合型灾害，那就是一说地震便只会想到关东大地震③、

① 日本城市的时薪一般在 700—1 000 日元。300 日元约合人民币 18 元。——译者
② 2004 年中越地震后中越地区震度最强的一次地震。——译者
③ 发生于 1923 年 9 月 1 日，又称东京大地震。——译者

阪神大地震等都市灾难的"东京中心主义"在作怪。

核电事故与工业社会

实际上，日本核电的发展，从 1960 年代末至 1997 年间，几乎是直线上升的，但进入 21 世纪后，其扩建之势便衰弱下来。

日本的商用核电站是在 1966 年开始运转的。就像前面所说过的，自 1965 年至 1993 年，可以说是日本的工业社会时代。大建核电站的时代几乎是与这一时期相重叠的。

实际上，美国也是如此。1973 年的石油危机之后，美国向后工业社会的转化加速了。而其订购的 249 座原子炉中，1975 年后订购的仅有 13 座，且没有一座投入建设。1979 年三哩岛①核电站事故等引发的大规模反核运动虽是一大原因，但其核电建设的高潮期早在此前便已结束了。

2012 年，美国核管理委员会（NRC）批准了新建原子炉的申请，这在三哩岛核电站事故后还是第一次，所以，这类事情也被解读为美国重新推进核能利用的信号。但在事故发生前的 1974 年之后新订购的原子炉没有一座完工，多数在中途便遭废弃，即便是 1971—1973 年间订购的，真正运转的也不足三成。最大的原因是成本过高、回本不易。而三哩岛核电站事故成为美国放弃核电的决定性事件也是事实。一般认为，这一趋势很难轻易改变。

其他如德国，1990 年代以后就再没建过核电站；而英国，则是在 1986 年将原为国有企业的电力产业解体和私有化，后来又承认了核能发电成本过高，于 1996 年将核能发电公司私有化，并对化石燃料课税以补贴核电，这才好不容易继续维持了一段时间。但即便如此，因无法在与天然气发电等的竞争中获胜，英国的核电公司最终濒临破产。破产前被法国的

---

① 位于美国东南部的宾夕法尼亚州。——译者

准国营电力公司(EDF)收购。法国想以核武摆脱美国控制的热情不减,所以将成本置之度外,也要推进核电与钚提取,这就是法国一直在推行的路线。

除去这样的国家,核电并不经济已是在发达国家中不断扩大的共识。德国、意大利、瑞士等不拥有核武的国家已然决定废弃核电。即便是在法国,2011年,支持立即或渐次放弃核电的意见也高达77%。

无论是日本、美国还是欧洲,需要大规模投资、大型成套设备的核电站,均被视为以大量能源消耗为特点的工业社会的象征。可以说,福岛第一核电站事故正如三哩岛核电站事故之于美国,很可能成为推动日本放弃核电的最后一根稻草。

因核电站事故而改变的苏联

一旦灾害来袭,社会所抱有的问题就会突然暴露的现象,也同样适用于核电站事故,而且也不仅限于日本。

成为苏共最后一任总书记的戈尔巴乔夫曾在《回忆录》中这样描述1986年的切尔诺贝利①核电站事故:

> 切尔诺贝利就像一道强光,让潜藏于整个国家体制内部的诸多病根昭显于世。这部灾难剧,把对异常事件、非法程序的掩盖(抹杀),不负责任的享乐,人浮于事的作风,等等,即我们原有体制中如酒精中毒般的多年积弊,集中于一处,一下子展现了出来。这也是我们必须施行激进改革的又一确证。(《戈尔巴乔夫回忆录(上)》)

在这次事故中,避难难民约有116 000人,当时,政府对灾情的隐

---

① 位于苏联时期乌克兰境内。——译者

瞒①及应对不及时等,引发了以难民为代表的苏联民众的极大不满。并且,自 1970 年代起,苏联已苦于经济停滞近 20 年之久,而为维持过度膨胀的势力圈,又一直背负着极为庞大的财政负担,政治层面则是执政党内部无休止的派系斗争……行政低效、产业结构不合理、望不到尽头的经济低迷等让民众的不满积压成了随时可能爆发的火山。就在这时,切尔诺贝利核电站事故袭击了苏联!

戈尔巴乔夫也将此事故视为"原有体制可能性已然消耗殆尽的可怕证明",并基于这一认识推动了苏联的体制改革与信息公开化。其最终结果,就是苏联的解体,及改变了其自身与全球格局的东欧剧变。

若剔除戈尔巴乔夫比喻中的"酒精中毒",其所言之种种,或多或少都能在此次的日本核泄漏事故中看到。这也是日本民众对政治越来越不信任的原因所在,可以说,日本民众对"改变社会"的期待会因地震与核泄漏事故而高涨,也实在是一种必然。

补贴支撑下的核电

以福岛核电站事故为契机,日本核电站的支撑系统也广为人知了。作为日式工业社会的一部分,该系统确立于 1970 年代中前期。1972—1974 年的田中角荣内阁时代,正是支撑起日式工业社会的一系列制度的创立和完成期。公共投资预算大幅增加,"大店法"推行,利益驱动型运作系统确立等,都发生在田中角荣活跃于日本政坛期间。1974 年,颁布了"电源三法",从电费中拨款补助核电站所在地②。据说为推动此事,田中角荣曾发表过这样的演说:"(核电站所在地地方政府)办东京不能办之

---

① 惧于会导致民众恐慌及核机密泄漏,苏联政府并未及时向国内外发布灾情。——译者

② 指《电源开发与促进税法》、《特别会计相关法》、《发电设施周边地域整备法》。——译者

事，将电力源源不断送往东京，让东京的金钱源源不断流入当地。"①从结果来看，可以说田中所推行的一系列政策，就是向日本社会的"弱势环节"——中小城镇及中小企业提供补贴，并以限制竞争的政策将其置于保护之下。

实际上，核电补贴系统与此前的"道路建设特定财源"非常相似。1953 年，田中角荣推动议员立法，确立了将燃油税作为道路建设特定财源的制度。进而，在 1971 年，已是自民党干事长的田中，又开征购车及车检时的汽车重量税，并将其作为道路特定财源。

这就是一个只要买车、加油，把车开下去，道路就能不断铺设下去的系统。以此为基础，自民党也以利益驱动系统赢得了选票。用电量越大，核电补贴就越多的"电源三法"，几乎是完全与之相同的系统。

1950 年代，核电站还是辉煌的工业化象征。但随着高速经济增长所带来的污染不断加重，到 1960 年代中后期，日本各地的环保运动已是此起彼伏了。在 1969 年的总理府调查中，居民反对将其居住地指定为核电站建设用地的意见，已经远远超出了赞成意见。1972 年，社会党也转而反对核电站的建设，并开始为各地的反核电站运动提供支援。恰在这时，1973 年的第一次石油危机突然来袭！为石油供应深感不安的日本政府（田中内阁）确立了大力开发核能的能源政策，"电源三法"补贴系统出炉，有效平息了核电站所在地居民的反对浪潮。

始于战争的电力市场管制

为更好地理解日本的道路及核电站建设，先让我们再次回到苏联。

苏联的政经体制诞生于战争年代。在第一次世界大战中，俄国爆发了十月革命。之后为摧毁革命政权，协约国进行了武装干涉，而国内则是新生政权与白军的激烈内战。为强化军事力量，苏联实施了政治管制与计

---

① 田中此话可参考《朝日画报》1988 年 6 月 10 日号。——译者

划经济政策。所谓"五年计划"之类的计划经济,纳粹德国曾实施过,是20 世纪战时经济的产物。

实际上,日本的道路及核电站建设的推进与此非常相似。全日本的道路建设虽是由政府的"五年计划"决定的,但并未经过国会审议,而是由内阁直接决定的。包括核电站在内的电厂建设也是由政府的长期能源需求预测及核能开发长期计划(2005 年起变更为核能政策大纲)确定的,同样不经过国会审议,而是由内阁直接决定的。

基于此一计划,几乎就像完全的计划经济一样,核电站建设高歌前进。但与韩国、俄罗斯不同,日本核电站政策的特点是,不是由国营企业投建,而是在政府政策的指导下,由民营企业来承担的"国策民营"[1]。

这一体制也同样诞生于战争,即来自第二次世界大战。1939—1942年,为确保军工产业的用电需求,全日本 412 家电力公司被整合为 9 家,每一区域由一家电力公司垄断经营,确立了共同分担用电需求的制度,并运行至今。这一电力管制的推行并不是将企业国有化,而是民营企业要依国家政策行事的"国策民营"。

虽时时会被国民误解,但无论从公务员数量,还是从政府支出的GDP 占比来说,在发达国家中,日本的这两个数字都是比较小的。日本政府的强势并不在于大,而在于其号令民间企业的指导权、许可权之强。也正因于此,尽管日本政府的财政支出不多,却拥有强大的存在感。所以,减少地方公务员数量也只会导致公共服务恶化,而丝毫不会削弱日本政府。

比如日本的电视台,在总务省(之前的邮政省)许可下,若被政府盯上,其营业执照就可能无法更新。所以才有日本电视台批评政府时的"自我节制"之说。但既有的电视台也获得了相应的好处,即,让政府限制新生电视台,减少竞争。

电力公司也一样,在政府的地域性垄断许可下,得以享受免受竞争

---

[1]　即国家决策,民间经营。——译者

冲击的好处。日本的电价，依政府制定的《电气事业法》①，要在发电成本之上加价3%。这也是电力公司与其降低成本，不如建设高额核电站以抬高成本更有利可图的原因所在。在电力的区域垄断之下，即便电费高，消费者也无法从其他公司购电。

无人负责的体制

这一体制的弊端在于，极易滋生政府与企业间的利益输送，且无人会负最终责任。比如，1961年制定的《核能损害赔偿法》即可见一二。

该法规定，若发生核电站事故，先由民营保险公司理赔，若超出赔付额度，电力公司要交纳补偿金，以合同规定的"政府损害补偿"的形式予以支付。采取这一赔偿形式的原因在于，核电事故的损害规模之大绝非民营保险公司所能承受。

福岛第一核电站事故的损害总额，据称少说也要达保险公司及政府补偿合同限度金额的数十倍之多。但对于超出限度额的赔偿，《核能损害赔偿法》却是这样规定的：若超出赔偿限额的事故发生，政府"确认其有必要时"，要"依国会决议，在政府权限范围内"予以援助。仅此而已。或许，电力公司真会寄望于政府的援助，但要说政府一定会负起责任就毫无保障可言了。简而言之，这就是一个无人会负最终责任的体制。

一般认为，在核能源业内部，讨论发生严重事故的可能性本身就是一大禁忌的原因，此亦为其一。因为这就是一个一旦讨论事故可能性就找不到最终责任者，而找不到最终责任者，核能事业就无法推进的体制。

顺便提一下，在俄国、法国、韩国等很多国家，核电公司要么是国营，要么是事实上的国营，最终责任明确由政府来负。美国核电虽为民营，但1957年的法律明确规定，若发生事故，赔付额度超出民营公司与

---

① 颁布于1964年。——译者

政府补偿合同限度，由政府负责。在美国的民营电力公司看来，若没有这样的明确保证，一旦发生大规模事故就会破产，基于其经营常识不会建核电站。而具体到日本，似乎就只有"既是国策，应该没问题吧"这样的推测了。

日本的核电站，就这样成了日式工业社会的象征性存在。即以与经济同步增长的电力需求为前提，在政府主导下，由竞争限制与垄断获得许可的电力公司，和补贴支撑下的核电站所在地政府构成。这也正是由战争时代跑步进入高速经济增长的那个"昭和日本"式图景。

大限将至的核电产业

但是，正如前文所述，日本核电站的扩增之势自 1990 年代末便已停滞。直接原因虽有很多，但基本离不开以下三大背景。

第一大背景是经济的停滞。在由制造业向服务业转型的过程中，节能技术也进步了。电力需求增长乏力，特别是中间发生雷曼危机的 2007—2009 年，电力需求下降了 7 个百分点。电力需求不增长，所谓增建发电厂也就无此必要了。

第二大背景是民主化与信息公开取得进展。先是 1995 年的阪神大地震与药物艾滋病事件①引起日本民众对政府的信任度下滑。后在全球化信息公开的大潮冲击下，日本于 1999 年制定了《信息公开法》。

此外，为应对老龄化社会的到来，1997 年制定《护理保险法》。而在阪神大地震中，志愿者活动又被认可，为推动护理事业，也有必要认可并充分利用 NPO，于是在 1998 年，颁布了《NPO 法》（特定非营利活动促进法）。

在这一过程中，日本的核能政策也不得已做出了改变。1995 年"文

---

① 指对血友病患者进行非加热性制剂治疗时，导致艾滋病扩散一事，这在日本被视为行政不作为所致。——译者

殊"快中子增殖反应堆事故①、1999 年东海村 JCO 临界事故②、2007 年中越冲地震中的柏崎刈羽核电站事故等，在此一时期发生的一连串事故中，地方政府的调查、NPO 等民间专家的验证，将国家未公开的大量事实公之于众并提出质疑。以此为契机，议事录等的信息公开、对核电持批判态度的有识之士的招聘等变成了可能。

　　第三大背景，则是经济的自由化。通信事业的自由化带来了通信费用的大幅下降，于是，要求废止电力公司的地域垄断，代之以自由竞争的呼声渐起。而事故的多发也导致了核电运作效率的低下，其本身的经济性也引发质疑。

　　但最终享用电力供应自由化的却只有企业等电力需求大户。因此，尽管大户们的用电占到东京电力公司总供电量的 60% 以上，其利润贡献率却不足 10%。也就是说，东京电力公司 90% 以上的利润来自垄断管制下的居民家庭。为增加家庭用电所推出的，就是"煽动"所谓"全面电气化生活"。其所得利润的一部分就是支付给核电站所在地地方政府的补贴。

　　2005 年，日本政府又制定了大幅增加核能投入的"核能政策大纲"。但是，日本国内的核电站增建也是难上加难，前文提到的"文殊"，据说虽每天投入 5 000 万日元也无法令其运转。青森县六所村的核废料处理设施，虽自 1993 年开始建设，但即便投入超出原计划近 3 倍的 22 000 亿日元，其技术问题也未能解决，每天吞噬着 3 亿日元的维持费用却并未真正运转！

　　核废料处理技术毫无进展，又找不到填埋之处，日本各地核电站及六所村的中转贮藏设施、废料池，在 2010 年代就被填满。当一切努力都无济于事，走投无路的日本核电便摸索起了核电设备的海外出口之路。但

---

①　该反应堆位于福井县敦贺市。文殊即佛教中的文殊菩萨，以此命名反应堆以求平安。——译者
②　指 JCO 核燃料制备厂的核辐射事故。——译者

是，只要核电的这一运转系统因某一突发事件大白于天下，批判之声势必高涨。这就是，2011 年福岛第一核电站的泄漏事故。

核电成本

直到 2011 年之前，人们还普遍认为，核电成本低于火力、水力等发电。但福岛核电站事故后终于明白，此一认识不过是高估了核电的投入产出比，也没把补贴与事故处理费用等包括在内而产生的错觉。

进一步说，即核电站的成本，会随社会风险意识的强弱而变化。实际上，核电成本的大部分是安全成本。就发电原理来说，核电非常简单，就是以蒸汽驱动涡轮，以核反应为热源发电，如此而已。即便发生了事故，只要将废料堆往他处即可。果若如此，其成本就真的非常低。但为令其安全运转，就要为复杂的技术及防护设备建设投入成本。

而这一成本的高低，又取决于"对安全重视到何种地步"。若抗震性与防护刚到及格线即可，多少发生点辐射也不在意，成本就会降低。但是，对安全越重视，核电站建设及核废料处理的费用也就越高。

并且事涉安全成本，又绝非专家可以擅自定夺。人们对安全及风险已是日益敏感，核事故的保险金与赔偿、所在地地方政府的补贴及说服成本也一样，有必要说服的范围，也会随风险感的渗透而扩大。

也就是说，核电成本与其说是单纯的经济学算式，不如说是与社会状态有关的变量函数。人们的风险意识、安全意识、人权意识越低，专家与政府的权威性越强，成本就越低，反之就会升高。这就像铀的国际价格。其当前价格取决于产出国劳动者、矿山周围居民当前的人权状况与安全意识。只要运铀渡轮或货车遭遇哪怕一次事故或恐怖袭击，其运送成本就会大幅飙升。

此外，核电站的一个弱点是，无力承受社会变化的风险。因核电站建设需要大规模的前期投入，据说若不能稳定运转 30 年就无法回本。这期间，要有不断增长的电力需求，电价要稳定，生产率要高，且不能发生事故。

　　由此看来，核电，就只适合于将经济发展与电力需求视为头等大事，能以国家政策确保电价稳定的国家。并且，以政府拥有强大的权威，而国民的安全意识、人权意识、发言能力等较低为好。一言以蔽之，核电，适合正处于经济增长期的工业社会的威权主义国家。进一步说，已经或想要拥有核武的国家，即便将成本收益置之度外，赔死也会积极推进核电"事业"吧。

　　如此想来，早在福岛核电站事故前，在日本，核电就已然是毫无前途可言了。原因在于，日本经济自1990年代末便已停滞，产业不断向去工业化转型，自由化、民主化不断进展。正是在这一时期，日本核电建设停滞不前，众多发达国家的核电发展也陷入停滞，而与此形成鲜明对比的俄罗斯、中国及印度等国家却至今在大力发展核电也就不难理解了。或许，今后的核电将成为威权体制或发展中国家的象征也未可知。

核电，日本社会问题的象征

　　尽管如此，在日本政经两界，主张推进或维持核电的人依然不在少数。原因有如下几点。

　　第一点，有人认为核电就是经济成长的象征。的确，核电建设高歌猛进的时代，正是日本的工业化时代，经济高速增长的时代。特别是处于经团联①核心地位的基础性、长期性、大规模重工业经营者们，或许时至今日都对这一时代，即1960年代到1980年代"JAPAN AS NUMBER ONE"的辉煌念念不忘。只是，国际环境与产业结构已然变化，不可能再回到从前。

　　但更为重要的原因，却是既得利益在作怪。这就像日本的道路建设。

---

　　①　日本经济团体联合会。创立于1946年。拥有1 300多个会员，成员以东证一部上市的汽车、钢铁、贸易公司、银行为中心，对政府政策具有影响力。——译者

特别是对电力公司来说，一旦决定废弃核电，每座价值 3 000 亿到 5 000 亿日元的发电站，就会成为单纯消耗维持费与废炉处理费的不良资产。而废炉处理费储备金也是捉襟见肘。

反过来，只要核电站运转，卖电所得就是俗称"一天一亿（日元）"的巨额收入。特别是已完成固定资产折旧的老电站，只要运转，售电所得就全是诱人的净利润。所以，停止运营的想重新运营，正在运营的想延长耐用年限永久运营，建设中的想顺利完工投入运营，也就尽在情理之中了。

并且，一旦电力公司破产或运营恶化，向其融资数兆日元的银行将无法收回贷款，购买电力公司债券或股票的保险公司也会蒙受巨大损失，投资原子炉制造设施的制造商、不想因推进核电国策而被问责的国家机关等也会想，"事到如今，欲罢也是不能了"。于是，据说就有人跑去游说议员：若让东京电力公司赔偿事故损失将引发金融海啸……

但是，若从经济性考虑，核电业已成为衍生于政策与投资失败的一种不良债权，即便这样拖拉下去，也不过是为已无潜力可言的"事业"烧钱，而绝无起死回生的可能。

最重要的是，连核废料的贮藏之处都没着落，即便几十座核电站重启运营，以现有的贮藏能力而言，维持 10 年都有困难。现在再去找新的贮藏地，新的最终处理场，又有哪个地方政府会接受？即便有，但包括其周围地方政府在内，到底要多少补贴才够？也有人说，若以石油等其他方式发电，燃料费就会升高，还是核电经济，但即便允许电力公司的经营只关注眼前利益，可不久之后究竟会怎样呢？

几乎并未运转的快中子增殖反应堆、再处理设施①等每天都要投入几亿日元的维护费以维持所谓的"核燃料循环计划"。据说一旦中止，再处理后可成为燃料的核废料就不再是"资产"，而只能计入处理费损耗，电

---

① 指通过化学分离及提纯，从被辐射核燃料中分离出可裂变的钚、铀甚至贵重金属。——译者

力公司账面就会"亏损",并陷入经营困境。如此一想,政府与电力公司每天投入数亿日元,就是只为拖延对政策失误、经营失败的清算。这已不只是滑稽了。

这一点,想必业内人士与政府机构也是心知肚明,但在自己的任期之内,却都想将决定后延,在自己拿到退休金之前,不想让公司出现赤字。这样一幅图景,无疑就是日本社会问题的又一象征。

事已至此,日本真正需要的就是"壮士断腕"之勇了。不只是核电,公共事业也好,整体财政也罢,这样的状况再也不能继续下去了,想必在各不同领域,日本人都有这样的感觉吧……苏联没能拿出勇气,从日益膨胀的势力圈内抽身而退,最终在过于庞大的维护费、军费压力下破产。今天的日本呢? 2012 年,自民党向国会提交《国家强化基本法案》,宣称要在 10 年时间之内,投入 200 兆日元推动公共投资,倘如此下去,或许日本终会因无力摆脱核电与公共投资而破产。

日本已步入激变期

2011—2012 年,包括阶段性呼吁在内,日本脱核电的舆论已由七成涨到了八成。原因有很多,其中也包括核电站事故及核辐射所带来的恐惧,但可以认为,最大原因在于——就像切尔诺贝利核电站事故带给戈尔巴乔夫的感受——福岛核电站事故的发生令日本社会潜隐多年的各类积弊一览无余。

此前,意欲改变日本社会的行动多以失败告终。其最大原因在于欲成不可能之事。比如废弃《日美安保条约》,只要"冷战"这一国际秩序不变,即便在日本一国之内发起运动也终难成事。但是当社会结构及国际秩序等发生变化时,要改变已然不再适于现状的结构,也就不再是难事。

核电站也一样,即便会有一时的回潮,但从中长期来看,也将不得不从日本销声匿迹。2000 年,自民党的派阀政治也曾一度复活,下任总裁(即首相)再次以权势人物间的密商私自决定,但所引发的如潮恶评,最终导致了更为强烈的政治不信任，今后这样的事情再也做不了了。旧式政治运作虽可在内部一时复活，却反会导致事态进一步恶化，从长期来看，都不过是一时的回光返照。

并且，从旧式构造内获利的人越少，改变也就越容易。如要改革年金制度，就必须要说服正在养老金制度下领取员工养老金①的以千万计的人们，但从核电产业中获利的，却不过几十万人而已。只因这几十万人之中不少栖身于政财两界及媒体中枢，看上去很有些势力而已。但支持废核一方呢？却是 1.3 亿的 80%！

再有，所谓核电推进方，不过是以金钱维系在一起，一旦金钱断流，推进方的大本营就会立即溃散。现在持推进立场的，只要能给出完善的政策性补偿就会讲出实话，说根本不需要核电的，应该是大有人在。

自 2011—2012 年，参加过弃核游行的人数增长到了数十万，只要有社会不当就要抗议，养成如此习惯的人的增加对日本社会极有裨益。

所谓行动当然也不只是游行。其他如收集官方渠道之外的信息，亲自检测辐射量，到地方政府、学校反映情况，基于自己的判断，到企业或政府部门提意见，改变购物及投资的选择和方向，到网上发言，等等，亲身经历过上述"行动"的人，对于其他问题，也自信能以相应的自律性行动面对吧。

并且，仅就核能、放射能来说，日本的平均知识水平已然跃居世界之首。贝克勒尔②已成日常用语的国家，除日本外再也找不到第二个了。虽为不幸，但也可以说，关于核能问题日本已经具备了开展"全民性"讨论的参与基础。

在 2000 年代之前，人们普遍认为政治家、官僚或大企业或许不干净，但都精明能干，把社会交给他们没什么问题。即便感觉日本社会的结

---

① 养老金日文叫作"年金"，主要分为员工养老金(厚生年金)和全民养老金(国民年金)，全民养老金以日本在住的所有人为对象，而员工养老金参加者仅限企事业职工。企事业职工在投保"员工养老金"的同时，也投保"全民养老金"。——译者

② Becquerel，法语。放射性活度的度量单位。符号为 Bq，简称贝克。——译者

构不合理，置之不理也不会有问题。但在 2011 年，认为把社会交给政治家就可以的人，却仅剩 3% 了。

即便不想改变社会，社会也非变不可了，真正的课题是，在无法回避的转型中，如何将日本社会的牺牲控制在最小限度。再就是，在转型中，更多的人能够独立思考和发声，将积极改变社会的行动激活。而其唯一的检验，便是能否抛却对 "JANPAN AS NUMBER ONE" 这一曾有辉煌的望乡般的怀旧与乡愁，迈向全新的时代。

第二章　社会运动的变迁

在这一章，就让我们对发达国家的社会运动是以什么样的形式发生发展的，进行一次浮光掠影式的观察。

工业社会初期的社会运动

在由工业社会向后工业社会过渡的过程中，社会运动又出现了哪些变化呢？让我们把工业社会分为初期与后期分别加以考察。

在工业社会初期，产业工人是社会运动的主力。特别是钢铁、煤炭等时代支柱产业中的"强壮魁梧的无产阶级"，成为劳工运动的核心力量。而小农、佃农及小自耕农等农民阶层，其力量也不可忽视。

而对他们加以指导的，则是都市内的知识阶层。大学教授、律师、教员、作家、学生、新闻工作者等阶层，为产业工人及农民提供了支援。形成了由他们出谋划策，工人采取行动，学生则与之合作的运动形态。

希望读者注意的是，这里所说的"学生"并不是单纯的年轻人，而是社会精英。所有国家都曾有过这样的时期，大学升学率较低时，大学生都会拥有精英意识与使命感。

在稍早些时候的发展中国家，走出首都的最高学府之后，二十几岁便成为地方的副省（市、县、乡）长或公安局长，或成为 NGO（非政府组织）领导人，致力于贫民救济的人并不少见。在大部分人都没接受教育的社会，出人头地也快。村里能读大学的就自己一个，背负着的是全家乡的期待，而为供自己上学，父母连地都卖掉的情况也有发生。因此，即便为了官或做了 NGO 领导人或成了学者，也会有肩负着治国兴邦之责的意识。

所以，学生必须关心政治。工农劳动者日日埋头于生计，自己就必须为纠正社会的不公挺身而出。在 1980 年代前的韩国，1960 年代《日美安保条约》修订前后的日本，都曾有过这样的意识。

道德主义与先锋党

在教育普及率较低的发展中国家，直到最近，社会运动主力的上述存在方式都较为普遍。将这些组合到一起，作为运动的形式，就会出现以下两种现象：

第一种，运动中的道德主义。即知识分子、学生等，必须要为工农大众献身的道德自觉。自己（不事生产的自己）是受惠于后者劳动的精英，是榨取工人与农民的一方，对此应有自觉。所以，要扔掉自己的"特权"，要与重回精英之路的欲望，与追求享乐的生活彻底诀别。

此一道德意识所催生的，是一种异常勇猛的过人气势。因处身于政治活动会遭到严酷镇压的社会，投身社会运动，或在游行示威中出头，就要做好随时被逮捕的心理准备。若老老实实，明明会有特权阶层的身份保证，却偏要挺身犯险，其所换来的便是因为自己是精英，只要自己行动，社会就一定会采取行动这一强烈意识。在这一过程中，也会有人在是否投身运动的夹缝中苦恼，而埋头于文学或哲学书籍，冥思苦想。

最近，无论是发达国家还是发展中国家，以节庆感轻松参与游行虽已是主流，但在过去，确曾有过上述道德主义倾向。"这样才叫酷"的风气，在日本的全学共斗会①期间就有过。

第二种，就是"先锋党"这一组织形态。该形态诞生于十月革命前的俄国。要建革命党，围绕着是大众党好还是先锋党好，俄国革命党也走向

---

① 指在 1968—1969 年的日本学潮中，各大学结成的新左翼无党派学生组织。——译者

了分裂。一言以蔽之，所谓大众党，就是谁加入都可以，人越多越好；相反地，先锋党则要求党员必须是少数精英，成员审查也务必严格。

具体到为什么会出现先锋党这样的思想，则要归因于当时的俄国还是强权政治下的发展中国家。没有政治活动及言论自由，大部分工人农民又不识字，连计划周密的运动都会被镇压，警察间谍也会潜入组织内部。在如此形势下诞生的先锋党思想认为要是没有政治活动及言论自由，社会变革就只能通过非法手段或武装革命实现。这是普通人无力完成的，一到紧要关头，党还要肩负起指导大众之责，所以必须是少数精英集团。思想不坚定者不能加入，为防止间谍潜入，审查也必须严格。要在严酷的镇压之下从事地下活动，就必须建立一个依党中央的命令行动、纪律严明的集团组织。不服从中央方针者，要严格查问并除名。

这样的先锋党与道德主义两相结合，就会呈现出如下形态。作为社会精英，知识分子与学生肩负着社会变革的使命，而为完成这一使命，就必须加入先锋党，为工人农民奉献一生。要实现这一目标，就必须抛弃个人生活，服从党中央的命令，成为一名出色的党员。对此有怀疑者就是劳动者的敌人，尚未脱离资产阶级的低级趣味。

从结果来看，这一方针符合当时俄国的政治形势，持先锋党思想的列宁一方取得了革命的最后胜利。而马克思主义与列宁思想的结合，就是之后闻名于世的马克思列宁主义。

但在西欧，却是大众政党型劳动党取得了政权。其思想基础虽是社会主义，但所采取的路线，却是以庞大的工会为支撑，广纳党员，通过选举占据议会多数席位，即社会民主主义路线。其背后的认识基础是只要享有言论及政治活动自由，大众也接受过教育，这种做法就有成功可能。

从结果来说，先锋党取得革命成功的全是发展中国家。特别是原殖民地地区，在独立战争的战斗中，拥有纪律严明的军队型组织的先锋党发挥了巨大作用，赢得了广泛的支持。在这样的国家，其取得政权的首脑即便在独立后依然着军装示人的也并不少见。

但在西欧，基于社会民主主义路线取得政权的劳动党，则逐步建立健全了劳动者保护法规及福利政策。大约到 1960 年代前后，安定的生活终成西欧各国劳动者的囊中之物。此后虽然他们继续投票给劳动政党，但也逐渐远离了激烈的社会运动。

新社会运动

取而代之的，是 1960 年代到 1970 年代的新的运动方式，后被称为"新社会运动"，这就是工业社会后期的社会运动。

其运动主力是无法忍受全社会整齐划一的年轻人、女性及艺术家等。在西欧各国，"68 年"的学生运动①、女性解放运动、生态保护运动等都被视为"新社会运动"的例子。此外，反人种歧视、同性恋倾向的少数派运动等也爆发了。而其整体背景则是不断扩大的反越战运动。

既说是"新社会运动"，究竟又"新"在何处呢？首先，运动不再以产业工人及农民等"阶级"为基础。既脱离了共产党的领导，也未必是以马克思主义为旗帜。道德主义色彩也不强烈，说起来，还出现了类似于节庆活动的元素。其运动形式也不再是先锋党或工会易有的金字塔形组织，而偏好自由式网络型组织。

运动口号也不再是经济性要求，而经常会以"自由"为旗号。这与之前工农运动所打出的"生产资料社会化""要加薪""要工作"等口号形成了鲜明对比。

说到如此变化的原因，那就是年轻人、女性等曾在工业社会中被边缘化的阶层。到工业社会后期，劳动者的生活业已趋向整体富裕，具体诉求也委托给了代言人——劳动政党，自发性的社会运动随之熄灭。并且随着生活的富足，高中及大学的升学率也相应提高，在大学生中，之前的精英意识消逝于无形，基于使命感的社会运动也自然地退出了舞台。

---

① 1968 年席卷法德等欧洲国家的大规模学潮。各国名称不同，如法国称之为五月风暴、红五月，德国称之为 1968 年革命等。——译者

但是，年轻人与女性又与已"组装"进工业社会的劳动者不同，他们置身于社会的边缘。加之前章曾经提到的，生活模式与生活周期的均质同一化正是工业社会的特点所在。18 岁或 22 岁都在学校读书，之后就职，30 岁之前结婚，生两个孩子，贷款买房……几乎所有人都是如此。

在这样的工业社会中，生活就是西装领带、朝九晚五、按部就班上下班，年轻人对进入这样的生活心生抵触。而女性们，也对除主妇外别无选择的未来心生厌烦。于是，"自由"成为新的旗帜，以脱掉西装、听爵士乐、听摇滚乐作为对工业社会的批判，对生态环境示以关心，诸如此类。

因此，他们所喊的"打倒体制"未必有夺取政权之意，而是对广义"自由"的追求。而深受工业社会环境破坏之害的、未在社会中获得平等地位的少数派等发起的运动，视情况也加入了其中。

在以上述阶层为中心发起的 1960 年代的社会运动中，议会制民主主义时时受到批判，并喊出了不要代表的"直接行动"的口号。原因在于，这本身就是少数派的社会运动。当时，社会中的大多数生活富足，对政治漠不关心，议会所反映的也是这一多数派的投票。在这样的社会中生活困难的年轻人、受到歧视的人种、少数民族等，因其不会成为社会的多数派，也就不可能占据议会的多数席位。在美国国内，对越南战争持反对意见的，最初也只是少数。

因此，为提出问题，敦促社会觉醒，他们所重视的就是在议会制民主主义框架之外，以"直接行动"表达诉求。其形态多是游行示威、静坐等非暴力行动，或推行以自由为诉求的音乐及文化等，但也有一部分运动升级，演化为暴力恐怖活动。与传统的劳动政党运动不同，相比于通过议会确立法律之类的战略性，更重视上述形式的表达，所以，将重点置于自我表现性，也被视为"新社会运动"的特点。

"年轻人"和"女性"

这类社会运动中的前提之一，是"年轻人"与"女性"曾被视为一体。

据英语圈的相关研究，指代青春期的 adolescence 一词，自 1904 年作为专业心理学书籍的标题首次出现后，一直作为专业术语使用，并非一般性用语。而表示青少年的 teenager 一词，也是迟至 1940 年代才在美国出现的新词。而在日本，直到 1954 年，当时的学者还写道，"日本没有'青春期'一词"，"孩子与成人间的中间年龄段并不存在"（见《知性》1954年 11 月号）。

当然，对此也有不同意见，但"孩子""年轻人"等的区分并不明确的研究成果也并不少见。究其原因，主要有以下两点。

第一点，一般认为，在现代之前的社会，一旦具备劳动能力，或行"元服"礼①等之后，马上就被当成大人，不存在所谓孩子与成人间的中间阶段。《忠臣藏》②中的大石主税③，在 14 岁刚行完元服礼后，便已是后门攻讨的大将军了。体格长成却无自食之力，未来也是悬而未决这样的人生状态，是在中高等教育普及之后才出现的，所以，学生就时不时被视为"年轻人"的典型。

第二点，在过去，身份、阶级等远比年龄重要。一个是务农青年，一个是豪门少爷，将二者均视为同样"年轻人"的习惯并不多见。毕竟，二者的文化、烦恼截然不同，经历、所想的事情也相去甚远。"女性"也一样，可以说，在过去，没有将农家妇人与有众多家仆侍候的"夫人"均视为同样"女性"的习惯。

但到工业社会后期，情况就逐渐发生了变化。至少在表面上，阶级差别已不再明显，年轻一代的生活、文化等趋向均质化。再加升学率的提高，一说年轻人就是学生，驾车、穿牛仔、听流行音乐，这样的年轻人群体形象逐渐成形。

---

① 日本庆祝男子成人的仪式。多在 11—17 岁。——译者
② 以赤穗四十七士讨敌为主题的净琉璃·歌舞伎狂言总称。——译者
③ 人名，赤穗浪士之一。——译者

并且，汽车、服装等本是作为实用品大量生产的，而最初从独特的文化角度加以消费的也只有年轻一代。将本是工装的牛仔搞成文化，把不过是运输工具的汽车搞成约会必备物的先行者，不是制造商，而是这些年轻人。因此，社会也开始认为年轻人是与成年人拥有不同文化的独特存在，他们不断吸纳工业社会的新产品，并以全新的想法加以利用，他们追求自由，不断反抗墨守成规的成人。无论哪一时代最先接纳新事物都是年轻人共有的特点，但这一"新事物"是服装、汽车及唱片等工业产品，却是这一时代才有的特点。

此外，升学率的提高，意味着继承祖业，或务农或经商的年轻人减少，摸索不可知的未来、为自我认知和定位而苦恼的年轻人增多。这在近代，还只是富家子弟的"特权"，但随着工业化的推进，逐渐演变成了一个普遍现象。一说年轻人，那就是摸索未来、为自我认知与定位而苦恼的人。

同样的事情也发生在"女性"身上。一说女性，要么是都市的年轻女性，要么是专事育儿与家务的都市主妇，这一认知模式也成型了。她们所面对的问题，是虽无生活之虞，但模式化的男女角色分工却令人厌烦和窒息，在主妇生活中无法实现自我，而被空虚和无聊吞噬，等等。

总之，反抗均质化的工业社会的，就是该时代的年轻人与女性。这一社会运动的基础，即"年轻人"与"女性"群落本身，正是这一时代的社会构造的产物。

话虽如此，但就现实来说，也并非所有年轻人都是学生，都听流行音乐。说到日本，考入大学的到 1960 年代末也不足二成，即便到 1980 年代，也仅有三成左右。日本虽被称为终身雇用的社会，但实际上，供职于具有终身雇用能力的大企业的，在 1970 年代也仅占劳动总人口的一成多一点，其他人则分散于中小企业、传统的农业及个体经营业。不用说，妻子无须工作而能一直做家庭主妇，雇用状态稳定的高收入者也只是"少数派"。

尽管如此，当时又确是升学率不断提高、经济不断发展、所有人争购新款汽车及新发音乐的时代。所以也就朦朦胧胧地认为，现在务农的总有一天会成上班族，是年轻人就总有一天会成为学生，听音乐、穿牛仔。

女性的情况可以说几乎一样。主妇是"女性"的典型存在，其他的只是例外，即便出现了少数的"职业女性"。这样的共识也逐渐形成。

这样的共识之能占据支配性地位，端赖中央传媒之力。在此供职或发声的，多是大学毕业的高收入人群，几乎无人来自农家或个体商户。所以，他们身边也多是学生或主妇，同窗也都是被终身雇用的上班族，同事中也有很少的几位"职业女性"，于是就单方面认为，社会就是由这样的人构成的，并把这一"图景"扩散到了整个社会。

后工业社会的社会运动

但进入后工业社会以后，上述运动也逐渐减弱了。

其一大原因在于，"劳动者""年轻人""女性"之类范畴渐渐不成立了。

要在以前，说起三十几岁的女性，称其为"主妇"基本没什么不妥，若不是主妇，称为"职业女性"等也就万事大吉。为将来，为自我认知与定位苦恼的，就是年轻人，特别是这一状态只存在于学生阶段，一旦毕业，结了婚，也就会慢慢稳定下来。

但在后工业社会，自由度与多样性大幅扩散，上面所说的事情也不存在了。无论年龄多大，也会换工作、离婚，继续为将来、为恋爱、为自我认知与定位而不断苦恼，而不再是"年轻人"的特权，以至于出现了"青春期的延长"等词汇。曾被视为年轻人象征的牛仔也好，音乐也罢，如今，所有年龄段的人都会穿，都会听，已成为"多样性选择中的一个选项"了。

如此一来，如 1960 年代所谓"年轻人的反抗"之类也就不再成立了。1960 年代的年轻人，讨厌西装革履、朝九晚五的上班族生活，要把牛仔穿到底地大喊"自由"。而推动他们的，则是"一旦就职、结婚就会失去自由"的意识。

但现在，在着装及工作时间方面，自由空间越来越大，失去反抗意义的领域越来越多。反而是羡慕从前上班族稳定生活的年轻人多了。

以"女性""少数派"等为基础的社会运动也难以展开了。第一章中曾提到，在西欧与美国，1970年代的石油危机之后，制造业比重下降，正式向后工业社会过渡，而到1980年代中后期，在女性解放运动中，女性形象也日益模糊。

美国1960年代的女性解放运动是因书籍的出版而大面积扩大的。这类书籍所描写的，是生活在郊外住宅区内，生活虽自由，却为心灵空虚所苦的主妇。但到1980年代中后期，黑人及移民女性认为，既有运动中的女性形象与自己的实际感受完全不符，批判其根本就是"白人中产阶级的女性解放"。

1985年，在20—21岁的女性中，成为所谓"未婚妈妈"的比率，白人女性不到4%，而拉美裔及黑人女性却分别达到了10%和33%。同为女性的烦恼，在住贫民街、做"Mac Job"、承受男性暴力和意外怀孕之痛的女性眼中，之前的女性解放运动被视为"白人中产阶级的女性解放运动"，也在情理之中。但复杂之处在于，虽是黑人，进入精英阶层的人也开始出现，不会像60年代的民权运动时期，若是黑人就抱有相同苦恼。不只是"劳动者"的概念，"女性""黑人"等也逐渐都不成立了。

"自己的不幸，其根源在于身为劳动阶级"这一意识不复存在。取而代之的是"明明是女性，有人就很成功，不好只能怪自己"。相较于社会结构问题，更倾向于认为这是自己处世能力不足，是心理问题所致。所以，她们才会去读技巧类、心理类书籍，而并不认为"劳动者""女性"的社会运动与己有关。这样的"个人化"倾向越来越明显。

但从统计来看，家庭的贫富状况，对个人的学历和就业都有明显的影响，女性的平均收入、社会地位偏低也是事实。可随着"劳动者""女性"等代表性形象的日益模糊，以上实际情态也变得难以察觉了。在工业社会后期，随着"女性"形象的一体化，农村女性的身影模糊了，而这一次，能清晰看到的，只剩下了"个人"。

如此一来，社会运动也很难发起了。"我们是劳动者""我们是女性"等连带意识不复存在。每个人都"自由"了，"我们"的意识荡然无存，已经无法凝聚到一起了。在后工业社会，家庭也好，政治也好，都已失去凝聚力，稳定感不再，而社会运动也面对着同样的问题。

风险社会

对这一社会状况加以分析的研究有很多，影响较大的，是德国社会学家乌尔利希·贝克[①]提出的"风险社会"这一概念。

在现代社会，雇用、家庭、教育全都失去了此前的稳定感，不安全感越来越强烈。政府和专家都失去了社会的信任，未来无法预测。在"危险"与"安全"之间，无法划出一条明确界线的"风险意识"不断扩散，越来越多的人承受精神性痛苦，心理学风靡于世。这样的状态，贝克就称之为"风险社会"。

作为风险社会的一大特征，贝克着意强调的就是阶级这一概念已经难以成立。在现代社会无论什么样的特权阶层，"绝对安全"这种事已经不复存在，都会面对离婚、解约、落选、凋敝的风险。但与此同时，越来越多人认为若能承担风险，或许能更上一层楼，这一点并无贫富之分。

贝克出版《风险社会》一书，是在1986年的切尔诺贝利核电站事故刚刚发生之后。当时的西德[②]认为放射性物质会乘风而来，食品会遭到污染，一时间被巨大恐慌笼罩。核辐射风险是不分阶级高低的。核辐射既不以国境为界，更无有钱就能幸免之说。所以贝克说"贫困是阶级的，雾霾是民主的"。即，核辐射与雾霾的袭击对象不分阶级。

---

① Ulrich Beck(1944—2015)，德国著名社会学家。——译者
② 西德即"联邦德国"（德意志联邦共和国的简称）。中欧旧国名。为今德国的一部分。——译者

当然，贝克也承认，有钱人在信息及资金方面有优势，能够获得安全食品。但是，未来无法预见的风险感的增强，并不限于贫困层这一认识，想必很多人都有同感。

"68 年"与后工业社会

一般认为，日本直接面对后工业社会的一系列问题，是在 1990 年代中期之后。但西欧各国与美国却在 1970 年代的石油危机之后就经历了。

说起这一时代的社会运动，西德"绿党"可谓广为人知。该党支持率大幅飙升的原因，一是由反对在西德部署中程核导弹①发展而形成的反核武和平运动，二是其后的切尔诺贝利核电站事故。

但在与德国学者等的交流中，又能感觉到如下的默认背景。完全就如贝克书中所言，西德经济因 1970 年代的两次石油危机陷入了严重的经济低谷。就在这时，中程核导弹的部署与核电站事故的发生令危机感在全社会蔓延开来。家庭和公司无不飘摇不定，年轻人失业，核战争阴云笼罩，先进科技引发了骇人的事故。这一切无不昭示着现代工业文明的穷途末路。必须建立一个新社会取而代之。很可能就是以这种感觉为背景，批判工业文明、提倡环境保护、反对核武竞赛、倡导国际和平、反对核能利用的"绿党"才获得了广泛的社会支持。

绿党是以"68 年"一代的活动家为核心的组织，因此，也给社会留下了这样的印象，即"68 年"学潮的开端，就是以"绿党"为代表的新时代社会运动。但其重要之处不止于此，它还给社会留下了另一个印象，即"68 年"是后工业社会到来的前兆。因石油危机而直面经济衰退的同时不得不向后工业社会过渡的西欧会如此看待也不难理解。

当时的保守派人士们，在伴随着向后工业社会过渡而出现的各种变化面前手足无措。而被视为罪魁祸首的似乎就是移民和"68 年"。男性

---

① 发起于 1980 年 11 月。背景是始于 1970 年代末的核军备竞赛。——译者

失去了稳定工作，女性劳动者的比率上升，家庭根基动摇，年轻人失业。着装、工作方式乃至性行为全都"自由"了。这全怪移民的拥入，全怪"68 年"的年轻人又是自由，又是性解放的瞎喊。

美国似乎也有过这样的看法。或许是 IT 风险企业的创办者中，那些着装及工作方式"自由"、偏好嬉皮士文化的人强化了这一印象。也就是说，是 IT 技术招致了工作与家庭的不稳定，全是"68 年"一代惹的祸。

当然，"68 年"的社会运动并未直接引发这一系列的社会变化，只是一种影响而已。但是，无论是好是坏，这都是"68 年"至今引人注目的背景所在。

但日本对自己的"68 年"，却并未出现这样的认识。1975 年流行一时的《重温〈草莓宣言〉①》的歌词，写的就是原来的学潮领袖找到工作、剪掉叛逆长发后的托词，如"毕竟不再年轻"等。这首歌虽被视为日本版"68 年"的象征而经常被提及，但同时代的美国与西欧的年轻人，却是剪掉长发也找不到工作，只能在经济低迷的苦海中煎熬。

在 1970 年代中后期，与西欧及美国所陷入的不景气泥潭不同，日本以制造业为中心展开出口强大攻势，迎来了"JAPAN AS NUMBER ONE"的黄金时代。因此，日本当年的全学共斗会运动的人员，毕业后都摇身变为"企业战士"，该运动也就被定位为青春期叛逆，是并没给日本社会造成多大影响的一时性风潮。

所谓历史，通常是为现代所需而被"创造"出来的。可以认为，较之当时日本学生运动的真正规模和特性，其与欧美学生运动的印象如此不同的原因，更在于日本其后的社会走向不同于欧美。

第一章中曾提到，日本制造业的从业人数超过传统的农业是在 1965年，这一倾向一直持续到 1992 年。可以说日本的"68 年"是在由初级工

---

①　《草莓宣言》(*Strawberry Statement*)，是一部描述 1966—1968 年间美国哥伦比亚大学学潮运动亲身经历的纪实作品，1970 年代被拍成电影。其中"草莓"一词来自哥伦比亚大学管理人员针对在学校的管理问题上倾听学生声音的发言，认为所谓学生的意见就像问他喜欢什么口味，他会回答草莓味一样没有意义。——译者

业社会，向以制造业为中心的成熟工业社会过渡的时期发生的。这与西欧及美国"68年"的定位，即由工业社会向后工业社会过渡的前兆形成了鲜明对比。

如果日本学潮于1990年前后爆发，其中部分活跃分子又成为2000年代后非正式员工运动、弃核运动的核心人物，印象或许就会全然不同。

那么，基于以上视点，战后日本的社会运动史又该如何描述，就容笔者在下一章探讨。

第三章 战后日本的社会运动

在这一章，我们回顾一下战后日本，特别是自 1960 年代直到现代的社会运动的历史。

在这里，我们取两个视点。一是此前一直探讨的社会结构的变化与社会运动的关系，二是日本社会运动的特点。回顾这些历史，可以帮助我们逐渐形成对以下问题的清晰认识：日本的社会运动以何种方式发展至今，又为何在 1970 年代后日益低迷，以及日本社会为何会对社会运动存在负面印象等。

为"改变社会"而采取的行动有很多种，可为什么游行示威被视为"社会运动"，而投票、请愿及谈判则被视为"政治"呢？希望本章能给您一个明晰的答案。

日本社会运动的特点

下面，就让我先从日本社会运动的特点说起。

无论哪一社会都有自己的特点。特点本身并不是坏事。但若视之为"文化"或"习俗"，就无法进行更为深入的分析，进而视之为"无法改变的命运"，放弃努力。或者要么引入西方的"先进理论"全面否定本土，要么肯定本土而全面否定"外来思想"，陷入毫无建树的无谓对立。

为避免这一情况，就必须对到底是什么样的特点，又到底是在什么样的社会背景下形成的进行调查。

可以认为，战后日本的社会运动有如下三个特点。

第一个特点，强烈的绝对和平主义取向。在其他国家，和平主义基本上是反对以战争破坏世界秩序，但又认为遏制战争的军事力量实为必要，即"战略性和平主义"，或是批判侵略战争但肯定"革命战争""独立战争"，即"思想性和平主义"。而否定一切战争，即绝对和平主义势力的强大，无人能出战后日本之右。

不用说，这要归因于日本在第二次世界大战中的惨痛经历。在日本，不知道《宪法》的其他条款，但唯独《宪法》第九条①熟记在心，即除第九条之外，对本国《宪法》并不清楚的日本人不在少数。

第二个特点，就是深受马克思主义影响。深刻影响日本的马克思主义不是劳动党获取多数议席、以福利社会为目标的社会民主主义，而是组建少数精英的先锋党，通过革命夺取政权的列宁主义。原因在于直到1950年代左右，日本都是一个经济搞开发、政治搞威权，更接近于发展中国家的国度。

第三个特点，则是强烈的道德主义。这一点，让我们在后文中详述。

战后日本的"民主主义"

上述前两个特点，即和平主义取向与马克思主义的影响，催生出了极富战后日本特点的政治构图。

首先，在战后日本，共产党、社会党能保持长久的影响力，与其说因为它们是马克思主义政党，不如说因为它们都是"和平政党"。在发达国家中，作为几乎是唯一的非社会民主主义劳动党的马克思主义政党，它们能拥有强大势力，直到1990年代都能在议会中确保一定席位，要归功于其作为和平主义与护宪政党所获得的社会支持。而其背景，则是以自民党为代表的保守政党的所作所为。

1950年代中前期的执政党，即自由党（自民党前身）组织的宪法调查

---

① 即日本放弃以国家主权发动战争、武力威胁或以武力解决国际争端的权力。该《宪法》于1946年颁布。——译者

会，不只是要修改《宪法》第九条，男女平等、言论与出版自由、工会权利等，均被列入重新规划的课题中。同时，还有以天皇为国家元首，县知事不再通过选举产生，而要回到战前的政府任命，参议院也要像战前一样，接纳政府推荐的议员等，也都蠢蠢欲动。一言以蔽之，其主旨就是，日本的战后改革是错误的，要尽最大可能重回战前体制。在教育政策方面，他们则主张教育委员会不再通过选举产生，而应退回战前的任命制，大力推进爱国主义教育等。

在当时的日本，马克思主义未必已经获得社会的广泛支持。但是要再发动一次战争？对不起，不支持！要限制言论自由，废除男女平等？别开玩笑！这样想的人非常多。这些人不只是对保守党动向产生了警惕，还把票投给了社会党和共产党，甚至直接入党，或接受两党指导发起反对自由党的社会运动。

这些人拥有广义上的"保护民主主义"的意识。这里所说的"民主主义"，既是朦胧的"反对重回战前体制"的认识，也是"反对战争"的情感表现。所以，这一"民主主义"并不只是议会制民主主义，维持和平、男女平等、反对爱国主义教育等，这些未必与"民主主义"直接相关的要素也被包含在内。

若在法国，因国旗是"自由、平等、博爱"的象征，高举国旗与民主主义并不矛盾，"高举国旗的反战运动""为消灭人种歧视推行爱国教育"等都有可能；而在曾为独立而战的原殖民地国家，勇敢的革命军战士、热爱独立后的国家的人民，也不会与民主主义相冲突。

但在战后的日本这样的情形却是不成立的。保守政党在对这种"爱国热情""民主主义"的多样性完全缺乏想象力的情况下，一味要在"爱国"名义下将重回战前的体制强加于社会。而抵制方所拥有的也是与保守党相同的认知框架。原因之一是直至某一时期之前，这一认知框架对社会运动的开展，对政党提高支持率都是有利的。

几乎在所有的发达国家中，外交及国家安全都是社会关心度较低的话题。多数人搞不太懂，它也不像经济政策，所以认为与己无关的人很多。但是，就像要在后文中说明的，1960 年反对《日美安保条约》修订的运动①规模之大，在日本的社会运动史中却是空前的。因为，在日本民众看来，若《日美安保条约》通过，日本会再一次迈向战争，人民挨饿受穷，军队与官僚又会耍威风，女性会被歧视，言论自由会丧失，"民主主义"也有胎死腹中之危……

即便是反《日美安保条约》运动之后，社会党、共产党、工会等的各类联动，也依然把诉求装入和平与民主的"口袋"，呼吁保护"和平"与"民主"。因只要举起这样的大旗，就能唤醒战争体验或阶级意识，或将两者同时唤醒，对扩大运动的规模来说极为奏效。

也就是说，与其说战后日本的"和平主义""马克思主义"与"民主主义"个个很强，不如说，因其紧密结合才有了如此的强势。德国虽也是战败国，但三者间的联系却未必如此紧密，绝对和平主义也不像日本这样强烈。

每个社会都有自己的特点。日本有自己的特点也不是坏事。只是，在某一时期取得成功的做法，到了下一时代却未必灵验，理解其特点产生的背景，让我们对新方向的摸索更为容易。

特点催生的弱点

这样的特点，虽然催生了日本社会运动在和平主义支撑下的强势，但也有其弱点。一个就是为个别社会问题而努力会遭到轻视。

因为从马克思主义思想框架出发，只要不改变资本主义体制，消灭战争也好，保护环境也罢，都是不可能的。因此，和平运动、反公害运动等，若不纳入社会党与共产党的领导之下，将其发展为改变资本主义的运

---

① 1960 年 1 月 19 日日美签署《新日美安保条约》，将日本仅向美军提供军事基地改为日美共同防卫。当时执政的自民党不经慎重审议，而是强行表决的做法激起了日本社会的强烈不满。——译者

动，不但不会成为改变社会的有生力量，反而只会成为修补资本主义体制，延长其寿命的改良主义。说极端一点，就易有如下倾向：即便个别的运动毫无成果，但只要为该问题的解决所做的努力能扩大某党或某派的势力，就算是大功告成了。

这一点与美国的社会运动相当不一样。在美国，社会主义运动本就式微，个别的社会运动多数是为实现个别诉求展开的。而其具体做法也更为多样，游行示威、投票固然不错，但也可以去游说政治家，创建非营利组织或社会公共事业。

但在日本，直到某一时期之前，政府对非营利组织之类可疑事物的态度是，若是町内会①、工商协会还好，但其他组织警察就要加以监视，税收优待之类更是天方夜谭。而要游说，若是为达到某一具体目的，就得去找执政党自民党的实力派议员反映。但如此一来，因政治家会提出"你能为我做什么"的要求，这就要组织业界团体，向其提供政治献金或为其投票。这方面做得好的团体能得到自民党认可，但没被上述团体纳入的声音，也就得不到反映了。

于是，自己的声音不能在自民党那里得到反映的人们要么投票给共产党或社会党，要么直接入党，在其指导下游行示威，或从事工会活动等。但即便是游行示威，因整体战略是由共产党或工会的中央总部筹划，具体到个别的社会运动，只要达到扩大党的势力之目的就作罢，如此，个别诉求还是得不到解决了。

若连这种做法都拒绝，一开始便对向议会政治施加影响死心，那就只能一味地去游行，征集签名，再就是借助媒体报道表达诉求了。一说"社会运动"就是游行示威，而一说"政治"就是投票或交易性谈判的印象，正来自这样的背景。

有意见认为，"与美国相比，日本的社会运动毫无战略性可言"，事实上绝无此事。直到不久前，与地方实力人物或自民党打通关系，找工会

---

①　居民自治团体，1940 年起变为强制加入，成为行政机构的下属组织。——译者

或社会党领袖谈话等都是"战略"。厌恶此类"战略"的人们，除直接投身社会运动外别无选择。此外，社会党等有时在背后与自民党（执政党）交易，对外，又示以"反对（执政党的）一切"的姿态，或许这更加强化了"毫无战略性可言"的观感。

这一点与其说是文化，不如说是社会结构的问题。特别是在日式工业社会全盛期的1980年代前后，随着这一社会结构建立完成，人们也将之看成了无力改变的宿命。

而第二个弱点，就是对形成于战后某一时期的"民主"套餐依赖过度。毕竟，亲历战争的一代逐渐退出社会舞台，越来越多的人无法理解和平取向、民主主义与"反对爱国"为何会结为一体，也就无法获得广泛的社会支持了。

此外，在某种意义上可称之为悲剧的是，未必笃信马克思主义，也不喜欢奉旨行事式的先锋党组织的人，只是基于和平取向，或民主取向而加入共产党的事例非常多。当然，这些人基本上会失望而归，也有因此而对社会运动全面批判的事例发生。

但这一情况，在2010年代发生了变化。以战争记忆表达诉求的有效性虽已下降，但因冷战结束，裁军与和平主义的实现可能性反而更大了。"保守与革新"这一框架失去了意义，更利于超党派、无党派等展开行动。贫富分化问题也引起了关注，对政府的信任、政党组织能力双双大幅下降，出现了必须自己采取行动的意识。

除投票与游行外，社会运动的选项也越来越多了。实际到运动现场看一看就会发现，诉求目标、运动形式都多样化了。NPO、游说、网络、YOUTUBE、设计、影像制作，种类繁多。NGO做事务局，企业提供场地，将包括保守派在内的超党派地方政府首脑聚集于一处，召开脱离核电的首长会议，这类在既往政治结构下无法想象的动向也出现了。执政党或超党派的政治家们也与示威组织者们进行平等对话了。

一说"社会运动"就是《宪法》第九条，就是工会、社民党、共产党在做，再就是"一部分"中老年市民凑在一起游行或征集签名。今天的社会运动是这样的吗？只保留上述印象而不看现实的人，只会按惯例认为"这是与自己无关的一部分特别的人在做的事情"，这才是问题。

日本社会运动中的道德主义

此外，日本（虽不只是日本）社会运动曾有的另一个特点，就是强烈的道德主义。

前一章曾提及，发展中国家的社会运动，特别是在学生运动中易有道德主义倾向。即，自己是知识分子、是学生、是特权阶级，所以必须抛弃特权，抛弃个人生活，为劳动者献身。而战前的日本共产党所吸引的，也是持有这一思想的大学生。

为长话短说，在此略过战后的一段历史时期，直接来审视这样的道德主义思想对日本的"68年"所产生的影响。

1969年2月，在曾是全学共斗会运动风暴中心的东京大学进行过一次调查，有回答"东大斗争"目的何在的（参见《世界》1969年9月号）的多选项中，"确立自我"占41.7%，"突破自我"占31.7%，"解散现行大学体制"占27.2%，"追求本源思想"占25.6%，"表明拒绝体制的态度"占25%，而选择"情感释放"的却只有5.5%。

可见学生们的整体态度非常认真，多是为"确立自我"及"突破自我"。并且关于将来梦想的回答，也以"学者"为最，志在企业家或官僚的少之又少，志在成为政治家的，连1%都不到。这虽可视为年轻人特有的理想主义表现，但也可以认为，很可能这就是日本学生运动所具有的历史性特点。

1960年代前的日本学生运动，具有发展中国家的有限精英型运动的特质，这样的意识有时会与厌恶"世俗污染"的倾向联系到一起。战前旧制第一高等学校的寮歌（宿舍歌）中，就有"蔑视荣华富贵的凡俗之巷"的歌词。

即便在1968年，日本的大学普及依然时日尚浅，还留存着这样的意识。持有这一意识的人发起的社会运动多以"突破自我"为目的，而鲜以企业家或政治家为志向也是可以理解的。并且如前文所述，若要在制度框架内实现政治目标，就只能与自民党或共产党的政治家交涉，在这样的社会结构之下就更易如此。

此外，作为其背景，还可以举出一点。即在现代日本，思想及政治活动会遭到严厉压制，批判性政治参与未能扎下根来。因建设性社会变革的推进不被允许，就易于出现以下的选择倾向：要么做不考虑变革的务实派，即当官或做企业；要么就做不关心政治的"生活者"或"文化人"；要么，就组织先锋党以暴力革命推翻政府。作为其变奏，就派生出了逃离现实政治污染，殚精于人格修养或革命理想的浪漫主义情怀。这二者一旦结合，便产生了在革命运动中磨砺人格的思想。

而在旧制第一高等学校的寮歌里，也就有了阅读"笛康叔"，即阅读笛卡儿①、康德、叔本华著作以提高人格修养。继之通过阅读马克思、列宁著作修养人格的志趣又在 1920 年代萌芽，即必须抛弃大学生特权，争取在思想审查中过关，加入先锋党，以完成自我修炼。

到 1960 年代中后期，日本共产党权威下行，全学共斗会学潮的爆发也与共产党无关，但上述思想却依然留存在大学生的意识里，并从中生发出了"自我否定"这一思维。

该思维最初是在东大的全学共斗会运动中出现的。安分守己即可成为高级官僚、教授，但就是要抛弃这一特权，投身斗争。"自我否定"思维似乎就是这一感情的表现。并对在高考大战中将他人挤下桥而考入东大的自我进行"否定"，对既想否定资本主义又想找工作的自我也进行"否定"。

如此一来，学生运动也就成了神圣的修行之所，战略、目标等世俗之念根本不应考虑。东大的全学共斗会将通过运动实现大学制度改革等想法蔑视为"窃物主义"，选择了彻底的"自我否定"、据守安

---

① René Descartes(1596—1650)，法国哲学家，近代哲学鼻祖，解析几何学创始人。著有《哲学原理》等。——译者

田讲堂①的"在运动中修行"之路。

而对这一做法加以批判，主张应通过运动实现制度改革的，就是曾为共产党下设青年组织的"日本民主青年同盟"（简称"民青"）。但东大全学共斗会则对"民青"无比厌恶。原因很多，比如其优先考虑扩大自己的党派等，而"民青"的"不纯洁"似乎也是一个很大的原因。

在其他发达国家的"68年"运动中，这一道德主义的表现并不强烈。为理想燃烧的青年哪个国家都有，但在法德等国家，学生会做出明显的现实性妥协，将大学的制度改革等留到以后，而没有形成如日本一样的运动形式。

但在2010年代，这一点也发生了相当大的变化。前往各类社会运动的现场时，上述道德主义已几乎感觉不到了。这也是理所当然的，毕竟，类似发展中国家的社会结构已经改变，日本不断向后工业社会过渡，已经成为谁都可能成为受害者的"风险社会"了。就像贝克说的，核辐射的危害不分阶级与国籍。福岛的事情当然会考虑，但因自己是特权阶层就要为可怜的谁谁谁发起运动的道德冲动基础消失，这也正是现代社会的流变。

但是，在不太了解这一实态的人群中，似乎依然保留着社会运动就是挥舞正义大旗的自命不凡，道德主义味道浓厚等旧时印象。但实际上，在2011年，最能感受到的道德主义，反而是"灾区状况这么严峻，却在东京搞游行，合适吗"、"天天在用电，就别自欺欺人地批判核电了"等批判社会运动的论调。

1960年反安保斗争与"共同体"

基于以上的介绍，下面，再简单看一下自1960年代直到当代日本的社会运动。而关注点就是本章开篇提到的其与社会结构变化的关系，并从

---

① 指学生自发组织占领东京大学主校区标志性建筑安田讲堂的行动。1969年1月18—19日学生与警方发生冲突，双方多人负伤，警方逮捕了457名学生。——译者

以下三个要素出发进行思考。

第一个是"参与运动的是哪些人"。第二个是"以什么样的形式开展运动"。第三个是"以什么主题促使人们行动"。

下面，就从被公认为战后日本规模最大的社会运动，即1960年的反安保斗争说起。其与当前社会运动的最大区别，就是多数以某种"共同体"为单位参与。

比如，若是学生，往往不是个人零散赶来，而是以学生会为单位共同前往。学生会并不单纯是学生的集合，而是以学生宿舍为运动据点，在同一建筑物内同吃同宿的生活共同体。若是工人，则以工会为单位。当时的工会，也具有生活共同体的性质，组织员工旅游，共同购入生活用品，等等。当时，有势力最大之称的工会组织是煤矿工人的工会——"矿劳"（日本煤矿劳动组合）。因一有矿难就必须相互救助，煤矿工人的命运共同体意识很强，以绝不背叛同伴为原则。所有人都住在煤矿附近，交往也是家庭间交往。要游行就一起，同伴被警察殴打也绝不会坐视。

1960年反《日美安保条约》运动爆发时，"普通市民"也大量参与其中。但即便是这些人，以共同体或社区为单位前往的也不在少数。比如，在当时的游行中，就有商店街的人在队列前方打出商号门帘行进的。社区性安保学习会也是一大动员力量。大学教授也一样，相较于个人前往，更倾向于组织"大学教授团"参与。

这样的共同体是工业社会初期阶段的产物。学生会、工会、大学教授团，若翻看这类游行队列的照片，全是极具其身份特点的人们。着校服的学生、强壮的煤矿工人、戴眼镜很知识分子的教授团……阶级不同，文化也不一样，就是这样一个时代的人们组建的共同体。

史书中说到1960年的反《日美安保条约》运动时，常会提到既非工会会员也非学生的"普通市民"以"无声之声会"①等形式自由参与该运

① 成立于反安保运动期间的反战市民组织。在2010年代的反核电运动中亦有积极表现。——译者

动。但是，以这一方式参与运动的，实际人数似乎并不太多。在多达数万数十万人的游行大军中，"无声之声会"的队列也不过区区数百人。

也有记载称，当时，下班回家的上班族、市区内女掌柜等很随意地加入游行，但即便这些临时加入的，也是加入到各类既有游行队列中的某一处，如护士加入护士队列，剧团团员加入剧团队列等，以职业为单位组织的队列中游行。

这与 2012 年首相官邸前的"弃核"大游行大不相同。后者几乎是全员自由参加，既无组织动员，也没有以共同体为单位的队列，即便有，也被自由参与者的人海淹没了。

1960 年反《日美安保条约》运动中，一举起"谁都可以加入的无声之声会"大旗，街头就有人凑集过来的现象，部分原因也在于，这样的队伍当时还很新鲜。

在其后的时代，以共同体为单位参与的越来越少。因为每个人都"自由""多样"了。因自由参与式运动后成为主流，在1960 年的反《日美安保条约》运动中出现的自由参与的市民，便作为新时代社会运动的先驱而引起了关注。但可以说，这一历史定位的神化成分太多。在叙述历史时，下述"神化"现象经常出现。

2 000 万人大签名

说起日本的签名运动，1954 年 3 月美军在比基尼岛附近试验氢弹后发生的抗议氢弹试验大签名很有名。当年就征集到约 2 000 万人的签名。

在历史书等资料中，说这一运动的先驱是东京都杉并区的主妇。在核辐射与饮食安全这一点上，也有人将之与 2011 年的福岛核电站事故联系到一起。

但是，若考察其实际发展过程就会发现，这次运动中的签名也是以共同体为单位收集的。的确，该运动最初始于杉并区的主妇，但同年 8月，"反对氢弹试验签名运动全国协议会"成立，以政党或工会等为单位开展了组织性的征集活动。特别是，当时不只是社会党和共产党，与自民党关系密切的町内会、妇女协会也是这一运动的合作者。在约 30 年前的日本，每当町内会征集签名，因邻居把声明带过来了所以就签字的人也很多。至少就当时来说，要达到数千万人的签名规模，较之一个一个地征集自由签名，将共同体裹卷其中的组织性推进显然更为有利。

没有"无党派人士"的社会

那当时的日本共产党所组织的又是哪些人呢？虽没有公开数据，但综合各类资料就会发现，其多数支持者似乎不是来自社会核心部位，而是"处于社会边缘、自由度较高的人们"。当然，工人、农民中也有共产党员，但拥有强大影响力的还是当时被称为"知识阶级"的大学教授、大学生及初高中教师等。其次是"在野"的知识阶层，尤其是文学家。日本共产党是文学评论家也能成为一党领袖的政党，这在世界范围内都属罕见。

但知识阶层对高官的影响力也是有限的。而在劳动阶层中，供职官厅的劳动者影响力又强于民间。再就是一部分个体经营者与农民。与此相反的是，西欧的劳动政党虽也有来自知识阶层的支持，但工会的有组织的劳动者才是其中流砥柱。

笔者曾读过相关的回忆录，其作者曾在 1950 年代中前期的日本农村致力于组建共产党支部。当时的情况是，费尽口舌也无人加入，好不容易组织起来的，也是"在日朝鲜人"，或被称为"短衣帮"的连村内集会都不愿露面的人等，即脱离地方社会的人们。

但这种情况，与其说是日本共产党的特点，不如说是当时社会结构的特点。当时经由工会成为社会党议员，或经由工商协会进入自民党，这一参政路线所占据的主流地位远在今天之上。在这样的情况下，基于"自由意志"参政的人，除"自由度较高的人们"之外并不太多。

只是，这并不意味着无人支持政党。而是相反，根本不存在无党派人士。几乎所有人都会经由地域、血缘、公司或工会等"支持"某一政党。

但这种支持，与其说来自对政策的理解，不如说因与某人有缘而支持其所属政党，这种感觉更为强烈。

笔者翻阅 1950 年东京 23 区内某街区调查记录时发现，250 户中，未加入町内会的仅有 2 户。在与 102 人的面谈中，不想说自己支持哪一政党的仅有 16 人，而这 16 人中，12 人还是刚被赋予参政权的女性①（见英国社会学家罗纳德·菲利普·道尔《都市中的日本人》）。此一时期的日本，全国选举的投票率高达 70%，地方选举超过 80% 也不算新鲜。

为在这样的社会提高支持率，社会党的支持者——日本总工会（日文为"日本工会总评议会"）在 1950 年代所推行的路线就是"家庭参与、社区参与式斗争"。即，不是只靠社会党或工会发起社会运动，而必须将区域社会裹卷进来，共同斗争的方针。在载入史册的 1958 年的"教师勤务评定斗争"②，同年的"警察官职务执行法斗争"③等运动中，也就出现了教职员工会动员社区内的父母，在社区举办"警察官职务执行法学习会"等情景，也就出现了。

因此，1960 年反安保斗争中以共同体为单位参加游行示威这一现象，未必是突然性的，也可以说其准备从 1950 年代中期就开始了。

战争体验与战争记忆

三大要素中我们已经考察了两个：一是"参与运动的是哪些人"，二是"以什么样的形式开展运动"。下面，让我们进入第三个要素，即"以什么主题促使人们行动"。

促使当时的人们采取行动的主题，最有效的莫过于与"战争记忆"有

---

①　1945 年 12 月通过选举法赋予了日本女性参政权。——译者

②　1957 年至 1958 年间，教育委员会强制执行教师业务考核，被认为以权力干涉教育，在全国引发了激烈的反对。——译者

③　1958 年 10 月 8 日，日本政府向国会提交修正案，强化并扩大警察权限，因此一提案过分干预国民的自由及生活，引发了共产党、社会党、日本总工会等 500 多个政治及社会团体的激烈反对，多达 450 万人集体抗议。该法案最终成为废案。——译者

关的和平问题。1960 年,自战争结束刚刚走过 15 个年头。参与 1960 年反《日美安保条约》斗争的也全是战争的亲历者。即便是当时二十二三岁的学生,战争结束时也已七八岁,恐怖的空袭与难熬的饥馑同样强烈地刻入了记忆。

比如,战时疏散①这一经历,除远离父母的孤寂外,还有有增无减的欺凌。有回忆录称,疏散地的粮食配给一旦中断,就先是教师,继之是班长从中克扣。在五六个人的班里,六年级学生会成为"头领",但若班长看你不顺眼,不但粮食轮不到你,甚至会被扒个精光示众。也有人说,疏散期间,有教师对小学高年级女生进行或言或行的性侮辱。

町内会是组建于战时的共同体组织,因粮食配给等以此为单位进行,近似疏散儿童遭遇的事情也经常发生。军队也不例外。物资匮乏的状态下,在所有人以班、町内会等加以编制的战争中,所有人都有过相似的经历。而被征入伍的,即便有幸从战场中生还,所面临的也是经济崩溃、公司破产,看不到未来。在战后不久的通货膨胀中,几乎所有财产瞬间蒸发的人也不在少数。

参与 1960 年反《日美安保条约》的一位大学学生会委员是这样说的(见大岁成行《安保世代的千人岁月》):"我生于昭和十三年(1938 年),长于最为穷困的年代,亲历了战后令人憎恶的饥馑。(若《日美安保条约》修订案通过)会不会再次回到那个不堪回首的年代?正是这种恐惧,让我起身投入了反《日美安保条约》斗争当中。怎么都可以,但唯独战争与饥馑绝对不能再来一次!这一心情非常强烈!"也许大家并未仔细阅读《日美安保条约》的条文,但这种感觉恐怕为很多人所共有。

"保护民主主义"

1960 年反《日美安保条约》运动的另一主题,是"保护民主主义"。

---

① 日本的战时政策。二战后期,为让城市中的儿童、老人、女性及相关产业免受战火之灾,日本政府将其疏散撤离至农村地区。——译者

在 1960 年，"民主主义"是一个分量很重的象征符号。

当时，所谓"民主主义"不单是制度问题，还被视为战争问题、男女平等问题、教育问题……总之，保不保护民主主义意味着是否要重回战前。此外，"民主主义"还被视为 300 万"日本人"丧身战火最终换来的"补偿"，这一感觉也是公认的。似乎也有人认为若《日美安保条约》修订案通过，就对不起在战争中死去的战友和家人，他们的死就会毫无意义。

此外，1960 年的时任首相岸信介①还是前文提到的自由党宪法调查会会长。不只如此，他也是日美战争时期的工商大臣，原二战甲级战犯。

并且，《日美安保条约》修订案的批准方式也招致了日本社会的极大反感。修订案通过日美谈判敲定后，国会本想批准通过，但因在野党强烈反对，警察半夜冲入国会，将社会党议员强行驱离，在只剩自由党议员后强行表决。据当时的报道，即便是自由党议员，除岸信介的亲信之外，事前知晓此一表决的人也很少，即大部分议员是突然"被表决"的。

当时，电视刚开始普及，警察部队将社会党议员赶出国会的画面全被播出去了，当然也就引来了"这是对民主的践踏"的批判。并且，所谓《日美安保条约》修订案，似乎不过是岸信介跨出的第一步，他甚至在考虑最终修改宪法。因此，在很多人眼里，这就被视为"民主主义的危机"。

此外，根据宪法规定，若《日美安保条约》已通过众议院表决批准，即便不经参议院合议，一个月后也会自动生效。而该修订案强行表决的一个月后，恰逢美国总统②预定中的初次访日，也就是说，这也被民众视为政府为给美国总统送上见面礼，而把日本的民主主义破坏了。向曾在战争中杀死自己亲人、战友的美国摇尾讨好，（这样的政府行径）绝不允许！

当时，日本好不容易开始进入经济复兴轨道。而在前一年的 1959 年，皇太子（现日本天皇）成婚，被称为"三大神器"的电视、冰箱、洗衣

---

① 岸信介（1896—1987），日本首相（1957—1960），曾作为甲级战犯而逃脱惩罚。——译者
② 时任美国总统是二战盟军总司令艾森豪威尔。——译者

机也开始普及。就像"三大神器"这一称谓所反映的,当时的成年人,是所有人都对战前体制非常了解,又在战争中备受摧残的一代,好不容易才将生活安定下来,又要以战争将之毁于一旦? 别想! 这一感情,在反安保斗争的动机中非常强烈。

在这样的情境之下,怀有共鸣的人们也行动了起来,"我对集会游行等毫无兴趣,但就这一次,面对绝不允许政府跨过的那条极限之线,只能起身反击"(见《朝日新闻》1960 年 5 月 31 日号)。而说这句话的,正是当时年轻作家与艺术家的文艺组织——"年轻日本之会"成员,作家石原慎太郎①。

收入倍增计划推出,抗议浪潮消退

在以上复合式背景下,游行队伍如潮般涌向了国会,将议事堂围了个水泄不通。据各地组织者公布的数字,在抗议活动达到高潮的 6 月 4 日,包围国会的参与者多达 560 万人。

但这一盛况并未持续多久。反《日美安保条约》运动虽早于一年前就已发起,却一直未能形成太大的规模,其突然大规模扩大是在强行表决之后。但一个月后,《日美安保条约》已自动生效,首相岸信介辞职,游行示威的浪潮也就消退了下去。

该运动维持仅只一个月的原因,从大的方面来说有如下三点。

第一点,该运动的扩大与其说是反对《日美安保条约》修订案本身,不如说是对岸信介政治姿态的强烈反感。因此,岸信介一下台,运动也就随之退潮了。

第二点,每天都壮观如盛大庆典的大规模游行示威,本身就不会持续太久。当时的参加者们虽一想到新的《日美安保条约》在多少多少天后就要自动生效便会赶往国会前示威,可一个月下来也已疲惫不堪。或者

---

① 石原慎太郎(1932—)后来从政,成为著名右翼政治家。——译者

说，正因想到有一个月的限期才会出现如此盛况。

可以认为，一个月至半年的时间就是在非日常时空内的盛大游行由盛而衰的一条分隔线。即便从世界范围来看，这条线也是成立的。比如，1968 年的法国"五月风暴①"持续约两个月，1987 年的韩国民主化游行历时约一个月，1989 年的"东欧剧变"持续约半年，2011 年的"阿拉伯之春"中，埃及由最初的大规模游行到穆巴拉克总统下台前后约 20 天，利比亚由最初的大规模游行至卡扎菲政权垮台前后约半年，等等。

第三点，也可以说是最为重要的一点，即，岸信介的继任者池田勇人推出了著名的"收入倍增计划"。配合此一计划，池田又发表声明表示自己无意修宪，而在这之后，自民党在修宪方面也更为慎重了。

这是一个转折点，人们的关注重心"由政治转向经济"，对自民党的放心程度也不断加强。可以说基于抗议运动，政策转向、经济增长，即便对政治的关心有所下降，问题也越来越少……这才是 1960 年反《日美安保条约》运动最终退潮的关键。从某种意义上来说，这也是再自然不过的。因之绝非"听之任之自然会平息"的事态，当时的日本政府与自民党也相应将局面看得非常严重。

共同体的瓦解

接下来要说的，就是日本的"68 年"。就是从这一时期开始，日本迎来了工业社会的成熟时期。而"68 年"的运动基础、运动形态及主题，也均与 1960 年那次极为不同。

先是在高速经济增长的影响下，共同体相继瓦解。在地方，随着农业机械化的推进，村民之间已无须相互协助。剩余劳动力外出务工的也就越

---

① 1968 年 5—6 月在法国爆发的一场学生罢课、工人罢工的群众运动，学生固守据点、展开巷战，数百万工人罢工在各地爆发后，戴高乐总统解散议会，重新选举，平息了此次运动。运动的背景还有经济低迷、人口增加和大学扩招，此次运动也被部分学者称为"西方的文化大革命"。——译者

来越多，进一步加剧了地方社会的解体。工会也在不断变化，随着主要能源由煤炭转向石油，煤矿工人遭遇大量解雇，势力强大的"矿劳"在劳资斗争中被摧垮。因日本的工会是"企业内"工会，接受了如制造部门调往销售部门之类的人事制度，基于相同岗位建立起来的共同体也逐渐崩溃，员工之间的纽带连带感十分微弱，所谓纽带，也不过是在同一家公司上班而已。

劳动现场的连带感，是基于一种感觉建立起来的，即"让这里运转的是我们"。如英国工会，直到1970年代都是以下意识为基础的："这个转盘离了老子就动弹不了！管你政府说什么，管你领导说什么，只要我们起而罢工，这厂子立马停摆！"日本也曾有过让熟练工人作班头，以确保工厂正常运转的时期。但因1960年代到1970年代的技术革新，熟练工人失去了意义，能读懂操作说明的校内知识越来越受到重视。

而工会的角色，较之政治主张，也逐渐转向以一味谋求工资提高为目的了。始于1955年的"春斗"①在1960年代的高速经济增长中扎下根来，并为工人争取到了工资的大幅提高。之后，工会会员虽为提高工资参加"春斗"，但对政治诉求的关心度降低了，最终，政治主题的游行，工会得按天数发放补助才能动员会员参与了。

在人与人之间的关系淡化后，就需要破费金钱了。不按日发放补助就不参加游行这一事态，意味着工会这一共同体业已解体。

学生会的变化

大学的学生会也越来越召集不到学生游行了。因为与劳动者一样，"自由"学生同样越来越多，其背景则是大学升学率的提高。

从1960年到1974年，日本的大学、短期大学升学率由10%上升到了

---

① 指日本员工在每年春天，即2月份左右，为提高工资、缩短工时、改善劳动条件等与资方进行的斗争。但随着日本经济的低迷，现已基本流于形式。——译者

37%。不只如此，因升学的是人数较多的"婴儿潮一代"，大学生新增人数远高于升学率的提升。

结果，被称为"猛犸大学"的状况出现了。增建的钢筋混凝土校舍，学生人均仅 30 平方厘米的校园占地，在数百人同堂的大教室借助于麦克风的授课，从小地方拥入东京，只在房东家与校园间往返的学生。这与学生尚为"少数精英"的时代截然不同。

如此一来，学生会要就政治问题进行班级讨论学生也不来。这种新设的大学，其校长本来就是"独裁者"，一开始就不承认学生会，因宿舍会成为学生运动据点，所以建都不建。

但反过来说，学生们也因此越来越"自由"了。最明显的就是服装。看照片就会发现，1960 年代中期前的大学生，明明不是运动会，穿立领学生装的学生也非常多。也难怪，在冬天一过就把大衣外套当掉以贴补生活费的时代，实在没别的衣服可穿。发型也几乎一律是短发。即便是 1968 年，学生装虽然少了，但也多是棉布裤加白衬衫，或皮夹克，短发依然。但一进入 1970 年代，服装样式虽比今天少，但穿牛仔、蓄长发的学生却多了起来。

学生的意识也变了。大学升学率低的时候，大学生还拥有精英意识与使命感。学生必须关心政治，必须为纠正社会不公挺身而出。直到 1960 年代反《日美安保条约》斗争前后，日本社会对此也非常尊重，敬称学生为"学生先生"。在 1960 年的反《日美安保条约》斗争中，沿路居民为学生队列送去声援和掌声，送饭团慰劳学生之类的事情也并不少见。

有一种教育学观点认为，一旦大学升学率超过 15%，大学教育就已进入大众化，学生也不再是精英阶层。在日本，超过 15% 是在 1963 年。

只是，刚刚超过此一比率的 1968 年还是所谓过渡期。一方面，日本大学在向教育普及推进，而另一方面，学生意识中却依然保留着使命感与道德主义。就像后文中会讲到的，这一过渡期性格将成为日本全学共斗会运动的特点所在。

大学学生会与新左翼

组织能力下降后，政治团体间的势力之争便开始了。即整体动员人数不见增长，互相"抢牌"的倾向便会出现。

无论职场还是家庭，一旦走下坡路就易出现纷争。即便是政党之间，也出现了社会党与共产党为抢夺工会而起的纷争，大学的学生会同样如此。

从 1950 年代末开始，从共产党内分裂出来的新左翼，在 1960 年代进一步分裂，核心派、革马派①、共产主义者同盟派②，等等，派系林立达数十之多。这些派系（通称"宗派"）也曾与共产党下属学生组织"民青"互相争夺学生会。若能在学生会选举中将自己派系的成员领袖推上去，掌控学生会，就能动员学生，收取会费，自由使用学生会馆了。

并且，因大学学生会争夺战的白热化，盗取选票箱、偷梁换柱等违规选举，将反对派赶出去再行表决等暴力事件便出现了。如此一来，学生们因厌倦而远离，学生会的组织煽动能力也越来越弱。于是，争夺战更趋激烈，学生则更加远离。最终陷入了恶性循环。

违规操作与暴力强制，易于在秩序变动、新规未立之时发生。若是以前，学生们都团结在学生会周围，无须为学生会的运转而进行违规操作、暴力强制。家庭也好，政治也好，工会也好，之所以开始依赖于金钱或暴力，原因就在于明明人们越来越"自由"了，却拒绝向新的关系转化，非要维持旧有关系所致。金钱和暴力，都是在关系淡化时作为关系"替身"潜入其内的。

---

① 全称为日本革命共产主义者同盟马克思主义革命派。成立于 1962 年。反帝国主义，反斯大林，以日本革命、世界革命及共产主义的实现为目标。其理论指导者为黑田宽一。——译者

② 世界上第一个以学生为主体的先锋党派。成立于 1958 年。为 1960 年反安保运动走向高潮发挥过重大作用，但于同年解散，1966 年重组。——译者

何谓"宗派"

在西方发达国家的"68年"运动中，其担纲团体即便以马克思主义为旗帜，真正的先锋党组织也不多见。其思想多近于无政府主义的自由思想，运动形态也是如此。但日本的新左翼不同。作为年轻人的少数团体，自有其相应的自由成分，但更为根深蒂固的，是以强调少数精英，强调"铁一般的纪律"进行武力斗争的先锋党型的意识。

日本与其他发达国家间出现这一不同的原因又在哪里呢？尽管基本没有实证性的比较研究，但似乎离不开这样的背景，即当时的日本成为成熟工业社会，也就是成为发达国家型社会时日尚浅。

日本共产党成立于1922年。其组织形态学习了刚取得革命成功的苏俄，也是先锋党。当时的日本与革命前的俄国相似，教育程度低，没有政治、言论等自由，因此可以说，先锋党组织是适合日本的。但在1955年，日本共产党虽保留了先锋党章程，却放弃了武装革命的路线。原因很多，如国际形势的变化等，但主要还是因为战后改革已让日本获得了政治及言论等自由，经济也开始进入高速增长轨道，发展中国家型的革命理论已不再适用。2000年，日本共产党又对章程进行修改，正式放弃了先锋党思想。

正是在这一过程中，批判共产党放弃武装革命的学生党员分裂了出去，1958年，成为日本新左翼的起始点。对放弃武装革命的批判，虽可视为青年人特有的理想主义，但在某种意义上又可以说，他们奉行了比共产党更为原始的路线。后来新左翼及其进一步分裂所衍生出的各种宗派，全都继承了共产党的组织形态，都是先锋党。

当时，先锋党已不符合时代潮流，应探索新形态的声音基本上并没出现。毕竟，截至1960年代中期，日本的传统农业人口依然很多，因此也有人认为，日本当时还远非发达国家，新左翼各宗派与社会状况的脱节并不明显。

但是，在如美国一样社会主义运动本就不成气候的国家；或如英国德国工党或社会民主党是大众型政党的国家；或如法国，共产党有联合执政经验的国家，其情形也都与日本不同。在日本，共产党虽是孤立的少数集团，却能拥有巨大影响力，只因日本不是那些国家。对于本就适合于发展中国家的先锋党组织形态，西方发达国家的学生无由亲近。

所谓"宗派"，本是对抗（旧）天主教而分裂出来的各派新教团体。对抗共产党而分裂出来的日本的新左翼各派系，就是以此作比而被称为"宗派"的。后来，因其武装斗争路线，先锋党的组织形态，再加即便违规操作也"在所不辞"，给人的印象是过激、暴力，不像政党而更像宗教，其支持率也就不太高。可以说，日本人对社会运动至今没有好印象的原因就在这里。

大学教育普及化引发不满

在这样的状况下，1960 年代日本学生运动的盛况也就没能一直维持下去，并在 1960 年代中期跌入谷底。也有意见认为，在高速经济增长下，马克思主义的引导力下降，学生运动已走到尽头。但是，很突然地，从 1968 年开始，日本的学生运动竟又兴盛了起来。其原因，在当时来说还是一个谜，但最大的原因之一，就是大学的普及化本身。

当时日本的大学，学生数量激增，大教室授课效果差，校园拥挤，食堂爆满，不等 30 分钟吃不到饭……雪上加霜的是，学生数量的增加又导致了校舍扩建等的经费上涨，并在通胀影响下，学费蹿升。

并且，在当时，大学的新设速度跟不上升学率提升之需，高考竞争非常激烈，以至于被形容为"高考大战""四当五落"（备考中睡眠时间不少于四小时就会落榜）。可如此废寝忘食好不容易考入了大学，一看，不但授课含金量低，教室、食堂还挤成了沙丁鱼罐头。

不只如此，因大学生数量增加，稀释了将来成为各界精英的可能。虚位以待的不再是从前大学毕业生所就的职位，而是如销售之类的职业。在这样的状况下学生多被空虚感俘获。再怎么学习，一想到现代的大学不过是就职预备校，就除了空虚还是空虚。四年后一旦就职，自由全失。然后，直到退休，就只能沿着业已铺就的轨道穷此一生！趁现在自由在手，将空虚的大学生活彻底击碎，来一次"革命性"的行动吧！

与大学的普及化相伴出现的这类因素，似乎与参加法国巴黎"五月风暴"的学生们是共通的。可以说，就这些部分而言，日本全学共斗会运动的背景中，学生们的心情与直面成熟工业社会的西方各发达国家学生是共通的。

翻阅参与全学共斗会运动的学生手记，经常看到如下感想，占领大学，一起据守街垒，结交了很多朋友，紧张、激动、有趣。参与运动的动机中，也有"为把艰苦备考的愤恨一扫而光"，"因不想毕业就当上班族"等等。可见，这与1960年反《日美安保条约》运动的动机——"唯独战争与饥馑，再也不想经历"非常不同。

新现实与旧意识的鸿沟

上述现象是大学的普及化带来的，与其他发达国家等有某种程度的共同之处。但下面几点则是日本的独有特点。

首先，与美国等国家不同，日本的大学升学率快速提升时日尚浅，还处于学生们依然保有以往使命感与精英意识的过渡时期。是学生，就要勇立革命潮头。

其次，全学共斗会运动的爆发还有一个更重要的原因，因学生们保留着对大学的旧有印象，并不接受普及化的大学，并不认为普及化是理所当然的。

在那个时代，抱着如旧制帝国大学①时期"出来不是博士就是部长"

---

① 1886年东京大学改制为帝国大学，后来陆续增加，至二战前增至九所。二战后日本国内的帝国大学改为新制国立大学。——译者

的过大期望入学的学生并不鲜见。印象中，同学间相互探讨哲学问题、与教授进行学术对话、探究真理的"学府"才叫大学。但进入大学后，不要说教授，就是跟旁边的同学也没有像样的话说，而毕业后，"只是微不足道的上班族"，学生们逐渐认清了这一现实。旧有意识与现实之间出现了一道落差极大的鸿沟，而不满最终便以运动的形式发泄了出来。

日本大学全学共斗会的一名参与学生在当时的手记中这样写道："学生致力于学习与研究，绝不能被产业社会毒害，这不是理所当然的吗？现在，这种理所当然却成了想当然。"①也就是说，学生们要发起运动，纠正在资本主义侵蚀下蜕化为"就职预备校"的大学。

对高速经济增长的困惑

而更深一层的背景是 1960 年代的日本依然有贫穷的一面。但另一方面，日本又因高速增长而快速走向富裕，社会对此既生困惑，也深感"内疚"。

比如当时的一位主妇因洗衣机太过方便，安逸突如其来，"隐隐担心会遭天谴"。以前得吭哧吭哧在洗衣板上搓洗 3 个小时，现在扔到洗衣机里就行了。开心是开心，但总有一丝隐隐的内疚。

1968 年左右入读大学的这一代，1950 年代时还是小学生，他们就是在这样的价值观中长大的。也有因在农村长大，一进入城市中的大学，置身钢筋混凝土校舍之内，生出了"人生空白感"的学生。这类时代背景，与早在 1950 年代便已享有富裕生活的美国的学生运动等多少有些不同。

此外，直到这一时期，在日本"不能浪费东西"的价值观还很强烈，对于大量消费、不断丢弃的行为负有罪恶感，还是"消费是美德"非刻意宣传不可的时代。在这样的情境下，"这个世界不对头"的情绪出现了。

另外，虽说是高增长，但有贫富差距。翻阅参与全学共斗会运动的学

---

① 参见日本大学文理学部斗争委员会书记局编《叛逆的街垒》（增补版）。——原注

生手记就知道，很多人为自己班里交不起餐费的同学感到痛心。也有人为虽比自己优异，却因经济能力或不得不继承祖业而上不了大学的同学而内疚。一想到是这样的自己走进城里的大学，在高楼校舍内过着空虚的生活，沉溺于消费之中，也就更为惭愧了。

因学生是受惠的特权阶层，必须为社会作贡献的意识还留存于学生和社会之中。所以尽管暗箱操作与暴力强制横行的学生运动令人生厌，有的学生就当参与一种志愿者活动来参与全学共斗会。这类态度认真的学生，无论是当时还是现在都是少数，但也有一成或二成左右。就在这些学生中，往往产生出"这样的社会不正常！""就这样醉生梦死吗？！""一定有人在成为牺牲品！"等感受。

工业污染与市民运动

压过来的最后一根稻草，便是工业污染与越南战争。

先是工业污染将"一定有人在成为高增长牺牲品"这堆干柴点燃了。工业污染本身，虽在 1950 年代便已出现，但因致富优先，也就没太引起社会的注意。但当富裕到一定程度，开始意识到果然不太对头时，工业污染便突然引发了全社会的关注。就是从这时起，"这个社会不正常"的意识迅速蔓延，学生也为环境保护运动提供了支援。

并且，1960 年代中后期，不只是反工业污染运动在各地掀起，以城市环境设施、反对大规模经济开发等为主题的市民运动也在各地兴起。当时的东京就像今天印度的德里、印尼的雅加达，环境设施跟不上人口的急剧膨胀，垃圾填埋处苍蝇成群，供水不足时有米无炊，交通堵塞、事故频发（日本称之为"交通战争"）。市民运动由此爆发。在以东京为代表的大城市，被称为"革新地方政府"的社会党、共产党领袖当选。一时间，约半数日本人口投奔到了革新地方政府的旗下。

而在年轻人外流到大城市的中小城镇，则因公共投资下的大规模开发、引资建工厂而引发了农民、渔民及当地居民的抵抗运动。高速增长的扭曲以各种形式表现出来，相应的社会运动便在各地相继展开了。可以说，前面所说的大学教育普及化，后面将展开论述的反核电运动，都是其中的一环。

越南战争

进一步施加重大影响的，就是越南战争。

当时日本贸易的一至二成，来自美军定购的军装及卡车等所谓"越南特需"。并且在越南负伤的美军士兵，约八成被送至日本治疗。在羽田机场起降的国外航班中，四成左右是美军包机。冲绳美军基地的 B‑25 大型战略轰炸机也轰炸了越南。总之，日本与冲绳，为美军的越南之战做出了巨大"贡献"。但日本的压倒性舆论却是反战。太平洋战争结束刚不过 20 年，战时记忆还非常清晰，战争要不得的社会意识难以小觑，且不止于此。

当时，日本还有一种感受，自己是个亚洲小国，被财大气粗的山姆大叔一举击溃。印象中的越南战争，也是这个美国轰炸同为亚洲小国的越南，喷洒枯叶剂①，残杀越南儿童，摧毁森林，越南人虽然贫穷，却在拼全力迎战。可我们日本呢？却基于《日美安保条约》向美军提供军事基地，发战争财，沉溺于开着私家车玩乐。这合适吗？牺牲越南人而增长经济的日本！当时产生这样的心情也是理所当然。

1950 年的朝鲜战争爆发时，美军订购等带来的"朝鲜特需"的出口占比约为六成，远大于"越南特需"。但是，朝鲜战争时日本社会虽然因担心被卷入战争，认为战争实为荒唐，也发起过社会运动，但因日本借朝鲜战争发财这一内疚感所引发的运动却并不显眼。像对工业污染的关注一样，可以说，在富裕到一定程度后，这样的感情才得以出现。

当时的学生，抗议过美军航母靠港，反对过成田机场的开建。因羽田

---

① 能使植物落叶枯萎进而死亡的化学药剂，可引发人类畸形。——译者

机场超负荷运转，有必要建一个新的国际机场。但成田机场破土动工的大规模开发，却在民众中引发了会否用于越战的疑心。考虑到当时羽田机场的利用状况，有此疑问也不无道理。

并且，成田机场的开建是用推土机将农村铲平，农民的处境与越南如出一辙，都是在与压倒性的资本作战！当无处可去的农民在松树上搭建小屋，坚守不退，强征耕地的防暴警队与机场建设方赶到后，将松树砍倒强行驱逐，从倒毁小屋的喇叭中传出了首句为"在那座山上追过兔子"的歌曲《故乡》[1]，让很多人为之动容。

此外，学生活动家对 1960 年规模空前的反《日美安保条约》运动记忆犹新，而即将到来的 1970 年又恰逢 10 年一次的《日美安保条约》修订之年，所以，当看到反越战的社会舆论高涨，他们也想将此一轮运动发展壮大。

对美国的单极支配心生不快的，还有欧洲各国及亚洲、非洲、中南美洲，因此，声援越南的反战运动也在世界范围内兴起。由被征入伍的美国学生掀起的反战运动自不必说，在日本，也与学生的不满、对高增长的不适应、各地的反工业污染及市民运动的风起云涌连动，日本学生的全学共斗会便在世界范围内的"68 年"背景下一口气高涨了起来。

"战后民主主义的欺瞒"

此外，在日本的全学共斗会运动中，"欺瞒"，即"撒谎"一词经常被使用。从 1969 年开始，"战后民主主义的欺瞒"一词也经常被提及。

首先，全学共斗会运动的主体，即"婴儿潮"的一代，从亲历战争的父母及老师那里，接受了基于切身经历的关于和平主义与民主主义重要

---

①　《故乡》发表于 1914 年，歌词大意：在那座山上追过兔子，在那条小河边钓过鱼，至今我仍旧梦回那里，那里是我难忘的故乡。爸爸妈妈如今可好，朋友亲人是否无恙，不管遇到风还是雨，总是想起我的故乡。如果我实现我的志向，有一天我一定回返，那有着青山的故乡，那有着绿水的故乡。——译者

性的痛切教导。但一进入初高中却发现这些理念踪影不见，面临的只有残酷的中高考大战！据1960年代中期的一项调查，有的中学每年考试测验居然多达320次，校外补习产业也发达起来。

如此一来，便产生了"父辈师长在撒谎"的意识。读小学时，师长们教导，和平是珍贵的，所有人自由平等就是民主主义。但所谓中高考大战，不就是将他人无情地踹落于独木桥之下吗？为什么那些老师、成人满嘴和平与民主是何等重要，却非把将他人踹下桥的"中高考大战"强加给我们？！全是谎言！

即便如此，"大丈夫能屈能伸"，就将之当作考入大学前的考验，但最终取得胜利，进入了大学一看，什么追求真理的学府，不过是大量招生，授以敷衍的课程，学费却涨个不停！且毕业之后就作为一个上班族，作为企业的一个齿轮被推向社会了事！这不是资本主义的就职预备校又是什么？什么大学？一派谎言！学生中这样的情绪涌动了起来。

并且，明明一直被教导说，日本是拥有《宪法》第九条的和平国家，却在协助美国，利用越战大发横财。又是游行又是示威的工会成员也不过是冲着每天的补贴在滥竽充数。共产党也好，社会党也好，根本就没有与这个体制决一死战之心。在杂志上大谈民主主义如何重要的教授也一样，授课时全是敷衍。说到底，战后民主主义本身就是个弥天大谎！

就这样，批判年长者的风潮出现了。面对大谈战争经历，说年轻人"不懂世事艰辛、松松垮垮"的长辈，他们就想反唇相讥以"一群骗子"。

并且，当时的各类"反抗"也是普遍存在的。比如，年轻儿媳想买洗衣机，婆婆就说教："这也太奢侈了。我那时候都用手洗。最近的年轻人真是好逸恶劳。"于是儿媳偏要把洗衣机搬进家门，这也是一种"反抗"。并且这类"反抗"也基本会以年轻人的胜利告终。社会处于上升阶段时，年轻人的反抗往往易于取胜。但像现在的日本，处于下行状态时，面对"好好找工作"的父母的说教，说"我要做一名自由职业者"就不太妙了。

不过，可以认为，在这一批判情感深处，存在着不太适应日益富裕、大量消费的新型社会的心情，还有生活本身就像个谎言一样的不真实感。说到底，抗议这样的现实，在大学校内构筑街垒、高喊"打倒越战"的自己，在中高考大战中一路冲杀，胜利进入大学，毕业之后却只能成为一个微不足道的上班族，或许才是无法接受的最大的"谎言"。"自我否定"一词会在学生中蔓延，这也是一大原因。

"全学联"与全学共斗会

就像读者朋友已经知道的，"68 年"的全学共斗会运动与 1960 年的反《日美安保条约》运动，动机非常不同。

所谓运动的主题，若只是靠着"这样不行，一定要反对"的说法是无法展开的。水俣①渔民很悲惨，成田农民很困窘，可这又怎样，我既不窘也不惨，也不是我造成的。只有运动主题与很多人平时就感觉"这还得了"的日常感觉相关联时，才会一下子扩展开来。

1960 年的反《日美安保条约》运动，"68 年"的全学共斗会，都是如此。反对《日美安保条约》修订案、反对越南战争，要人们动，就要让运动主题与大家的日常感觉与认知贯通。可以说 2011 年废弃核电的动向出现，很大一部分原因在于很多人平时感觉"不妙"的各种社会问题，都在核电站中看到了相应的缩影。

日本"68 年"的社会基础与主题就说到这里，接下来，再看一下运动的操作方式及组织形态。

正如前文所说，学生会力量尽失，对学生会的信任也因各宗派的瓜分而丧失。并且在当时的大学，文学部学生会握在"革马派"手里，经济学部握在"民青"手里的情况很常见，如此一来也就无法协同行动。这时出现的就是全学共斗会。

---

① 水俣位于熊本县南端。1953—1959 年，该地居民因食用被当地工厂含汞废水污染的鱼类而集体中毒，严重者因此而死亡。后日本称汞中毒导致的神经疾患为水俣病。——译者

"全学联"①与全学共斗会有什么地方不一样呢？一言以蔽之，前者是学生会共同体的联合，后者是"自由人"的联合。

全学共斗会是1968年5—6两月间，因校内问题而在日本大学、东京大学自发出现的组织。日本大学起于对大学财务负责人贪污渎职的追究，东京大学则始于研修实习医的劳动条件问题。两者均始于与马克思主义、与革命并无直接关系的校内问题，却与学生对大学及社会的不满情绪交织，渐渐扩大成为全国性的学生运动。

学生会功能已丧失，于是基于自愿参与的全学共斗会便建立了起来。以各学部、学科为单位，学生自愿加入。而集合各斗争委员会的全校机构，就被命名为"全学共斗会"。

"全学联"是在学生会这一共同体中，通过委员长选举挑选成员，集中到全日本学生会总联合会的总会，再从中选举全学联的委员长。全学共斗会则只是自由参加的学生们任意结成的松散集体。比如东大全学共斗会，虽有"议长"，却并非是握有权限的职务，而是负责内部调整，或是一个象征性符号。不是组织来掀起运动，而是因有运动才结成了组织。

从某种意义上来说，全学共斗会是游离于既存组织之外的、对党派或学生会心怀不满的、想做点什么却没有舞台的人们凑到了一起。在全学共斗会运动初期，既有赞成《日美安保条约》却无法原谅大学的，也有虽为右翼却反对越南战争的，持什么想法的人都有。加入、退出自由，其形式似乎是什么时候加入都行，何时退出也无所谓。

推动这一运动的则是传媒的发达。当时刻版印刷业已普及，几个人自愿结成的学生小组，很快就能把传单印制出来。这与拥有印刷机的只有共产党、工会支部或学生会的时代相比是一个很大的变化。并且电话已经普及，联络也方便了。这样的变化在1960年的反《日美安保条约》运动前后就出现了，但全学共斗会期间更为明显。

---

① 日文原词"全学连"，是"全日本学生自治会总连合"的简称，即各大学学生会的联合组织，1948年成立。——译者

将日本的"68 年"推向高潮的市民运动"越南和平联"（还越南以和平的市民联盟）的形式也与此相似。该组织是 1965 年在作家、电影导演等的呼吁下成立的，其动员并不依靠政党或组织，而是自由参与。 游行与集会的参与者，是认同主办人宗旨的人们。越南和平联的"代表"也不是具体的职务，而是类似于今天的代言人。

全学共斗会或越南和平联等的社会运动与既有的金字塔形党组织不同，已转变成为扁平化的网络型运动，并且运动方针也不是在中央总部指导下制作纲领，进而组织统一的全国性运动了。越南和平联是反对越南战争的运动，全学共斗会当初也只是为解决校内问题而发起的运动，有类似于节日活动的氛围。

"自由式运动"的局限

那么，当时的运动又都是什么样的人参与其中呢？

一般认为，全学共斗会运动是只有大学生参与的运动。越南和平联是以作家为代表，以退出日本共产党的补习学校讲师为事务局长，活动家中以学生或"文化人"为多。总之是以自由度较高的人为主。

关于越南和平联的游行的参与者虽没有正式的调查，但据当时的记录推测，最多的是大学生。其次是专门学校学生及高中生。学生以外的市民虽也会来，但还是以年轻人，如 20 岁上下的年轻劳动者为多，年长的则是公务员、教员或主妇等在周末游行时赶来。也可以说，比较而言，这些人也是以自由度较高的人为主。

但是，这部分人比 1960 年的也多不到哪里去。从结果来看，"68 年"并未像 1960 年反《日美安保条约》运动一样成为"国民运动"，而仅止步于以学生为中心的运动。并且即便是学生，一旦 22 岁毕业，也就放弃运动，要么就职，要么"出嫁"了。这是人生自由期只有 18 至 22 岁的时代。初高中一毕业就走向社会的人，连这短暂的自由期都没有。所有人都知道，只是这样的学生，发起运动也毫无前途。

当时运动一方的苦恼也正在于，有社会经验的人不来，特别是社会的中坚力量，即三四十岁、年富力强的人不来。若是工会按天支付补助，这部分人还会露个面，其他的也就免谈了。说到大多数的市井之民，虽对越南战争心怀愧疚，但正处于高速经济增长期，生活忙碌而无闲暇。所以游行示威往往就只剩下学生了。

经常有人说"婴儿潮一代是学生运动的一代"，这一说法并不准确。当时的大学升学率约为二成，据回忆录或手记等推测，即便是在运动相当兴盛的大学，参与全学共斗会的也只占学生总数的二成左右。并且，这一数字还包括"只参加过一次集会"的。二成中的二成，即"婴儿潮一代"中参加过全学共斗会的，多说也不会超过4%。

当然，即便不直接参与运动，受到该时代氛围各类影响的人也很多，可那也不能说"婴儿潮一代是学生运动的一代"。更何况，社会也并非仅由年轻人构成。

所以，日本的"68年"与其给予社会的印象并不相符，学生及市民团体等的游行与集会参与人数并没那么多。尽管打着反对越南战争的旗号游行示威，但其中在工会领导下以反越战为名的"春斗"（谈工资）又占了相当一部分。即便是在1968年11月的鼎盛时期，所有新左翼与日本大学、东京大学全学共斗会协同行动的大集会拉开时，也只有2万人左右。越南和平联有时也会召集2万到5万人规模的游行与集会，其余的都是小型的游行或集会了。

而始于2011年3月的弃核游行，虽没有组织动员，以万人为单位的游行、集会却几乎每月都有。虽不能进行单纯的比较，但从没有组织运动的自由参与人数来说，似乎已在"68年"之上了。

全学共斗会运动的特点

基于以上考察，若将全学共斗会运动作一个国际比较，该运动又有什么特点呢？

全学共斗会运动有与其他发达国家的共通之处。比如背景同是学生数量的激增、对工业社会生活方式的抵触，自由参与的扁平网络型运动的萌芽等。但另一方面，对富裕快速到来而生的不适感、内疚感，先锋党型新左翼的存在等，则可以说是比起发达国家，更符合发展中国家的社会运动特点。

比如，在全学共斗会运动中，依所属全学共斗会及宗派不同涂以不同颜色，或头戴统一写有宗派或大学校名的安全帽等。各发达国家的"68年"里，几乎没有自发采用统一着装的运动。所以在西欧各国眼里，日本的全学共斗会被看成近似于中国"红卫兵"式"文化大革命"的"亚洲运动"也毫不奇怪。

在全学共斗会运动中，常用词汇是"军团""决战""侦察""武装""斗争"等等，"全体集合，投入三里塚①决战！"的号召也经常出现，再加上统一戴的安全帽，今天看来，简直就像军队或运动会。

看一看今天的"婴儿潮一代"中人也会发现，感性方面意外保守，有集体主义倾向，喜于以酒交友、性情坚忍、偏爱哀愁感伤的演歌②之人不在少数。在新左翼或全学共斗会运动中，还存在着性别歧视现象，如女性只能冲茶倒水，或编入救护班，或担任会议记录等。

说到底，当时的日本社会还不太富足。在 1968 年进行的调查中有过这样的设问，请举出"最近三个月的娱乐爱好活动"（见上村忠《容颜激变的社会》）。结果，读书高居第一位，第二位为外宿一晚以上的旅游，第三位是手工艺、缝纫（女性高比率选项），第四位是在家饮酒，第五位是看电影、话剧。可以看出，这一代人整体认真，为人谦恭、朴素。对比于 2011 年脱核电游行等，"68 年"的传单、招牌等很少插图，颜色单调，全是汉字。全学共斗会中的学生喜欢读哲学书籍并经常讨论，奉行禁欲式道德主义而少有节庆元素等，也无不带有这一时代的特色。

---

① 三里塚位于成田机场征地范围内。——译者
② 日本传统的民谣式唱法，只使用五个音阶。——译者

描绘德国红军①的电影《Der Baader Meinhof Komplex》②中出现过如下镜头：在都市公共机构大音量播放摇滚乐，边驾车疾驶边拔出手枪射击以壮声威等。不管是否真有其事，但可以肯定的是，日本当年的联合赤军身上（后文会有详细介绍）并无其事。汽车普及率本就没多高，1972 年"浅间山庄"攻防战事件中，与警察展开激烈枪战的联合赤军成员里，有驾驶证的一个都没有。按现在物价折算一张唱片就要 13 000 日元的时代，唱片也好，立体音响也罢，均远未在日本普及。

综合来看，日本在高速增长中快步进入发达国家的状态所产生的"保守性"，决定了日本全学共斗会运动的特点。

新左翼与全学共斗会

这样的保守性，给全学共斗会运动埋下了隐患。但与其说保守性本身有问题，不如说是因强行维持不合时宜的关系和意识制造了问题，或者说是旧瓶装新酒而生发了弊害。

首先，全学共斗会是自由参与的新型运动，但旧式先锋党型宗派却将影响投射进来，这就有问题了。

学生们突然于"68 年"占领大学，令新左翼大惑不解。一直对政治不感兴趣的学生怎么突然集会了？还筑起了街垒？！一问，却净说些授课没劲之类既与马克思主义无关，也与革命无涉的琐事。

但无论如何这都是个好机会，这种自然发生的动向出现之日，正是作为先锋党指导大众、争取同盟之时！作为手段，就是把自己人送入全学共斗会的斗争委员会以控制其中枢，或劝热心投入全学共斗会的学生加入自己的宗派。一句话，与控制学生会时的做法毫无二致。

---

① 又译红军派，为原西德最活跃的极左民兵组织。1996 年其最高领导人被捕后停止活动，1998 年正式发表解散声明。——译者
② 2008 年德国影片。描述了西德红军由创立到创始人迈因霍夫及最初领导人巴德尔之死的全过程。——译者

要命的是，学生主动加入新左翼的现象也出现了。原因很多，如新左翼成员敢于正面迎击防暴警察，简直帅呆了；新左翼的前辈实在了不起，等等，但整体而言，这一现象似乎离不开以下背景。

占领大学同吃同睡固然有趣，但能以过节一样的心情热闹一番，最多也只能维持一个月。当新鲜劲儿越来越少，就又是吵架，又是因炊事轮班而起争执，好多人也就不来了。全学共斗会以自由参与、自由退出为原则，运动涨潮时自然是好，但时间一长走上了下坡路，也就比较脆弱了。

这时候剩下来的就多是坚强有力的新左翼成员了。并且若遇有危急时向他们求助，他们还会从其他学校为你动员伙伴。如此一来，学生们就会想：还是这家伙靠得住，不如我也加入他的宗派吧，不扎实学习马克思主义和运动方法真是不行。

接着，种种弊端与危害也就出现了。而最严重的就是内讧。首先，与控制学生会时一样，新左翼各宗派纷纷将自己组织的成员送入全学共斗会的斗争委员会以掌握运动主导权。而新左翼宗派间的内讧也随之进入了全学共斗会内部。更为严重的是，在全学共斗会运动末期，基于旧式全学联思维，由新左翼宗派主导创立了统一全日本各校全学共斗会的"全国全学共斗会"。而这一组织，也在宗派间的主导权之争与内讧中不断分裂。这样的倾向越严重，参加全学共斗会的学生也就进一步缩水了。

新左翼进来后，本与特定思想基本无关的全学共斗会不断向马克思主义的革命运动倾斜。安保问题、冲绳问题等，与大学内部问题无涉的主题也就打了出来。这也不能说是"坏事"，但若观察具体的斗争过程就会发现，若只是校内问题尚有解决的余地，可一旦确立"革命性"目标，就难有解决之日了。此外，新左翼还会把在各地全学共斗会中劝进组织的成员调往其他运动现场，就结果来说，也导致了该大学全学共斗会运动的衰退。

说到底，新左翼本就是马克思主义党派，较之大学的制度改革，他们更倾向于占领校内钟楼的"华丽"战斗，以赢得赞誉，扩大组织规模。在全学共斗会运动中，占领钟楼与防暴警激战的做法之所以会蔓延，虽也是青年人特有的天真表现，但也受到了新左翼战略的影响。

安全帽、棍棒、铁管等的投入使用，对一般学生来说，与其说是武器，更多的是用以表达与"体制"作战的决心和意志。

占领钟楼的围城战术也好，棍棒、铁管、安全帽也罢，均起始于新左翼宗派，无疑是来自旧式因素。但从结果来看，年轻人将之作为以行动宣示意志决心的手段，又是全新的现象，就像同时代发达国家的运动一样。也就是说，日本该时期社会运动的特点，是新旧要素混血的表现。但是，这些要素本是来自新左翼的深层迷思与激烈内讧，这一运动方式本身毫无前途可言，而其内讧，也日趋激烈了。

道德主义的弊端与危害

到 1969 年底，全学共斗会运动几乎完全沉寂了。

原因很多。第一个就是刚才说的，新左翼掌握主导权后，参与学生减少。并且，警察的镇压也日趋严酷，无法再轻松前往，动身前就得做好被逮捕的准备了。

其次，1970 年 6 月，《日美安保条约》自动延长，越战美军也开始陆续撤离，该时代社会运动的整体焦点已不复存在。日本的经济增长完全进入了轨道，且国内贫困也不再刺目，在 1969 年 12 月的总选举中，自民党大获全胜。

在这样的情势下，原有的旧式道德主义，再次给全学共斗会带来了灾难。

在全学共斗会鼎盛时期，虽也出现过道德主义倾向和"自我否定"等词汇，但在初期似乎并没有太大的问题。其弊端与危害的彰显，是在运动的落潮期。

无论是哪个大学的全学共斗会运动，半年之后，均陷入了举步维艰的境地。这时候，运动方不是就大学改革与校方交涉并视情况做出妥协，反而是为表现和强化战斗意志，构筑街垒的越来越多。而新左翼也以这样的"革命性"方针加以诱导。

如此一来，因看不到前途，加上到 1969 年下半年警察的镇压也趋于严酷，路线之争与内讧也就日趋激烈了。在这样的情况下，是否真的参与运动，就涉及觉悟问题了。虽不至于说不做好被逮捕的准备来参加游行就是叛徒，但类似的空气却形成了。对此敬而远之的人一多，留守学生间的道德主义会更为强烈，而离去的人也就更多，一个恶性循环出现了。

并且，此一时期的运动只有学生参加，一旦毕业或开始找工作也就退出去了。退出的本身就内疚，低年级学生又指责他们"因就职而转向"，但这些低年级学生毕业后仍坚持运动的也几乎没有。对此学生们自己也是心知肚明，于是坚持理想就在学生期间吧，实际上自己也想找工作，但又必须对这样的自己进行"自我否定"……这本来就是在勉强自己，也就只能靠强烈的道德主义让自己坚持下去了。因自己很痛苦，也并无确信，就很容易指责别人是叛徒，是资产阶级思想，等等，情形颇为不堪。

再有，因全是 20 岁左右的男生（还有少量女生及研究生）团体，没有社会经验，血气方刚，易怀纯粹的理想，喜读书后进行抽象辩论。从这一层面来说，也易于导致内部对立、互相视对方为叛徒等情况。

因此，最初盛极一时的 1968 年另当别论，但到第二年、第三年，最初的乐趣渐失，分裂、内讧不断，不少人只能以道德主义自我约束，等工作一有着落就把这一切彻底忘光。

在这种情况下出现了一种组织，他们认为清醒的人数越来越少，大多数人沉醉于高增长美梦之中，要唤醒他们只有进行武装斗争。这一时期，也是日本社会运动的转型期。日本的第一次妇女解放运动发生在 1970 年 10 月，日本的战争责任问题在新左翼运动中引发关注，同为 1970 年 7 月。从这时开始，被歧视部落问题、冲绳人问题、在日朝鲜人等少数族群问题，也作为新的运动主题浮出了水面。

因为，身为日本的劳动者，仍未跻身富足的中上阶层的，除被歧视的部落、冲绳人及在日朝鲜人外，只有极少数人了。所以，必须将焦点集中到他们身上发起社会运动。

1974 年，武装组织"东亚反日武装战线"炸掉了三菱重工的总公司大楼①。该组织刊行的手册中进行了如下控诉：因日本先以战争将其他亚洲各国变为殖民地，后又用经济手段榨取殖民地人民，所以"在日本帝国主义国内的劳动者、市民都是无时不与殖民地人民处于敌对状态的帝国主义者和侵略者"。

部落解放运动、在日朝鲜人运动，知识分子与学生应为日本劳动者献身的道德主义是此前就存在的。但是现今日本的劳动者、市民等已是富足的侵略者，所以社会运动应为亚洲人民、少数族群等献身。其背景之一，就是先前述及的 1970 年的总理府调查结果。即约达九成人认为自己属于"中产阶层"，"一亿国民全中产"的意识已在日本社会扎根。

这样的运动形态之所以流行开来，原因之一在于运动主力是缺少实际生活经验的学生，考虑问题有抽象倾向。相比于学费上涨、就职困难等，革命、为亚洲人民而战等抽象主题更为吸引人，即便是今天，在没有实际生活经历的学生中这也是易于出现的倾向。

据说，在 1970 年代初，为支援水俣病患者，有的学生甚至会远赴九州，问他为什么要去，回答是"自己身上没什么问题需要解决"。

在全学共斗会运动中，流行过"革命""斗争"等马克思主义词汇，但毕竟已是大学生普及化的高速增长时代，总有些不真实感。而当接触到真正为歧视所苦、真正愤怒的在日朝鲜人、水俣病患者等人群时，有的学生才意识到此前果然是"装革命""玩革命"，并积极投身到对这些人的支援运动之中。

但如此一来，运动就成了痛苦不堪的精神重负。自己这儿没什么问题，而要为别处遭受欺凌的人献身，真做起来是无穷无尽的。如不能坚持

---

① 东亚反日武装战线是成立于 1970 年代的日本左派组织，1974 年 8 月 30 日，该组织对三菱重工的东京总部实施爆破，致 8 人死 376 人伤，事后，该组织领导人大道寺将司被判处死刑，但并未执行。——译者

到底，就可能受到"自我谴责"的困扰。如此痛苦，参与的人也就相应减少，而剩下的学生，其道德主义意识则愈加强烈。

联合赤军事件

恰在这时，1972 年震惊日本的联合赤军事件发生了。在群马县山地内的秘密工作站，武装集团私刑杀害了 12 名自己的同志，最后，发展成"浅间山庄"事件，赤军与防暴警察展开激烈枪战。

实际上这只是一次偶发性事件，一个少数人的武装组织被赶入零下 20 摄氏度的酷寒山地后，饮食起居环境异常恶劣，丧失正常判断能力，终于酿成悲剧。但当时日本民众却在并不了解实情的情况下，按希望的样子来看待这一事件。在当时媒体与成年人中的多数看法是，在战后的富裕生活中，在过度保护下长大的年轻人不知人世疾苦，被极端思想蛊惑，最终导致了此一异常犯罪事件。而这一思路就在"一亿国民全中产"意识占主流的时代，最终成了理解"异常犯罪"的定式。

而另一方面，在参加全学共斗会运动的年轻人中，多数又将之视为道德主义的最终归宿。但实际调查私刑经过就会发现，在逃亡中被认为有可能向警察泄露秘密工作站地点的人，接连被私刑处死。可在这 12 人中，因涂唇膏而被责难、被处刑的女性的事例格外有名。想到自己在运动中的类似经历，很多人认为，她是因为生活态度的资产阶级化，自我批判不够等而被处以私刑的。

有意见认为日本的学生运动就是因该事件而结束的。但实际上，运动早在此前便已陷入停滞。但很多人想，就以这一事件为契机结束了吧，抵抗经济成长也无用，批判富足的消费生活很危险，等等，倒确是实情。可以认为，即便没有这一事件，某一其他事件会为运动打出休止符的可能性也非常之大。

但不管怎么说，这一事件都给日本的社会运动留下了后遗症。以后大家普遍认为，凡是打出"革命""正义"等旗号的社会运动都很危险。

而另一方面，道德主义也深深地扎下根来。

这两方面的影响，在今天的运动现场已逐渐消失，却遗留在了远离运动的人群之中。比如今天的一些年轻人，尽管找工作很艰辛，劳动条件很差，但要为改变这一状况发起社会运动却是危险可怕的，可又想做点什么，于是就为帮助遥远异国的穷人去做志愿者。为什么呢？因为住在日本的自己是受惠者。而其认识背景就是从事社会运动的人，不是挥舞自以为是的"正义"大旗的危险人物，就是被来路不明的政治团体蛊惑、欺骗的可怜虫。看到这些，无法不让人想到何谓"历史包袱"。

日本的"68年"就这样结束了。政府及自民党也没像对待1960年的反《日美安保条约》运动一样，将之视为严重事件严阵以待。不过政府也好，自民党也罢，都很在意社会对越南战争、工业污染及都市环境恶化的批判性舆论。"革新地方政府"接二连三地出现，1972年总选举中共产党支持率的快速上升也给他们带来了危机感。

因此，为不让《日美安保条约》的自动延期与冲绳问题引发社会运动，返还冲绳施政权的步伐加快。此外，完善法律限制工业污染、新设环境厅、推出福利政策、打造都市环境设施等一系列政策也相应推进。所有措施结合到一起，就构成了一张涵盖公共投资、补贴、限制不公平竞争、持续地间接性保护弱势群体的政策网。至此，全方位维持自民党支持率的制度出炉了。

也就是说，日本版"68年"的平息，是政策转型、经济良好、运动只有学生参加等一系列因素共同作用的结果。可以说，政府与自民党也并非真就单纯地认为"随他们去也会自然平息"。

由 1970 年代迈向 1980 年代

日本的"68年"不厌其烦说了很多，那自1970年代到1980年代的社会运动又是什么情形呢？一言以蔽之，这是一个"自由度较高者"减少，也找不到能在大范围内产生影响的诉求主题的时代。

1973 年石油危机爆发，"日式工业社会"打造完成。企业工会的诉求重点，在 1960 年代由政治转向了提高工资及改善福利，石油危机爆发后，为优先确保就业率，政治要求就更是自我控制了。1975 年公务员工会协议会①争取罢工权的罢工，成了日本运动史上政治性的大规模罢工的最后一次。

社会整顿整体完成后，富余人员消失，自由度也降低了。因生产节奏规范化，加班普遍，劳动人员无暇投身社会运动。学生也一样，因 1960 年代人手不足，即便在游行中被捕一两次也能找到工作，但到 1970 年代就不可能了。

并且，从社会整体来看，有运动能力的阶层也不断减少。即便是今天，若到一些发展中国家的城市走一走，就会发现很多蹲坐在路边无所事事的人。几个社会活动家在路边一嚷嚷，人们就会围过来，连发生了什么事都不知道就呼啦啦围成了上千人的规模。在日本，1960 年代末，当学生与防暴警察冲突时，还会有几百到数千人围上来看热闹，比冲突双方还多。围观的人里也有向警察扔石头的，有时也会发展成如 1968 年 10 月新宿骚乱②一样的暴动。

1968 年的东京，因上学或就职进京的年轻人非常多，东京人口近一半为 15—34 岁。36% 的东京劳动人口住在人均不到 3 叠的空间里，而 17—24 岁的劳动人口中，半数连廉租房都住不起，只能住进店主或工厂主家里凑合度日。

当时既无手机也无网络，既没便利店也没游戏厅，还是"读书""缝纫"占"休闲娱乐"第一位、第三位的时代。打老虎机得花钱，喝酒得花钱，基本只围着学校或工厂、公共澡堂或便宜食堂或自己那 3 叠小空间打

---

① 日文全称官公厅工会协议会，1949 年由日本的国家及地方公务员、公共企业职员工会结成的联络协议会，1985 年解散。——译者

② 1967 年 8 月 8 日，新宿车站发生了两辆载货火车相撞事故，其中一辆为美军飞机运送燃料，事故造成航空燃料燃烧，也引发了日本民众反军需物资运输的热潮。同年 10 月 21 日，新左翼组织了新宿车站反越战暴动，最多达到 20 000 人规模，被捕 700 余人，次年 10 月 21 日，又有数百名学生在新宿车站举行了暴动。——译者

转。可要是有游行，出去看个热闹却是免费的，所以当时围观起哄的人那么多也毫不奇怪。1969 年，在新宿车站西口地下广场掀起了反越战民谣运动①，围观者多时会超过 5 000 人，其中似乎很多都是从地方赴京、没有娱乐活动的年轻劳动者。

这种现象的消失始于 1970 年代中期。从 1950 年代到 1970 年代初，庞大的人口从中小城镇拥入东京，但在 1973 年这股"移民潮"一度中止。一是经济增长减速，大都市吸引力下降，也与人口洪峰期"婴儿潮一代"的移居东京基本完成有关。始发于 1954 年、由东北地区开出的"集体就职列车"②，也在 1975 年开出了最后一班。人口配置稳定之后，日本的社会秩序也由流动期逐渐进入稳定期。

此外，不习惯富裕生活、不适应高速增长等感觉也在逐渐消失。也就是说，日本的"68 年"，也是日本由发展中国家过渡到发达国家的过程中，在人口流动期、不稳定期发生的一场动乱。

一旦围观的人减少，即便游行示威，也会产生一种不过是在"自娱自乐"的感觉。虽也与警察加强警备，不让围观起哄的人聚到一起有关，但街道全铺成了柏油路，街景整体趋于美观，交通堵塞、喧闹不堪的情形大幅改善之后，富有野蛮色彩的游行示威就越来越格格不入了。此外，人们也有了全新的"聚集之所"，"SKY LARK"③、麦当劳在 1970 年和 1971 年相继开业，娱乐设施也多起来了。

一言以蔽之，发展中国家式的混沌不清得以整顿，逐渐消失，与高速经济增长相伴的混乱也不见了踪影。但另一方面，人们也越来越忙，被束缚在以企业为中心的活动中，失去了培育发达国家参与型市民所需的自由度。

---

① 1969 年 6 月，一批青年吉他歌手在新宿车站西口地下广场一边躲避警察一边进行的反越战音乐活动，被当时媒体称为"民谣游击队"。——译者
② 指 1954 年开始行驶的临时夜车，从东北的青森开往东京。为东京提供了大量出身乡村、中学教育程度的年轻劳动人口，该列车于 1975 年停止运行。——译者
③ 餐饮连锁企业。现在美国资本控制下，此名称也于 2009 年消失。——译者

"昭和日本"的确立

这一时期，也是今天所谓"昭和日本"的成形期，日本的社会运动最为沉寂。经济发展还算顺利，自由度几乎没有。当自由度很高，或不满很大时，就易发生社会运动，而当不满很小，自由度又低时，运动也就难以发起了。

并且，学生也不再投身社会运动了。联合赤军事件至今令人心有余悸，但最重要的，则是低升学率时代的学生使命感已经荡然无存。肩负起社会的就是学生的意识，全学共斗会期间还有所残留，但自1970年代起，除极少数例外，越年轻越不关心政治的倾向日益明显。"是学生就要关心政治"的意识消失后，就进入了越年轻越缺乏经验和知识，越搞不懂政治的状态。

在这段时期，日式工业社会趋于"完工"，也对各类共同体进行了重组。因高增长而弱化的农村、商店协会等受到了政策保护，得到了补贴、公共投资及无息贷款等。如此一来，因需要钱、需要工作等，农村、商店协会等实力人物的话人们也开始听了。就像工会要按日补贴召集人游行一样，作为共同体虽是松散了，却也打造出了一个以金钱维系的体系。

而支配金钱流向的就是自民党。农村抓在地方议员手里，地方议员抓在国会议员手里，国会议员抓在派阀元老手里，派阀元老们决定自民党总裁，总裁自动成为首相。如此一来，只要元老们达成一致，国会议员就会听命，然后是地方议员听命，金钱就会向各地分流，最后就是整个社会听命。

而在都市，企业、家庭、学校等也成了新的共同体。说是家庭，但也不是农村式的全家人一起劳作的家庭，而是父亲在公司上班，母亲在家做家务，两个孩子在学校读书的工业社会型现代家庭。企业、家庭与学校，就是进入工业社会后的实力共同体。

人们都归属于这类共同体中的某一个，只要进入或"雇用"或"补贴"或"保护"的某个体系，金钱与消费物品就会流转起来，人们也在富裕、更富裕的竞争中越来越忙碌了。

在这个时代，作为社会运动主体出现的，可以说，就是主妇和老人。他们被工业社会疏离，却又拥有时间和自由度。特别是高学历的年轻主妇，既有知识，又有钱有闲，作为 1980 年代社会运动的旗手引起了关注。有机农作物产地直销的生活协会，对自然食品及生态保护的倡导，甚至是 1986 年切尔诺贝利核电站事故后的反核电运动等，主妇们的活跃身影都很显眼。即便是在 1960 年代到 1970 年代以都市环境、大规模开发等为主题的市民运动中，主妇们也发挥了重要作用。当然，女权运动也兴起了。其中，也有 1960 年代学生运动的亲历者。

在这些运动所提倡的，不是像工会、政党等的金字塔形组织，而是自由参与的扁平网络型组织。继之引起社会关注的，就是少数派运动。比如争取在日朝鲜人权利、反对指纹提取的运动，等等。这些运动，因核心力量由劳动者转向女性及少数派，也不再以马克思主义等综合社会变革理论为指导，且参与方式自由、组织网络扁平化，也被定位为近似于欧洲"新社会运动"的运动。

实际上，在日本，"社会运动"概念就是在这一时期形成。原因似乎有两个：一是 1960 年代之前的社会运动中共产党或社会党的影响力很强，较之于"社会运动"，称其为"政治运动"更为合适。另一个是，因以前的运动主力阶层确定，遂以社会阶层命名，如"学生运动""劳工运动""农民运动"等。

其他的，虽然超越了党派或社会阶层，但若局限于某一地域，如城市，就称之为"市民运动"了。总之，是以社会阶层、地域、社区等运动共同体的名字来命名。也有不断扩大，既超出了党派，又超出了社会阶层和地域的运动，如禁止氢弹试验的签名运动，1960 年的反对《日美安保条约》修订案运动，但也被称为"和平运动""国民运动"等，而不是"社会运动"。

但到 1960 年代中期前后，随着不属于特定社会阶层的"自由"人增多，政党指导能力下降，各种没有地域局限并拥有一定规模的运动出现了。但人数也没多到可称为"国民运动"的程度，要说是"和平运动"，主题又各式各样。局限于城市的运动也曾称为"市民运动"，但以涵盖性更高的"社会运动"一词加以统称更为方便，这一称谓也就逐渐固定下来。

对"经济大国日本"的批判

该时代运动主题的定义方式反映了时代的社会构造。首先是以"经济大国日本"为前提来设定批判的主题。具体说来，就是批判"企业（为中心的）社会"，批判企业对环境的破坏，批判为大企业服务的"中高考大战"与"管理型教育"，在这一时期，人们在大企业渠道外获取安全有机农产品，摸索摆脱大企业的生活方式，创立富有生机的生活协会，批判"过劳死"，倡导慢生活。

并且，也出现了对大企业进军亚洲各国的批判。这一批判的指向，是日本在对亚洲进行"经济侵略"，并与历史中的战争责任问题联系到一起，或在砍伐他国树木的生态语境下予以控诉。1990年代，在女权运动与战争责任问题的互动下，"从军慰安妇"问题也引起了社会的关注。

正如第二章所述，1970年代到1980年代是日本主妇最多的时代。身为此一时期社会运动旗手的她们，正是在"JAPAN AS NUMBER ONE"的日式工业社会结构中登上历史舞台的，拥有活动"自由"的社会阶层。可以说，她们的出现所问及的，就是这一社会的构造本身。

今天一般认为"一亿国民全中产""经济大国日本"等都不过是幻象。正如在第二章中说过的，即便在1980年代，日本劳动者的大部分都是中小企业员工、非正式员工等。最重要的是，这些主妇本身正是当时日本最为庞大的临时工群体。而将此视为问题发起的社会运动竟并不怎么强烈，在今天想来就不可思议了。或许，对于"经济大国日本"的"稳定"，批判方都未曾怀疑。表里一致的，就是运动要为遥远国度受欺凌的人们发声这一道德主义，或许也是这一自信在某处的投影。

反核电运动的历史

在了解以上概貌的基础上，让我们回顾一下日本反核电运动的历史。

说起日本的反核电运动，规模较大的始于 1960 年代中后期。运动主体也因前述社会结构的变化而各不相同。

最先出现的是担纲工业社会初期社会运动的人们。核电站所在地区的农民（含渔民）反对交出土地及渔业经营权，工会、社会党党员及律师、教员、学生、科学工作者等知识阶层则向其施以援手。这些运动的担纲者，是以人们"自由"之前存在的联系为基础的。即农民与劳动者以共同体、学者及律师以知性权威、学生以学生会或社会使命感为相互联系的基础。

从 1960 年代末到 1970 年代，时不时会将反核电运动与水俣病诉讼、成田机场反强拆等放在一起叙述。原因在于，反核电被视为这一时期出现的反对工业污染、反对大规模开发的"市民运动"中的一环。

截至 1970 年代的自然保护诉求与现在的稍有不同。日本直到 1965 年，其农业的从业人员仍多于制造业，城市居民多数都是原来的农民。对他们来说，核电站建设也好，机场建设也罢，呈现于脑际的，就是推土机轰隆隆驶来，把"故乡"夷为平地的悲惨图景，而不是把破坏热带雨林、温室效应等视为问题，进行离自身很远的生态诉求。

现在建有核电站的地区，几乎都是在 1960 年代到 1970 年代接受建站计划的地方，其后新增的核电站用地并不多。这也是此一时期社会运动的巨大成果。特别是，只要当地农民（渔民）拒绝出售土地和渔业经营权，就不能建核电站，可以说，他们的反对运动成效显著。但这些社会阶层，自 1980 年代以后就逐渐衰落了。原因在于社会结构的变化。

农业、渔业衰退，工会的团结与组织能力也在下降，知识阶层权威渐失，学生也不再关心政治了。这时，日式工业社会的利益诱导型系统启动了。

1980 年代的"脱核电新潮流"

1986 年切尔诺贝利核电站事故后，取代上述力量成为反核电中坚的，是城市主妇。特别引人注目的是 35—45 岁，学历高却因性别歧视而找不到体面工作，或因生儿育女而被劝退的婴儿潮一代的女性。她们对食品的放射性污染特别关注，与高学历、高收入的丈夫结婚，经济稳定，儿女成人，既有时间又有体力。

她们既不像农民一样依赖于共同体，也不像工会或政党一样重视组织与方针的统一，对知识阶层的权威也不认同。这样的水平性个人结成扁平化网络发起运动。这在当时就被称为"脱核电新潮流"，也是此一时期社会运动的共有特点。

运动的主题，她们打出了食品安全与自然生态的旗帜。较之以往，这里的自然生态更接近于理念性的环境保护。及与共同出资创立的生活协会一样，她们共同出资创办风力发电公司，也对以核电为象征的"产业文明""经济大国"进行批判。

日本的战后"第三代"

但是，这一"脱核电新潮流"并没持续多久。切尔诺贝利核电站事故所带来的冲击慢慢淡去也是原因之一。但最为重要的是此一时代正是日本社会的稳定期。该时期以脱核电运动为代表，批判"经济大国日本"的一系列运动，都是少数人的运动。因经济运转良好，大部分人在日式工业社会的稳定之下，即便不关心政治，各方面也都不错。因此，少数人提出问题，发起的运动很难产生影响。

"由它去，自然会平息"的心态在政府官员的意识中变成常态，似乎就是从这一时期开始的。1960 年代前的政治家、官僚等虽然思想保守，但对各种主义或社会运动的威胁绝不掉以轻心，为保住现有体制会果断实施政策转型。1980 年代中期前的自民党首相、派阀元老，都是建党前便已从政，也亲历过战争及战后混乱的所谓战后"第一代"。

但从 1980 年代开始，第二代、第三代政治家就多起来了。不能说第二代就无能，但经验的确是有限。与创业的第一代不同，他们在体制构建完成后进入政界，从未感受过政治体制威胁，要么靠议员当选次数出头，要么通过派阀谈判，靠巴结实力人物上位，即便不是第二代议员，除这样的"内部政治"外，对"政治"一无所知的议员也越来越多了。

但之所以这就是"政治"，也与社会处于稳定期有关。自民党的派阀元老们协商之后，无论是党内还是议会内，无论是下面的地方议员，还是更下面的町内会、农协、工会都会服从，不轻易服从的就拿钱搞定。虽不是哪里的成员都是清一色的男性，但几乎所有女性都是按丈夫或父亲的意见去投票。

媒体的政治报道也一样，只见过上述这种"政治"的记者，认为只要跟紧自民党派阀元老拿到内部信息，这就是"政治报道"了，其他的要么无视，要么做做样子写一写也不会有问题。

或许在经济良好、日式工业社会运转正常、政治安定、社会稳定的时代，这样就能万事大吉。但大约从 1990 年代中后期开始，日式工业社会的运转逐渐失灵了。

这时袭来的，就是 2011 年的东日本大地震及福岛第一核电站的爆炸泄漏事故。

"福岛"之后

福岛第一核电站事故后，先后掀起了多次脱核电的示威游行。这时引人注目的，是 2000 年代之后迅速增多、以三十几岁为中心的"自由"劳动者。可以说，这是一个"一亿国民全中产"的日式工业社会运转失灵后而不断增加的社会阶层。从 2000 年代中期开始，这一阶层逐渐引起了社会的关注。

事故刚刚发生后的 4 月，在东京高圆寺呼吁游行的就是参与过非正式员工待遇改善运动，以三十几岁为中心的人们。这代人中学历虽较高却因经济低迷而找不到正式工作的不在少数。有社会经验、有知识、对政治的关心也比学生具体。

他们的游行没有组织性动员，人们是借由互联网汇聚到一起的。因摄像机、影像编辑设备便宜了，游行及警察管制过度的场面等也发布到 YOUTUBE 网站上去了。传媒的发达再一次对社会运动产生了影响。

2011 年 4 月的这次游行，约 15 000 名参与者中的相当一部分，是第一次参加游行的 20—40 岁出头的男女。

这些游行对核电的关注角度也与以往稍有不同。直到 1980 年代，核电都是产业文明、"经济大国日本"的象征。但福岛第一核电站事故后，真正将人们激怒的，却是政府的信息发布及事故处理方式。在长达 20 年的经济停滞中，人们对行政方式的不满本就在蓄积，意识到"改革"必要性时，核电站事故发生了。

这与苏联发生切尔诺贝利核电站事故时一样。大规模的核电站事故，处理不当就会带来将整个国家毁灭的冲击力。日本与苏联一样，事故后的信息公开与行政应对出现了纰漏。不只如此，在事故后的核电站重启等过程中，政府的决策方式也看不到丝毫改变。

并且，政府之所以本性不改，似乎就为保护政商复合体的既得利益，这就给社会的不满与不信任火上浇油了。早在此前，日本社会对政界的不信任，催生了对在日式工业社会中获得既得利益的公务员的批判，以及对放松管制及自由化改革的支持。

从 1990 年代到 2000 年代，经济增长停滞后，即便在日式工业社会内部，因政府资助的有无，不同集团间的差距也极为明显，其所激发的不满，远甚于因无财源而将政府资助一律砍除。其中堪称政府资助从未断流的地方之最，核电业即为其一。可就在这里，不但发生了重大事故，核电站运作还处处违规、凡事说谎。

2011年的"反核电"，就是人们对特权阶层为保护自身既得利益而牺牲大家的做法绝不容许的感情表现。

这与以往的反核电运动截然不同。过去，是将核电视为工业文明的象征，提倡不用电，不谋求经济增长，结果却反把核电塑造成了"正义的忍耐"，无法面对"是否放弃核电会回到原始社会"的质疑，运动常不了了之。

在某种意义上，可以说当时的核电支持方与反对方都将核电视为"经济增长的象征"。但是始于2011年的脱核电论，却多认为核电是阻碍电力市场自由化的高成本旧式产业，能推动经济增长的是可再生能源，采用新技术会有效节电。

而在此一轮运动中，向社会提供通过电力市场自由化、可再生能源等进行社会改革的知识的，就是第一章中提到的，随着1998年《NPO法》、1999年《信息公开法》等的颁布与推行逐渐培育起来的反对派专业人士。这其中，网络、YOUTUBE等也同样得到了充分的应用。

东日本大地震发生后，积极投身救灾的NGO中，有"难民救助会""和平舟"等原为支援第三世界或致力于亚洲战争责任问题等的组织。这类组织也投身到了日本国内问题的解决之中。这类组织在支援活动、志愿者的组织化方面，本就积累了很多方法和经验，而活动也出现了过去无法想象的新动向。比如协助石卷市行政将志愿者组织化、协同行动的"和平舟"，又在2011年成立"脱核电首长会议"事务局，并与保守派领袖及银行合作等。

若一方是非正式员工、小个体经营业者，一方是NPO，听起来就像是非精英与精英间的不同。但在现代日本，双方都是高学历，也都是游离于日式工业社会框架之外的人员。即便是NPO成员，只靠NPO活动就能获得高收入的少之又少，生活的不稳定性与非正式员工几乎不相上下。

1960年的反《日美安保条约》运动并非突然出现，而是在1950年代的流变中出现的。而始于2011年的各类动向，同样与此前便投身社会活动的个人或组织有关。并且在此过程中，也出现了从未参与过社会运动的人成为新的发起人的情况。

另一方面，过去就投身反核电运动的主妇与高龄阶层也再次现身街头。2011 年上半年在东京发起的游行形态还会因参与的社会阶层而不同。比如，在原水协①呼吁发起的游行中，中老年人或工会成员会打出写有口号或工会名称的旗帜、标语牌；致力于环境问题的组织发起的集会中，有中产阶层家庭式参与，他们先听专家演讲，之后加入游行队伍并开拔；而在前文提到的高圆寺反核电游行中，队伍是在说唱乐与鼓乐声中行进的，出发前的鼓动是半开玩笑的说辞："我们这些穷人本就常被断电，没核电还真没问题。"

但到是年下半年，这些社会阶层已不断混杂，融为一体了。在风险社会中，阶级或许真的已失去意义。

50 年不遇的严重事态

2012 年夏，一个周五的夜晚，在首相官邸周围地带爆发了一次以和平方式"反对重启核电"的大规模示威游行。其参与人数说法不一，有人说有 10 万人，也有人说有 20 万人之众。

可以说，这是自 1960 年反《日美安保条约》运动以来从未有过的事态，2012 年这一次，几乎都是与组织动员无关的自由参与，且男女老幼、父母子女、恋人情侣、外国人、残疾人，日本社会的各种社会阶层已是无所不包。虽然西装革履、下班路过的公司职员也不少，但加上夏夜节电的影响，几乎所有人都是"自由式"着装，三四十岁的人很是醒目。

没有组织动员却能聚起这么多人游行是史无前例的事态。并且，持相同政见却没有前往的人应该更多，可以认为，此一数字应有参与者的数十倍之多。

---

① 反对氢弹试验日本协议会。——原注

此外，在工作日的下午六点至八点，着装"自由"，三四十岁却没带孩子的男女如此大规模聚集，也同样是 30 年前无法想象的。

对于这次游行，首相先生①的评论是："还真挺吵。"或许因为游行不会影响到政界内部，可听到这句评论后笔者想到的，却是法国大革命时期国王路易十六的日记。法国民众攻陷巴士底狱，法国历史就此改写的当天，他在日记中写的却是："今日无事（可记）。"这一天②他跟往常一样外出打猎，却什么都没打着，日记所说的"无事"就指这件事。也许，日日生活在"内部世界"、无力洞察社会整体性变化的政治家就是如此吧。

不过，面对 1960 年的大规模反《日美安保条约》示威，时任首相岸信介也说过："棒球场观众席上的人比这多多了。"但这不过是一种姿态，无论是岸信介还是自民党，对"共产主义的威胁"都很敏感。这也是其后推出收入倍增计划、搁置修宪等政策转型的原因所在。但现在要推出收入倍增计划不可能了，运动主力也不再是"68 年"一就职就退出的学生。并且这一次也不再是一时的潮流，若仅为一时，就不可能持续半年以上，而此一轮脱核电的社会运动早就超过了这一时限。

此外，这一次在官邸周围的游行队伍中还有很多外国人。东日本大地震后，对救灾不力的日本政府心存不满，怀疑其治理能力的外国人似乎不在少数。并且，其中还有看似各国驻日使馆工作人员的外国人及海外媒体。对海外媒体来说，这远比日本议员间的派阀斗争更为有趣。

而对各国驻日使馆来说，收集包括当地政府的救灾措施在内的各类信息是理所当然的。而在经济停滞本就长达 20 年之久，国民对政治的不信任越来越强的国家，以万人为单位的示威人群每周都把国会、部委所在大道挤个水泄不通，由此认为该国政权正面临危机也不足为怪。但对日本的政界及媒体而言，可以说这一感觉相当微弱。

---

① 指第 95 任日本首相野田佳彦。在任时间 2011 年 9 月 2 日— 2012 年 12 月 26 日。——译者
② 1789 年 7 月 14 日。——译者

日本主要媒体以"记者俱乐部"为最大信息源，而该俱乐部又设置于中央部委、国会、执政党、警察、经团联、工商、证券交易所及地方政府等组织之中。当然为保持客观与中立，媒体也会跑去听一听在野党及工会的意见，但这些组织也是原来日式工业社会的重要组成部分。

在稳定雇用及高工资的保障之下，对社会变化及新发事态反应迟钝的记者也就不在少数了。即便热心记者独立采访，也很难从采编主任、审稿部门那里拿到相应的版面。

时至今日，日本媒体体制已落后于时代，就像工会、町内会及商店协会的衰败一样，报纸发行量也在整体萎缩，绝非只靠媒体网络化就能解决。

"自由"阶层的扩大

运动参与方式越来越自由了。现在，各团体的固定动员力量等极为有限，与其说是"主导"，已越来越接近于"呼吁"。尽管"呼吁"团体的名称不同，在其他团体内的人也会跑来参加活动；刚刚加入便扭头跑入其他团体的情况也出现了，发起"呼吁"的团体也不再是"组织"了。

即便是原来就有的组织，本应针锋相对的右翼也与共产党握手，本应势不两立的团体却也出现在了同一游行队伍之中，这些情景在过去是无法想象的。曾经的新左翼，放弃先锋党形态或马克思主义的情况也出现了。某些集会中虽也能看到很多工会旗帜，但也不再是大型工会的大规模动员，倒是有志于改变现状的地方小型工会却不在少数。

因笔者亲自参加过各类游行，所以会有报社记者等问我"有学生参加吗""是否出现了新的对抗文化"之类的问题。这类提问所反映的思想还是"年轻人就会反叛"，是"68 年"遗留下来的程式化、脸谱化认识。

如前所述，自 1970 年代之后，学生已是缺乏社会经验，政治关注度最低的阶层了。即便是年轻人，就政治敏感度而言，对现代日本的各类社会矛盾有切肤之痛的青年劳动者远高于学生。2011 年在东京发起的"推特大游行"，呼吁者是一位 26 岁的医护人员，策划"击鼓示威"的则是一位从事乐队活动的 31 岁的室内装修人员。但话说回来，再像工业时代一样以"年轻人""某代人"来讨论今天的社会运动已经没什么意义了。

也有过这样的记者提问"会不会发展成联合赤军一样的事态"。但实际上，在风险社会中，基于"劳动者""年轻人"或"女性"等的运动虽不再成立，"为可怜的劳动者献身"这一道德主义也已是油尽灯熄。"一亿国民全中产"已成云烟，当今时代策划运动的人们，自己就是非正式员工等"可怜人"。另外，或许脱核电已是民众共识，2011—2012 年反核电运动的参与者中，已很难看到少数派的沉郁之感，反而多有明快开心的娱乐之趣。

2011 年夏季前后，或许警察对大规模游行还不习惯，过度管制的倾向非常明显。但即便是在这一时期，参加游行的朋友也发来邮件说，现场的警察不是敌人。一问才知道，原来警察中也有反对核电的。也有警察说自己被派往福岛第一核电站，搜寻、收敛周围 30 公里内业已腐烂的遗体，但这类现场情况，政治家们却全然不知。在苦于警方过度管制的状况之下，游行者还能听到这类体验和感受，若没有"正义在自己一方，警察也应有共鸣"的确信是不可能的。

此外，参与者中男女老幼无所不包，不像全学共斗会期间全是年轻男学生，或许也是少有沉郁之感的另一原因。至今无法摆脱"68 年"印象的媒体工作者等会惊讶地说："怎么这么多中老年人？！"但，这就是 21 世纪日本社会的平均年龄结构吧。

我所认识的新出现的主办团体活动家多是三四十岁的高学历优秀人才，也有公司职员或主妇，但似以 IT 个体经营业者、外聘讲师、插画家等自由职业者为多。大家都是成年人，对社会问题的思考非常具体，没人宣扬抽象的思想。只在学生期间高举理想，与警察勇猛激战，一旦就职就抽身而退的方式，他们不会采取。

当然，其行动不只是游行。执政党政治家与游行发起者对话，与企业家合作等多种动向已开始出现。并且政治家及各方领导一方也明白，像从前一样只听取工会、商店协会及各级政府的意见已走不下去，所以也更愿意倾听社会的呼声与诉求了。

能感觉到日本社会对游行的抵触感越来越小。在 2011 年，若游行队伍走过东京街头，很多人会在惊讶之余掏出手机拍照，拍照时还有点害羞。但到 2012 年，却已像游行较多的国家一样，向队伍挥手，鸣笛以示"支持"的人也出现了。而游行的人们从 2011 年下半年左右开始，在医院前就保持安静，看到垃圾就捡回去，他们也逐渐习惯了与完善的发达国家市街相符的游行。似乎没人认为"不大闹天宫般把整条街搞个天翻地覆、与警察激战互殴就不过是儿戏"。警察一方或许也已习惯，管制过度的现象也缓和了下来。在东京游行与社会运动似乎已经成为寻常之事。

今后的社会运动

在日本，如德国"绿党"一样的势力会否抬头呢？答案应该是否定的。在并非比例代表制①的日本选举制度下，少数党要进入议会远比德国困难。

日本 1980 年代的类似运动——"脱核电新潮流"，在没有太大成果的情况下只是昙花一现。但在当时，日本的核电产业还处于上行阶段。要伐倒茁壮成长中的大树虽非易事，但要放倒日枯月衰的朽木却易如反掌。

并且，2010 年代的日本社会条件已与 1980 年代的西德越来越相似。如第二章中所述，在 1980 年代的西德因第二次石油危机后的经济低迷，就业及家庭不再稳定。绿党支持率的高企，正是以这一社会背景为基础。

与之相反，1980 年代一时高涨的日本反核电运动时期，不只是日本核电产业的上行期，也是日式工业社会的全盛期，贝克的《风险社会》，虽作为西德环保运动高涨情况的介绍性书籍于 1988 年译介到日本，但译

---

① 按政党得票比例确定各党议员数量的选举制度。与之相对的概念是多数代表制。——译者

本出版时，就业、家庭及教育不稳定状况的相关章节均被删除，且因"风险"一词在日本太过生疏，书名也改译为《危险社会》。这其中所透露的，就是当时正处于日式工业社会全盛期的日本，尚不具备正确理解就业、家庭的不稳定、"风险"等概念的社会土壤。

风险社会的特点是，它会驱使人们行动。据贝克解释，危险就像命运，人们只会放弃，不会行动。但"风险"却是人为的，给人以若主动采取某种行动即可防范之感。或许这样说更易于理解，"危险"是天灾，"风险"则是人祸。

在"人祸"面前，人们就会起而追究责任，并会为避祸而采取行动。在风险社会中，人们会变得不安，无法不起而行动。并且，在风险社会中，也无法划出"安全"与"危险"之间的清晰界线，政治家与专家等也因此而丧失权威，所有人都易于发言了。东日本大地震与核电站事故后，自己收集信息、采取各类行动的人会如此之多，与其说缘于单纯的事故冲击，不如说缘于日本社会本身的变化。

在这样的情况上，究竟怎样才能改变我们的社会呢？接下来的章节，就让我们的思考从民主主义与政治的原点开始。

第四章　何谓民主主义

我们暂时离开日本，就"改变社会到底是指什么""到底何谓民主主义"等问题追根溯源。表面上看，这似乎与前三章的主题有所不同，但最后，各位读者会发现，其与当前日本所面临的问题密切相关。现代日本的话题，将在第七章回头探讨。

鼠女寻婿①，徒劳无功

"改变社会"虽经常被谈及，但具体是要改变什么呢？是拉取选票、成立政党、获取议会的多数席位吗？与其游行，不如去投票；去游说议员吗？这样想的人似乎有很多。

但是社会不会为投票所动。当今日本，政治家、商人的无力感也不小于我们。

无论你去哪里游说，都会被"踢皮球"。去游说政治家，答复是"若官僚不行动我也没办法"，去游说官僚，答复则是"若商界不行动我也没办法"，去游说商界，答复又变成了"若政治家不行动我也没办法"，而当你回到政治家那里，得到的却又是"最终，只要主权人国民不行动我也没办法"的答复。诸如此类。

这就很有几分"鼠女寻婿"这一童话的落寞之感了，但他们又并非恶意踢你皮球，而是真的无能为力。

过去，曾有"官僚受制于政治家，政治家受制于有权利者（有投票权的民众、商界。下同），有权利者又受制于官僚"的"三相受制"之说，但如今，哪一方都颇感无力，"你说什么，已经没人听了"。

那么，现在到底是一种什么样的状况呢？

既不跟从，也不认同。这就是政治学者所说的"管治丧失"，或"合法性（legitimacy）丧失"。所谓合法性，就是"大家都认同"。今天的日本政治，谁都认为糟糕透顶，却又并未立即引发暴动，也全因当前的政治形态仍然保有这一合法性。选举过程还算正当，首相推选也并无不当，你还能怎样？这就是现状痛楚却又得以维持的原因。

但是，这种认同状态正在日益弱化。其原因虽与后工业社会"自由"人增多、政治越来越不安定等问题有关，但在本章，我们将就这一问题进行历史性、思想性层面的更深入挖掘。

何谓"代表选举"

现代的民主制是"代议制民主"。大家直接集会议政就是"直接民主"了，但国家人口一多就办不到。于是，有权利者就选出代表（代议人），由他们来议政，这就是"代议制民主"。

"游行之类毫无用处""投票和游说更为有效"等意见，就是以代议制民主主义为前提。也就是说，现代政治就是投票选举代表，其他的都没用。

但另一方面，现在这一制度认同的能量却在不断丧失。其原因在于，被选代表，或者说选举代表这一行为本身越来越不被人们认同了。这一点，似有"民主主义危机"的倾向。

但是，这真的是"民主主义危机"吗？这一点，就像后面将述及的，在被视为民主主义发祥地的古希腊，所谓"民主政治"，只能是直接民主

---

① 日本民间故事，讲述老鼠夫妇想为女儿找一个天下第一的女婿，找了太阳、风、云等，最后还是找了同类的老鼠。——译者

主义。也被称为"现代民主主义之父"的卢梭①就曾写道：在代议制民主主义之下，人民的自由仅存于选举期内，之后便沦为奴隶。

因此，不得不思考的就是"究竟何谓代表选举"这一问题。在现代日本，代议人会被认为是"我们的代表"吗？这里的"我们"又是谁？代议人到底是谁的代表？或许有人回答说"当然是国民的代表"，但果真如此吗？

比如，美国有参众两院。众议院依各州人口比例分配议席，代表由各州选举产生，若以日本的制度而言，也可称之为"国民的代表"吧。但参议院呢？明明各州有大小之别，却一律是每州两人。

美国的州是 State，也就是国家，State 的集合体便是 United States。实际上，它是诸多国家(State)的集合体。所以就像联合国大会，无论国家大小均有代表出席，美国各州也均有代表进入上院。

也就是说，美国的众议院议员虽为"国民代表"，但参议院议员却是"州代表"。即众议院议员是"作为国民的我们"的代表，而参议院议员则是"作为州的我们"的代表。

再来看一下英国。英国也是两院制，但结构与美国不同，下院是众议院(庶民院)，议员为平民代表，上院是贵族院，议员为贵族代表。从人数来说，平民远多于贵族，但"平民的我们"与"贵族的我们"却旗鼓相当地各聚代于两院之中！如此不公平，行得通吗？但英国正是被称为议会政治典范的那个国家。

此外，英国政治还以保守党、工党的两党政治闻名，可以说，其本身就是阶级社会的产物。也就是说，是"贵族地主阶级的我们"与"劳动阶级的我们"各自组建政党。工党的议员很有劳动者之风，保守党的则很有贵族派头，他们也各自被劳动者和贵族们认同为"我们的代表"，"既然

---

①　Jean Jacques Rousseau(1712—1778)，法国作家、启蒙思想家。倡导"社会契约论"等民主主义理论的法国大革命先驱，其提倡自由主义教育的名作《爱弥儿》是其代表作之一。——译者

他决定了"也就服从了。

"我们的代表"这一感觉的有无与是否能让人们认同、是否具有合法性有很大关系。换句话说，所谓代表，不单是"拉到很多选票的人"，而是某一个"我们"的代表。并且，一旦人们"自由"了，阶级意识、地域归属感日益丧失，这个"我们"也将不再成立。

有限选举论

与这个"我们"的意识相关联的，是战前日本也曾有过的有限选举①制度。即，纳税不在一定金额之上者没有参政权。要在今天，会认为是"歧视"，但当初也给出了关于这一制度的几点解释。

第一点，在现代日本曾较为主流的认识是，以高额纳税的方式为国家做出了贡献，理应享有对国家事务的发言权。而将普通选举权赋予纳税额度较低的一般男性时，也给出了以兵役为国家做出了贡献的理由。

第二点，若非有产市民就没有独立决定能力。劳动者早出晚归忙于生计，既没有学习的时间，也没有思考政治问题的余力和知识。没钱还会被人收买。所以，参政权只应赋予有经济余力、也有独立思考时间和能力的人。即便是今天的日本，不满 20 岁的未成年人因没有独立决定的知识与能力，同样没有参政权。

以上两种意见，即便是今天也比较容易理解。但还有过第三点解释。这就是，只要有产市民拥有参政权，就会自动代表"大家"的意见。女性及其子女之所以没有参政权，也是出于家长就代表了全家意见的思维。所以，只要把参政权赋予拥有一定财产的男性家长，就会自动代表配偶、子女及其所在地区居民的意见。

这一思维方式的前提，就是家庭或地域社会等的统一性，即"我们"的意识。比如在英国，有产者就是贵族或地主，被认为非常了解领地内居

---

① 相对于普通选举（即普选）而言的限制性选举制度。——译者

民的意见。如果是地主，生活就以朴素为宗旨，熟知领地内大小事情，非常了解领民的生活与愿望，对老人及女性很有礼貌，为不让领地内森林荒芜怀有强烈责任感，为保护家族及领民的生活而直陈意见。这也被称为noblesse oblige①（高贵者的责任与义务），做到的人就被尊称为 gentleman（绅士）。

这一意识的尾巴一直留到了现代，比如英国的环保运动，就是贵族、地主等保守阶层发起的。就是"对这块土地负有责任的是我们"的意识。所以，只要赋予他参政权就可以了。当然，其家族与领民也信任他，并依其言行事。

或许你会斥之为"天方夜谭"，但自 1970 年代便旅居印度的人说，在从前的印度，若到田间村舍，类似于"我如何如何想"这样的话是一次都听不到的。人们说的全是"我们如何如何想"。这里的"我们"，有时是家庭，有时是村民，但这里的"如何如何想"却是由家长或村长"代表"的。所以，只要村长前往议会，他就不再是自己，而是代言或代表大家意见的"代议人"。

"我们"的代表

代议制民主主义，本就是以这样的思维为基础的。生活在现代的人基本会认为政治家只是拉票家，"我"的意见没反映出来。但在过去，社会土壤本身就不一样。什么土壤呢？卢梭等人断言，"代表"思维是封建制度的产物。

但实际上，即便是远古时期的直接民主主义，本质上也并无不同。古希腊的公民大会也只是成年男性"公民"的集会，日本早先村落的"集会"也只有家长参加。

随着时代的变化，有限选举虽已成"歧视"，但社会意识却并未轻易

---

① 法语。指与较高社会地位相称的道德性、精神性责任与义务。——译者

改变。二战后，日本女性也被赋予了参政权，但只是个形式，一般认为几乎所有的女性都是依丈夫之言投票的。

并且，过去的自民党政治家，那真是"咱就是村里的先生"。比如田中角荣，据说与几年不见的选民相遇时竟还能这样打招呼："呀，这不是某某家的阿婆吗？几年不见，您身子骨可好？要没记错，小孙子该读小学了吧？"如此一来，这位阿婆也会欢天喜地地投票给"田中先生"。阿婆会想，这位先生一定会为我的意见代言，政治家也是抱着"咱就要为这村子奔走"的热情四方周旋。并且当时的在野党，比如工会出身的议员，也同样是熟知工会会员，拥有代表会员意见的意识。

这在今天看来，或许会视为为当选而拉人气，或利益诱导，等等，但在过去的社会，确有别于今天的意味。时至今日，"我们的代表"的这个"我们"消失不见了。

今天，政治家丑闻虽不时成为新闻，但实际上政治收买、暗箱操作等行为已是越来越少。之所以感觉很多，只是因为社会对以上行为的看法变了——由习以为常变成了难以容忍。本来，用金钱收买人心本身，就是因为人们"自由"了，说话没人听的结果。但人们越是"自由"，这样的事情也就越难容忍。

古希腊的民主主义

那么，民主主义到底是什么呢？一般认为，民主主义起源于古希腊。但其民主主义与我们今天所思考的民主主义相去甚远。

首先，当时的民主政治是公民全员参与的直接民主主义。要采用直接民主主义就必须全员参与，规模也不可能太大。古希腊城邦（城市国家）雅典是民主主义发祥地，雅典人口虽因时期或学者的推测而不同，但一般认为约有十几万人。

并且，这十几万人中，拥有参加大会资格的"公民"只是成年男性，其人数，一般认为约为两三万人。剩下的就是其家庭成员、奴隶和外国人。

当时的雅典还不是近代产业社会，没有自由劳动者与资本家的划分。公民基本都是庄园主，从事庄园劳动的则是其家人或奴隶。外国人从事的是农业之外的商业、学术与艺术工作，不享有公民资格，其中包括被称为诡辩家的。据古希腊史学家推测，古雅典人口比例大致如下：公民约占一到二成，其家人约占三到四成，奴隶约四成，外国人则不到一成。

公民仅有三万，这在今天看来，作为"国家"而言未免太少了，但古希腊的哲学家们却似认为，这一人数已然过多。亚里士多德就认为，城邦领土以能一眼望尽为好，人口数量以人人面熟为宜。相对于这一感性描述，其师柏拉图则给出了精确的数字：城邦人口以五千人上下为宜。

确实，即便是两三万人，要全员参与召开公民大会，也绝非易事。因此，要先通过选举选出五百人评议会，审议提交给公民大会的议案，通过审议的重要问题，则在雅典神殿前召集公民大会表决。而最终裁决，则在六千人组成的民众法庭进行。

这一"民主主义"，相比于今天国家规模的代议制民主主义，更像古时村落集会的大型版。

参加神殿前公民大会的资格，一是成年男性，另一个则是从事城邦军务的经验。这一点若从现代式"权利 =义务"思维出发，会误认为是以兵役义务换取参政权利的交易关系，但实际上稍有不同。首先，城邦军制是全民皆兵的民兵制，武器原则上由公民自备。不是国家管理武器且只配发给国家军队，而是公民各自家中备有武器。所以，要加入重型步兵队，剑盾盔甲必不可少，没有一定经济能力是无法备齐的。大名鼎鼎的哲学家苏格拉底，就曾三次从军，作为有参政权的公民，拥有武器很重要。

再有，与今天的民主主义不同，公民大会要在神殿前举行。这又是怎么回事呢？要解开这一谜团，也可以考察古希腊史，但为便于理解，仅在此举一个例子——1970 年代的瑞士公民大会。

瑞士是至今保留着某些直接民主主义元素的国家，也经常举行全民投票。但若据此认为瑞士是"先进国家"，恐怕就言之过早了。直到1971

年，瑞士女性都没有参政权，而在一部分州这一问题直到 1990 年才得以解决。并且，瑞士施行的也是民兵制，家家备有自动步枪，一有危急便会携枪集合。

1975 年 4 月 25 日，在瑞士农业州阿彭策尔，就是否给予女性参政权这一重要议案，以直接民主主义进行了表决。当时的情景被一位日本评论家记录了下来。稍有点长，但为便于读者了解还是引述如下①。

> 在瑞士联邦东北部，将注入莱茵河之水中途蓄于一池的博登湖畔，有一个人口万余的小州，州民自古多有顽固之气，男性多配有单耳饰物，他们所用的烟具与西洋烟斗类似，但斗柄稍弯。当地居民多为奶农，每天早起挤奶、喂牛。（中略）

> 该州与瑞士其他地方不同的是，男子满 20 周岁，也就是成人时，一定要依古时传统授之以军刀，将其视为战士。（中略）所授的军刀就是西洋刀，直到今天，一旦有什么重要的事情，也一定要带上这把刀集合。

> 日期确定（引者注：公民大会之日）后，所有人都欢天喜地，就像要举行什么节庆盛典一样。

> 当天，因能与亲友故旧久别重逢，所以大家也无不翘首以盼："4 月 25 日，特罗根村不见不散！"其情其景，真会让人误以为碰到了该州的某个年度大典，就像我们国家的阿波②盆舞一样。

> 公民大会当天，男性们是个个精神十足。这也不难理解，平日的他们，进了酒馆也就像进了男性天国，气焰嚣张一些倒也无妨，可一进家门，在老娘、妻子面前，可就耍不了威风了，就这一点来说，各国的男性也都是大同小异吧。家庭主妇们虽然待人温婉，但因她们在默默肩负着生活的重担，养牛持家，打柴越冬，筹粮做饭，终日忙

---

① 见古木俊雄《日本人不知道的瑞士》。山手书房 1979 年版。
② 阿波，日本德岛县古名。——译者

碌不停，男人们到她们面前，也真就不能无所顾忌；而万般家事，他们也会谨遵母命加以安排。

　　但唯独这一露天大会，当日的情景可谓全然不同。取下平日只挂在墙上当饰物的军刀，即便有妻室的男性在妻子、孩子面前，年轻人则在姑娘们面前得意扬扬，如勇敢的古时战士，也没人会生气、责备。时不时地，他们还会炫耀些令人费解的逻辑，如"你们女流之辈可没这军刀，所以就无权参政"之类，之后就一窝蜂拥往特罗根村的村中广场去了。

　　道远的州民，凌晨四点就得出发，多数会带上酒水、食物，步行前往。大会当天，该州的州民就不用说了，还有新闻机构、游客及民兵。汇聚于广场之上的有逾万人之众。而该村广场之大也足以容纳所有的州民，州民一起就大会议题论辩交锋，并做出最终的裁决。

　　广场四周，则是如众星捧月般拱围矗立的州政府、特罗根村委、餐厅、州会议事堂、女子高中及教堂等。

　　日思夜盼、终于到来的大会当天，广场正中还会搭起一个高台。

　　早八时，广场内就已是人山人海，水泄不通了。九时一到，大会议长、副议长、僧侣（神父）便会登上广场正中的高台，而其背后，则是侍立护卫的数名卫兵。而这些卫兵所穿的服装也都坚守数百年来的固有传统，其花纹样式，宛如中世纪的士兵一样。

　　此时，整个广场就沸腾起来了。

　　赞成、反对，携军刀赴会的男性有权者们喧闹成一片的演讲正式开始了。

　　不知道说他们是在意气风发地高谈阔论是否合适，但他们确实不是在吵架，也不是政敌间的激烈舌战。

　　大会进行到中段，会进入令人心情大快的论战。但最终结论往往会是如下的样子，"自古沐浴于和平宁静之中的这块土地，突然让妇人插手政治，实在是没这个必要。连我老娘都这么说噢"。赞成也好，反对也罢，议长要求举手表决时，最终还是以"不佩刀的女性无需参政权"为由，"因多数举手反对，赋予妇人参政权的议案就此否决"。裁决一出，男性们无不挥舞军刀，兴高采烈，雀跃之情实在是难以名状。

而女性们则因没有军刀，就只能安静地立于远处嘀咕："孩儿他爹们，又要欢天喜地嚣张一阵子了。"这样的情景，可谓年年都相似，岁岁无不同。

当记者们表示愤慨并提问："从瑞士的民主主义思想来说，承认女性参政权是理所当然的，您不认为将其否决很野蛮吗？"妇人们竟都无半点不快地淡然回道："全是神的旨意。"

重要的是"群情激奋、万众沸腾"

简单类推虽为学术禁忌，但古雅典公民大会所呈现的应该也是这样的情景。这里的军刀，既是作为民兵集合时佩带的武器，也是成年男性或一家之长的象征。即便是今天，剑、玉、镜等仍在日本天皇家世代相传，王子成人后授之以魔剑的故事也很常见。也就是说，持有此刀的人，拥有参加大会的资格。

此外，公民大会也是一项宗教活动、节日盛典。所以，神职人员一定会出现，也一定要在神殿前举行。在欧洲的市和区，中心必有广场，广场周围也必有教会及政府。在政教合一的"政务"之所，所有人集汇于一处。因田间村落没有娱乐，这也是一年一度的节庆活动，还是与亲朋好友久别重逢，欢聚叙旧的地方。

进而，大会虽有争论，但重要的不是将对方辩倒，而是要"争"得所有人欢欣雀跃。热闹之后当然会有个结论，但若只为收集个别意见，那就毫无特意汇集于一处争论的必要了。像舆论调查一样，在纸上或邮件里打钩划叉，收上来就行了。

就像日本今天的议会，既然"争论"也不过是个形式，舆论调查的方式反而更有效率。既然如此，为什么还非要唇枪舌剑一番不可呢？究其原因，虽易于理解为交换意见非常重要，但实际就是若非如此，"大家就不认同"。

那为什么论战一番"大家就认同"了呢？因为，议会中有了"我反对！""我这样想！"的激烈争论，现场就热闹了，就要举手表决。在这里，不是将选票丢进投票箱，而是以当场呼啦啦举起手来为好。有了这一"仪式"，就不是收集个别意见，而是宣示神圣的"民意"。一旦体现出这样的"民意"，就会认为这是"超越了个别意见"的"神意"的降临。所以，要在教会或神殿前举行这一点就很重要，大家也会认同并服从。接下来就成了大团圆，以看热闹的方式参与的女人、孩子也同饮同唱，携手起舞，参与到这一"民主主义"之中。

至此，古希腊公民大会为何要在神殿前举行，雄辩术（rhetoric）为何受到重视，等等，也就多少能理解了。

在此，论辩先按下不表，一起来思考一下到底什么是游行示威。游行示威，日本称之为 DEMO，既是 demonstration（游行示威）的 DEMO，也是 democracy（民主政治）的 DEMO。而其词源，则是古希腊语的 demos（民众）kratos（支配），即现代语境中的民众力量——people's power。

对 people's power 来说，重要的是全体参与者的高涨情绪。即便是人数一样的游行，一支队伍生机勃勃，另一支只为拿到按日支付的补贴，得到大家认同的程度自然也不同。所以，可以说，活泼开心、意气昂扬，这才是游行示威的本来面貌。

那么，为什么游行示威中蕴含着改变社会的力量呢？即便是 10 万人的游行，也可能被认为"不过是一群怪人"，"不过是比例代表选区一人当选的人数"。但是，尽管人数不多，一旦被认为"他们代表了社会的意见"，"他们的呐喊也表达了我的愤怒"，其对社会的影响力也就完全不同了。这与是否打出"负责任的政策性替代方案"基本无关。

在这种情况下，并不需要很多人。有时，哪怕只是一个人的行动，一张照片，一首短诗，也能产生莫大的影响。远在古希腊时，诗人就曾被视为神的意志与民众意志的"代表"。所以，政治家才会惧怕诗人。如现代日本的政治家，最终最为在意的，也是"后世史学家会如何评价自己"。

当然，这里所说的诗人，也不是为"自我表达"而吟。若仅是自我表达，就未必能打动他人。

但将在后文中介绍的社会学家涂尔干①认为，在现代社会，因"个人宗教"，即"必须尊重个人"这一集体意识的形成，个人被置于至高无上的地位。若是基于这一理论，自我表达之能打动别人，要么是因其自我尊重的姿态让他人产生了"自我尊重"的共鸣，要么是表达者将"现世幸福"或"世俗"尽皆抛弃，彻底践行"自我表达"，完成了对"现世之我"的超越而令世人动容。

辩论的意义

至此就能明白，所谓"民主主义"或者说"合法性"，并不是单纯的"大家投票即可"。民意并非数量所能代表，人们不会只因票数就会认同。

比如，即便是现代日本，报纸等经常叹息"议会审议气氛沉闷"，"选举死气沉沉"。可为什么审议、选举就非要气氛热烈？审议在严肃的气氛中按程序进行，选举中没有暗箱操作，候选人 A 最终以多少票当选，又有何不可？为什么不热热闹闹地折腾一番，大家就不认同呢？

对此，现代思维是这样解释的：选举气氛若不热烈，投票率就会下降，就由一部分人来决定代表了。而若审议中没有激烈争论，政策、法案中的问题就得不到充分的指正。所以不折腾就是问题。但也有反对意见认为，若只为指摘政策、法案中的问题，召集专家指摘就行了，人数少议论更为彻底不说，几百号门外汉议员堆到议会里又能议论出什么结果？既然

---

① Emile Durkheim(1858—1917)，又译"迪尔克姆"、"杜尔克姆"，法国社会学家，人类学家。与马克思、马克斯·韦伯并称社会学三大奠基人。——译者

如此，也没必要投票，更不需要议员，直接让专家们集中管理国家事务，最多只要履行"民主主义的程序"就可以了。

到底是现代社会，没人明目张胆地如此宣示。但是，去翻翻外交官回忆录，你就会发现真有人这样想。外交官与外交部官员使七十二般变化、费九牛二虎之力好不容易谈成的条约，达成的共识，却被啥都不懂、突然半路杀出的外行议员或首相给彻底搅黄，或就在签字生效前一个月，爆发了无知民众的反对运动，于是前功尽弃。这些记录中，不乏令提笔者扼腕叹息之事。专门研究外交史的学者，因读的都是这类书，有时也会被这一立场同化。

现代思维认为，因专家会为自身利害所动，所以也会成为问题。那么大家都去投票，或只要把投票率提上去，人们就会认同吗？学校的班长推选投票率高达100％，可学生们未必会接受选举结果。

由此看来，重要的还是要有一番激烈的争论。有了激烈的争论，参与的热情就会高涨起来，就会感觉是"大家一起决定的"。也可以说是"大家一起干的"。没有这个"大家"，没有"也有我一份儿"的感觉，人们就不会认同。也就是说，所谓热烈的争论就是营造一个"大家"，一个"我们"。

如此想来就能明白，"示威不如投票""不如去游说政治家"等想法非常狭隘。当然，有靠投票和游说才能运转的东西，所以投票和游说也确有其存在的必要，但若仅有这些，政治就会越来越无聊。

并且，即便去投票或游说，社会也往往不为所动。社会要动，就只有一种情况，即被选或被游说的政治家，真被视为"我们的代表"，而该政治家的决定大家又跟随其而行动的时候。当民众不再认同并跟随其行动时，就只能依靠金钱或利益维系了，但这样做的后果往往是陷入不认同者越来越多的恶性循环。

"代表"与"代议政治"

接下来要思考的是，"代表"到底是一种什么样的行为。

　　在以英语为代表的欧语系中，"代表"一词拼写为 representation，而议员，即"代议士"，则是 representative。但在日语中，representation 一词也经常被译为"再现""可视化"或"表象化"，意思是"将肉眼不可见之物呈现于眼前"。意思不太好懂，举个例子。比如，"把脑中所想写成文章"，这也是"表象化"。也就是说，脑中的所思所想虽是肉眼看不见的，但写成文章也就显现于人世了。

　　这样一个词，为什么会用以指代"代表"或"代议士"呢？因为，"代议士"就是将肉眼看不见的"民意"体现出来，呈现于世人之人。文章也不是脑中所想物之本身，后者或许更为细腻、微妙，文章就是姑且将之呈现为肉眼可见之物的手段。

　　音乐家"将心愿谱成乐曲"也一样，是将不可见的心愿以声音表现了出来。当人们感觉该乐曲"代表"了"我们的心愿"时，就会引发共鸣。代议士也一样，其虽非民意本身，却是"代为表达"民意之人。

　　在基督教中，也有如何将"神的意志"呈现于世的问题。神，无法用肉眼看到，神的教诲无法亲耳听到，但《圣经》却是用文字写成的，并且耶稣基督也作为神之子而现身人世了。

　　在代议制民主主义中，国家单位的民意是通过代议士们的国会辩论呈现于世的。真正的民主主义，是要在辩论的基础上达成全员的一致。在求之不得的情况下，就将之变化为，以政党为单位的议席分配这一形式，也算把民意体现出来了，之后只要少数服从多数就可以了。但若选举违规，或即便程序没有违规，人们却认为"没代表我们"时，这一制度就无法得到大众认同了。如此一来，人们就通过其他方法，比如舆论调查等，去寻找呈现民意于人世之物，或以全民公投、游行示威等形式，力图将"我们"的意志呈现于世。

"公"与"私"

　　接下来，关于"公"与"私"，我们也有加以思考的必要。"公"与

"私"这组概念，从广义上来说，与之相对应的词汇普遍存在于全世界的各类语言之中。但这两个字到底是指代什么呢？

在古希腊，有 polis 与 oikos 这两个词。polis 相当于"公"，oikos 相当于"私"。polis 易被理解为城邦，但 polis 实际上是"政治"，这里的"政治"同时又是祭祀典礼，也是将神的意志呈现于世的仪式。持剑男子在此集会。polis 就是 politic，即"政治"一词的词源。

相反的，oikos 则是"家庭"活动的领域。在古希腊就是在家从事农业劳动的意思。在这一领域，奴隶日日劳作，女性生儿育女。oikos 又拼写为 oikonomia，即 economy（经济）一词的词源。因是在家务农，也就是经济领域了。

但是，用这两个词指代"政治领域与经济领域"还要等到近代之后。在遥远的古希腊，polis 是指"自由与永恒的领域"（圣），oikos 是指"必然与无常的领域"（俗）。

通过人类学与宗教学的各类研究，"圣"与"俗"的认知思维遍布全球，已广为人知。"圣"自然是神圣的祭祀领域。相反地，"俗"则是指"吃喝拉撒睡"的日常生活领域。

先说"俗"。肚子饿了想吃饭，但要吃饭就得劳动。小孩子很烦，家务事一堆，很辛苦、很痛苦。"俗"，就是这样的领域。受"必然"支配，只会令人深感无常的领域。但祭祀却是从日常生活中解脱出来的自由的领域。祭祀明明是一瞬之事，举行于一夜之间，却与生活的无常领域不同，是一个令人心生永恒之感的世界。

这一领域也会通过神明来表现。神是永生的，而命却是无常的。人的能力虽可不断提高，但人终究是要衰老。财富虽可不断积累，但也终是生不带来死不带去。且无法从这一"必然"中逃脱。即无论努力到何种地步，也依然无法摆脱必然与无常的领域。与之形成对照的，就是"自由"与"永恒"的神圣的领域。这就是"圣"与"俗"的区别。

那这两个领域哪一个是真实的，哪一个又是虚幻的呢？这还用说？当然是日常生活领域是真实的，神的、祭祀的领域是虚幻的了！但是，肉眼看不到的世界才是"真实的世界"，吃饭、睡觉、劳动的世界只是幻影的认识也同样根深蒂固。"真正的我不是这样的"，"未来的我虽然看不到，但那才是真正的我"，这样的话我们经常听到。当然，这里的"未来"，也可替换为"内在""从前"。而老人们也喜欢说"从前是多么多么好"。

有一个词用以表达这类感觉，这就是"映像世界"。即认为，人世只是幻影，就像电影或影绘一样的投影。真实的世界在别处。这一思想反映到基督教中，就是神才是真实的，现世不过是神的气息幻化而成的影像。《圣经》以"太初有道"开篇①，因"要有光"之神言，而光始现于世。这里的"道"，即逻各斯②，并不是文字的排列，神的话用不健全的人类文字是无法表达的，里面寄寓着神的气息。

在这样的思维中，人也被视为神造。从物质性来说，人不过是一种碳水化合物。倘如此，不就与土块儿无异了？那为什么人比土块儿重要？这是因为，人是有生命的。那生命又是什么？生命就是无法还原为尘世物质的，由神吹入的气息③。人原不过是泥偶，因神吹入气息，即因来自"真实世界"的神现身尘世，泥偶才得以为人。

在欧语圈，曾有过称现世为映像，神才是"真实存在"，即 presence，尘世不过是神言的不断重复和显现。即"再现(representation)④"。

祭祀与音乐的世界

那么，要将神的意志示于尘世，要与神圣世界沟通，又该怎么做呢？

---

① 此处出自《圣经·新约·约翰福音》。开篇为"太初有道，道与神同在，道就是神"。——译者

② Logos，希腊语。指理念、理性、支配世界的道、天理等。在基督教中指神说的话。——译者

③ 最近，"地球上的生命之源来自宇宙"的学说很盛行。原因在于，只靠物质间的相互作用，无法解释生命的诞生。

④ 又译作"代表"，本书其他地方多用作"代表"之意。——译者

　　方法之一便是祭祀仪式，也就是"政治"。若由"代表"聚于一处举行，这就是代议制。也就是说，将民意这一肉眼不可见之物，以人类的方式呈现于世的人，就是"代表"。

　　并且，在举行祭祀仪式的"政务"之所，音乐、表演剧等也不可或缺。音乐是将尘世不可见之物呈现于世的重要方法。在印度尼西亚，皮影戏非常受重视，这是因为，皮影戏在"反映"和"代表"真实世界方面，被认为远在现实世界之上。正如大家所知，在古希腊，戏剧也很繁盛。

　　若世间万象不过是神的语言的重复与再现，那么，展现诸神世界更为出色的戏剧也就成了"真实世界"。如此尘世，也就不过是戏剧上演的"真实世界"的重复和再现。所以，在有这一社会共识的国家，若上演推翻政权的戏剧，会被视为比游行示威还要严重的反政府行为，而上演一方，也将戏剧视为重要的社会运动。

　　作为其他方法，也会请诗人、巫师，让神的意志降临尘世。成为诗人和巫师的，又是什么样的人呢？在人类学、宗教学的调查中经常出现的一种看法是，俗世中最无用的人，能与神界沟通。

　　因俗世为劳动与家庭的领域，所以，俗世中最无用的人，就是既无劳动能力又无生育能力的人。比如，瞎眼的婆婆、初潮前的少女等，经常会在各种仪式中司以通灵之职。平时无用的笨蛋，以意想不到的超凡力量与智慧救全村于危难的事情，在民间故事中也经常出现。因这样的人不能自食其力，所以，一般是靠他人"布施"为生。

　　一言以蔽之，该意见认为，不脱离俗世，就听不到神界的声音。所以，要做和尚，就必须离开经济与生育的世俗领域，即 oikos（也就是家庭）的领域去"出家"。因女性很难逃脱生殖的必然，圣职者就多是男性了。可以认为，圣山禁止女性进入，月经中的女性尤被视为禁忌，也是源于这一认识。

　　至此，我们就能明白，在古希腊，为什么会将 polis 视为"自由与永恒的领域"，而将 oikos 视为"必然与无常的领域"了。polis 的世界，即脱离了"私"的利害关系的神圣的"公"的领域。在这里讨论公共事务，唱诗赋曲，表演戏剧。就人类学等迄今探明的范围而言，人类，若不在某处与此一领域相通，似是活不下去的。或许因为，若只有必然领域，人们会过于痛苦吧。

于是，越接近神圣的自由领域的时间，人们就越加重视，越接近这一领域的人，地位也就越高。在古希腊，没有劳动者了不起的价值观。劳动者是低贱的，从事劳动的奴隶也无法进入 polis 的领域。即便在近代，依然认为劳动者没有学习时间，搞不懂政治，所以就没有参政权。但相对于这一解释，可以认为，是仍将劳动视为俗世无常领域的无聊之事而已。

在古希腊，劳动是最为卑下的活动。而与 polis 相关的统治则更为高贵。地位更高的，这就是日译为"观照"①的人类活动，即无关于现世经济、政治的思想探索。从事这一活动的一般认为是哲学家，但对东方人来说，说是和尚可能更好理解。

20 世纪思想家汉娜·阿伦特②在《人类的处境》一书中，以古希腊思想为基础，将人类行为划分为"劳动""工作"与"行动"。这里的"行动"虽是上面所说的统治，但较之于躯壳式政党政治或行政事务，阿伦特所重视的是政治参与、政治活动等。考虑到古希腊是直接民主主义，这也是理所当然的。阿伦特不但高度评价 1960 年代的美国民权运动③，就连她本人，也有逃离纳粹统治，在法国投身反法西斯运动，并亡命美国的"行动"经历。

而汉娜所说的"工作"，则是指能长留于世的神殿、碑塔等的建造。哲学家、公民大会等听授神的意志，并施行将之体现于世的统治，但作为将神的意志体现于人世的行为，神殿及艺术作品的建造、创作等，地位也要高于一般意义上的劳动。劳动与家务的成果是吃了就没的无常之物，但

---

① 佛教中指以智慧直击事物本质；而美学中则对应英语、法语中的 contemplation，指面对审美对象时比理论思维更为深邃的直觉。——译者

② Hannah Arendt(1906—1975)，犹太人，美国政治理论家，原籍德国，以极权研究著称。——译者

③ 指二战以后，美国黑人反对种族隔离与歧视，争取民主权利的运动，其高潮发生于1960 年代。——译者

神殿却会矗立数百年甚至几千载。但是，地位最高的，还是从事卓越的"行动"，而被诗歌万世吟咏。即便刻写诗文的石碑消失，其本身也会永世流传。

王、祭祀与市场

神圣之物呈现于世的领域，先是宗教、艺术与政治。此三者实为一体。只是，说到政治，有的是如古希腊公民大会一样的政治，但"国王"也在这一领域之内。古代的"王"，是尘世与神界的沟通者之一。由通灵法师或巫师而为王的不乏其人，王而兼任祭司的也是古亦有之。日本的天皇，原也是神道教的祭司。

而祭祀，也是沟通神圣领域的场所之一。这是现世秩序尽皆失效的特殊时空。无论是欧洲、南美的狂欢节，还是日本的"无礼讲"①，都可将上下尊卑等一切世俗秩序抛诸脑后。一年一度，忘掉尘世礼序，向神的世界靠近。平日对粗茶淡饭、艰辛劳作的忍耐尽可抛向爪哇国，忘却勤俭节约，大快朵颐，尽情尽兴地热闹一番。

市场，也在这样的领域。西方的经济人类学，或日本的中世纪史研究都发现，市场，曾是与现世秩序"无缘"的"公共世界"，是"乐土"之一。

在全世界任何地方，市场基本开设于不同共同体的边界地带，或是被村落包围的城市广场。经济学的解释是，因为市场是村落间不同物品的交易之所。但是，若从前文语境来看，所谓市场，是共同体达到自身极限的产物，既"必然领域"达到极限后应运而生的"自由领域"。而广场，既是市场形成的地方，也是召开公民大会的场所。

在村落内，会有生活的藩篱、规矩和身份关系。而在中世纪，封建领主也不只是支配各个村落，甚至想插手村落间的交易。但在"无缘"于这些藩篱、领主的地方，在与这些世界绝缘的地方，领主权力无法涉足的自

---

① 宴会的一种。参加者可无视身份地位、上下尊卑及日常礼仪，开怀畅饮。——译者

由交易领域就形成了，比如"乐市乐座"①。这里不问身份，是所有人都能公平买卖的一块"乐土"。

而金钱，包括日本的古币，较之于交易，原也主要用于巫术或祭祀活动。金钱的持有者，即便身份低也能拥有让他人为自己而动的力量，即所谓"有钱能使鬼推磨"。后来，马克思将此形容为"货币是激进的平等主义者"。

当市场扩大形成城市，只要从农村进入城内，就能切断此前的"缘"而获得自由。"城市的空气让人自由"这句话，就是从中世纪欧洲流传下来的。这一"无缘"的领域、自由的领域、公共的领域，就是谁都可以进入的"Public"的领域。经常听到这样的说法，只要标明"这是公共之物"，在欧洲就是人人可用的，但在日本，就成了普通人不敢随便动用的。但是，日本的"公共洗手间"、"公共澡堂"等，也是谁进都行的地方。在澡堂里，所有人都赤身裸体，无所谓身份高低。实际上，在欧洲，公共澡堂也曾以有避难所②之称的"无缘"领域而闻名，可避俗世罪祸。

如此，也就知道市场与城市的魅力何在了。也知道为什么每天下班后购物会有好心情了。因为，逃离职场这一必然领域，日日劳动的领域，回到家这一必然领域的途中，我们进入了市场这一自由领域。在这里，可以忘掉自己是谁。或者说，在这里，反而才能感知到"真正的自己"。但马克思却说，在市场中，没有什么"真正的自己"，这里只有资本家与劳动者。这一点，我们到第六章再谈。

涂尔干的"自杀论"

购物狂会说，下班不顺路去市场转一转就活不下去。那么，若将人与

---

① 日本战国时代的织田信长、丰臣秀吉等实行的经济政策的产物。因废除了特权交易、垄断交易，极大地促进了城市及近郊经济的繁荣。——译者
② Asyl，德语。中世纪欧洲主要指教会、独立自治城市等。佛教中则多指寺庙。——译者

神圣领域切断又会如何呢？19世纪的法国社会学家涂尔干说，倘如此，人就会因丧失能量之源而死去。

涂尔干的父亲是犹太教士，但他却放弃宗教，成了一名社会学家。在其代表作《自杀论》中，他把自杀分成了三类：集体本位型自杀、自我本位型自杀和失范混乱型自杀[1]。

所谓集体本位型自杀，是指集体束缚严酷，在集体意识的无形围墙内自杀。日本的切腹自杀似可为一例。

相反，所谓自我本位型自杀，并不是因任性而自杀，据涂尔干解释，人若不与"社会"联系在一起，就会丧失能量而寻死。即因自我（拉丁语中的 ego）悬空而自杀。用今天的话来说，就是一封邮件都不来，干脆一死了之吧。可就算收不到邮件，又不是经济性困难，却想死，就是因为感觉到"联系"被切断了。

从根本上来说，所谓"经济困难"又是什么意思呢？就算没钱，也未必就不幸。在自耕自食，与街坊邻居互分互享的社会，没多少现金也没什么不幸。但现代社会，却是没有金钱就无法建立关系的荒唐社会。马克思认为，金钱是关系的表象化、物象化。只是将逝去的劳动这一肉眼不可见的行为和关系以货币的形式现身于世而已。这一关系的集合、劳动的集合，能够回头构筑社会中的人际关系。自己逝去的劳动的集合，即能作为"心意"送给他人，转化为人际关系，也能以驱使他人、购买服务的方式转化为关系。所谓现代社会，就是如此建立人与人之间的关系的。

反过来说，由于货币是人际关系的集合，用钱建立关系就省时省力。因其轻松、方便，直接以金钱代替关系的动向就出现了。也就是说，人们不想建立真正的关系了。但是，人与人的关系也相应在金钱的侵蚀下变质，不用钱，别人就不会为你做事，对金钱的依赖度加重，金钱对关系的侵蚀也就越来越严重。这样的循环一旦开始，也就难以停止了。

---

[1]　以上三种自杀类型又分别译为：利他型自杀、利己型自杀和失范型自杀。也有四类说，除以上三者外，还有宿命型自杀。——译者

可以说，现代社会，就是在关系不断被金钱取代的"大道"上狂奔的社会。在自己种菜吃，四邻互分互享的社会，因作物与服务不在市场中交易，GDP 就会降低。只要种的菜不是吃而是卖，也不再与邻里分享，大家都到外面就餐，GDP 就会上涨。较之在家里和睦相处，到游乐园吃喝玩乐，购买礼物，并为获得所需金钱而挣取劳动工资，GDP 会更高。

如此发展下去，除基于金钱、商品交换（商品包括服务与劳动）的关系之外，其他的人际关系就会日益枯竭。最终，甚至是家人、恋人、朋友关系，没钱也无法建立了。工作关系本就是金钱与劳动的关系，不必多说，而政治也同样在劫难逃。

所谓金钱，不过是一种手段。其本身不过是一张张的纸片。它不会成为目的，只是工具。在汉娜·阿伦特看来，"劳动"只是谋生的手段，劳动的成果，都是吃了用了也就没了的东西，无论重复多少遍，也无法从无常与虚无中逃脱。与此相反，"行动"则是本身即为目的的行为。"工作"虽是与目的相连通的行为，但在现代社会，该行为已消失，"劳动"占据了支配地位。

本身即为目的的事情或开心的事情，人们不会想到钱，不会想到"结果"。但本身虚无的事情或并不喜欢的事情，人们就会对金钱与"结果"心生欲求，或是"忍耐"以求"大义"。

在现代社会，连爱情都不断变质为金钱。1990 年代的日本，"高中女生从事援助交际不行吗"引起了争论，要在这一语境下分析其原因，就是一旦习惯了收钱才能建立关系，那么，所有的关系，其本身就不会带来愉悦了，而会成为拿不到钱就做不下去的"劳动"，感觉就变了。

但人，对一切都变成"劳动"的虚无状态又是无法承受的。所以，以援助交际的方式将"恋爱"关系转化为金钱后，即便挣了钱，也会以购物形式挥霍掉，以求解脱。现代社会，就这样将各类关系不断工具化，异化为金钱，推动购物与挥霍，逐渐将所有的一切都转化为金钱。

在这样的社会，没钱的人就根本无法建立关系了。这与单纯没钱的"贫穷"不在同一维度，而是由"贫"致"困"的一种现代性"贫困"，是所有"联系"被切断的状态。这样的状态，人是无法承受的。此一状态下的寻死，在广义上或许可以说是涂尔干所言的"自我本位型自杀"。这一类型的自杀，社会可能运转良好，但自杀者本人与该社会的联系却切断了。

与之相反，第三类自杀，即失范混乱型自杀，则是社会本身的实体丧失，给人以指引，赋予人能量的能力衰退而引发自杀。当人们越来越"自由"，不知道该相信什么，所有人都帮不了他人，大家全都枯竭之后，自杀率就会上升，虽不能如此断言，但也离事实不远。当然，自我本位型自杀与失范混乱型自杀混于一处，共同作用而致自杀的情况也很多。

超越自我之境

如此就能明白，人，不与"超越自我之境"相联通，活着是很痛苦的。

东日本大地震后，"纽带"一词常被提及。"无缘社会"①一词，也早在地震前便成了日本的流行语。

提及"纽带"一词时，首先强调的就是家庭。但是，所谓家庭，本就未必是依靠，反而会时时化身为地狱。在日本，与孩子同住的老人，自杀率高于只是老伴儿俩一起生活的老人。即便不至于自杀，认为与其与孩子同住，不如交钱去养老院，购买院方服务更轻松的老人也不在少数。

涂尔干就明确说过，在现代社会，家庭已经失去了阻止自杀的能力。并且说，宗教也好，地域社会也罢，同样无此能力，"（心灵的）故乡，业已无存"。那国家呢？国家太大，无法切身感觉到，也不行。既然如此，那就通过教育培育公共意识、社会关怀。但涂尔干认为，教育也不过是社会的反映，当社会都左摇右晃时，以教育重建社会，根本不可能。说起

---

①　指人与人之间的"缘"，下文中的"无缘社会"即真正的人际关系渐失或无存的社会。——译者

来，所谓以教育重建社会，无异于要拔着头发离开地球。

那该怎么办呢？关于涂尔干对这一问题的思考，最好是直接阅读《自杀论》。说起来，多数现代评论家所思考的问题，远在百年前的涂尔干都已思考过了。

这且不谈，重要的是，涂尔干强调，自杀是不能归咎于经济状况及个人心理的"社会"现象。我们倾向于认为，个人集合而为社会，但涂尔干却认为，所谓个人的行为、心理等，都不过是社会的反映。关于这一点，他还试图通过并非经济状况不好的社会自杀者就会增加，若置身于某种统一性、一致性较高的社会自杀率就会降低等加以证实。即所谓自杀，不过是"社会病"通过个人行为这一方式表现了出来。

若依此前语境而言就不难看出，涂尔干认为，肉眼看不到的社会，会以比如自杀等个人的行为显现于世。当然，他本人并未直接这样写。但是，涂尔干本是作为神职人员的后继者被养育成人的，尽管如此，他却断言宗教并无拯救现代人类之力，弃教而矢志于学。其弃神而执著于"社会"的身影，让我们感受到了无法相信神明的现代人的"业"①之深。他进而强调，若不与这样的"社会"相联系，人是活不下去的。

也有人说，我可没那么脆弱，我既不依靠家人，也不信神！但是，这样的人基本会依赖金钱。若按马克思的说法，就是依赖死劳动的积累，依赖以往社会关系的"遗骸"，还是离不开"社会"。也有依赖"社会赞誉"的人，但这根本就依赖不上。说既不依赖金钱也不依赖"社会赞誉"的人，会依赖过去或未来。虽然我现在是这个样子，但将来，我一定会相当出色！或是我过去相当出色！而一旦看清自己的将来"不过如此"时，就将希望寄托于孩子的未来（但很多时候，这会给孩子制造麻烦），等等。

也有人说，家人也好，地域社会也好，我都不需要；钱也不需要，赞誉也不需要；孩子也不需要，病了老了也绝无怨言牢骚。像默默无闻地创作无人欣赏的艺术作品的人，或默默无闻地做一些对自己来说非常重要

---

① 佛教用语，指过去善恶行为带来的报应。——译者

的事情的人。这类行为本身虽有类似于"祈祷"的神圣之感，但这样的人基本都会希望自己的"工作"能留存于世。自己的肉体虽不久便会陨灭，但想创作出能够流芳百世的"作品"。如果这是寄望于自己死后的后世赞誉，可以说，这还是依赖未来吧。

"国家未来"与"市场之手"

过去与未来是肉眼看不到的，都不是现世。但若没有二者的支撑，连政治都无法成立。即便是今天的政治家，喜欢坂本龙马、明治维新等人物与事件的人也依然很多。人都想在历史或过去中寻求自己的正当性。

信奉传统的人，是以过去为标准判断当前行为的。也就是说，过去发生过这样的事情，先人们是这样应对的，所以应该这样处理。这样的思维，是以如下感觉为基础的，即过去是神圣的，现世中所呈现的一切，都是肉眼不可见的过去的重现。

这样说，可能有人会认为我太武断了。但是，人类学的研究发现，在所谓混沌未开的时代，现世发生的所有事情，都被解释为神话纪事的再现。湖河干涸，大地皲裂，这事神话中有写，所以如此这般就好；啊！异种人自远方来，这事神话中有写，所以如此应对即可；他们就是这样采取行动的。可如此这般应付异种人的结果，就是欧洲来的军人和商人把日本搞成了殖民地。即便是在江户时代，所有的一切也都依连将军都不得违践的"先例"行事。

而与之形成鲜明对比的现代社会，则是切断传统，不断"进步"的社会。而一旦不得不抛弃过去大步前行，就要依赖肉眼不可见的"未来"世界了。国家目标、五年计划、贷款购房、学费保险、中高考大战、找工作，等等。要实现这些，那就要忍受眼前的痛苦。

总之，若不立足于过去或者未来，就无法经营现在。

其他肉眼不可见的，"市场（market）之手"也是一个。"鲜鱼市场"等虽是肉眼可见的，但经济学家所说的 market 又在哪里呢？而在股票市场等"市场",直接连交易的东西都看不到。

重视"市场之手"的现代经济学者及评论家似乎认为,虽然政治是不合理的,但市场却是合理的。虽然单个的个人是不健全的,但个人集合而成的市场却是超越于个人之上的,从这里,就能听到裁决现世的合理之声。但这一思维未必就是现代意义上的"合理性"。而本来,该思维就是以亚当·斯密①的思想为基础的。斯密认为,尽管单个的人愚钝不堪,但神会用"看不见的手"予以调整。所以,没必要推行自不量力的计划经济之类,而要遵从现身于市场、超越人类智慧的"对的智慧"。并且,虽然亚当·斯密没这样写,但前文中也曾介绍,所谓市场,本就是"自由与永恒领域"的"公域"。

如此想来,我们为什么会认为,日经指数、GDP、舆论调查及政党支持率等很重要呢?日经指数在一般报纸的经济版面之外发布,始于1990年代末。而GDP、GNP等,直到1950年代也只是经济学家及学者所用的专业术语。此前,并没认为这些数据有多么重要。可以认为,舆论调查也同样如此。在吉田茂②任首相的时代,内阁支持率再低也不会在意。身为精英外交官的吉田茂本就视民众为愚民,在他看来,似乎支持率之类根本就无所谓。而舆论调查的数字,也因展开调查的报社不同而形色各异,就因这个也根本没人在意。

舆论调查让媒体热闹起来,是在2000年代。因为RDD③这一调查方法的出现,在一定程度上具有较高可信度的调查结果很容易就能得到了。但仅凭这一点,也无法解释其受到重视的原因。我个人认为,从这一时期开始,人们的"自由"度加大,认为国会议席的分配及首相选举的方式体现不出"民意"的人越来越多,才是其原因所在。所以,舆论调查才会取

---

① Adam Smith(1723—1790),古典政治经济学之父,代表作《国富论》。——译者
② 吉田茂(1878—1967),日本政治家、外交家,于1946—1954年间五次担任首相。——译者
③ Random Digit Dialing 的缩写,指用计算机生成的随机号码拨通电话的一种采访方式。——译者

代议席分配，作为将"民意"可视化的手段，而逐渐受到了社会的高度重视。不只是舆论调查，对"市场之手"的重视或许也同样如此。

本来所谓议席分配，是将看不到的"民意"示于社会的一种方法。将不可见的舆论、市场示于社会的方法又是什么呢？这就是统计。舆论调查的零散回答、商业活动的零散交易收集完毕，再经过特定处理，即可将整体的趋势及变动转化为可见的图表。如此，眼睛看不到的"舆论"及"市场"，也就能看到了。

实际上，这种方法早在19世纪就已出现，涂尔干也就此进行过专门论述，而他本人，正是作为将此一方法导入学术研究的先行者而广为人知。当时有意见认为，社会是个人的集合体，但个人能看到，社会呢？社会又在哪里？谁能看到？正是这一问，让涂尔干将统计导入了社会学研究。涂尔干认为，有了统计，就能把握超越个人集合的"社会整体"状态。但这种状态不是指统计学意义上的"多数"，而是指超越了单个个人的"社会整体"。如果你不在整体状态之中，就只能被视为例外。

有趣的是，明治初期，福泽谕吉也在《文明论之概略》中写过这样的话：单个的人虽能看见，但日本这个国家、日本国民的动向却是看不见的。不过，欧洲有一种被称为 statistics① 的方法，可以将"全国人民的风气"呈现到每一个人的面前。

若不考虑表述的严谨性，也完全可以将统计视为现代社会发明的一种显灵术。而涂尔干晚年，也将研究对象由现代社会转向了原始社会调查，及"宗教"出现前的"圣物"。

柏拉图的"理型"

当议席分配体现不出"民意"，政治运作机能失调时，又该怎么办呢？实际上，远在古希腊时期，人们就已对这个问题进行了很多的思考。

---

① 当时，此英文尚未被译成"统计"。

而其起因，则是雅典在伯罗奔尼撒战争中的失败。战争失利后的雅典，其公民大会机能也随之丧失。

在对这一问题进行彻底的、根本性思考的人之中，柏拉图即为其一。他的老师苏格拉底，就是在雅典的民主主义制度下被判处死刑的。对一生追求真理的老师作出如此判决的民主主义，至少，他也无法对其现有形态抱以期待。最终，作为对古希腊民主主义的反思与反叛，柏拉图提出了哲学王的统治思想。

作为论述前提，想在此强调的一点是，在古希腊，并不认为民主政治就是最好的政治制度。在柏拉图及亚里士多德的著作中，政治形态基本被划分为如下几类：一个人统治的帝王政治，少数人集团统治的贵族政治及多数人共同统治的民主政治。当然，这里说的民主政治不是代议民主制，而是市民直接参与的直接民主制。进而，他们又将帝王制恶政称为僭主政治、独裁政治；将贵族制恶政称为寡头政治。

在柏拉图看来，以上制度究竟哪一种好，仅靠制度本身是无法下结论的。重点在于，善是否能在社会中得到体现。而他的结论是，最好的政治，就是由最了解"善"的本质的哲学王施行王政。

只是，这里的"善"并非因人而异、相互妥协，最终模棱两可、混沌不清的"善"，而是真正的"善"。

柏拉图认为，人们对现世的认识，就像把映到洞窟墙壁上的影子误认为实体，从而被"映像世界"中的利害及现象左右，而对仅赋予其外形的、"看不到的真实存在"一无所知。投映于墙壁之上的影子变幻不定，且其视觉感受又是人人不同，这就极易造成无休无止的认识混乱。只要人们实际感受的只是投影，而非光源，混乱就无法制止。

而这里的光源，就是"理型"。理型是看不到的，现世中也并不存在。但与变幻无常的现世不同，它是永远存在，并在支配着现世的。

那到底什么是理型呢？理型就像"理想的三角形"，就像"三角形本身"。若问某人是否见过三角形，一般都会说见过，三角板啦，三角饭团啦，等等。它们是三角形，但又不是完美的三角形。饭团自不用说，即便是三角板，其边其角也绝不完美。也就是说，完美的三角形，是现世中的任何材料都无法制作，也并不存在于现世的。

但如此一来，理型岂不就成了幻影？可视可听可触可感的现世才是真实存在了？未必如此。

比如，为什么人们会将饭团视为三角形？要真仔细看，它既不是三角形，也不是别的什么形。视其为三角形，是因在看到饭团之前就知道"什么是三角形"。柏拉图认为，人在出生前就见过理型，出生后也保有对它的记忆，理型才是真实存在，而对现世的认知则不过是记忆中那个理型的投影。

"善"亦如此。对于那个本来的"善的理型"，人们应该是知道的，但一看到它在映像世界中变幻不定的投影，被投影左右，人们就变得众说纷纭，这才是善，那才是善，社会也由此陷入了混乱。但是，能将"善的理型"示于人世的人一旦现身，混乱就能得到控制。而这个人，就是由哲人担任的王——哲学王。

数学与几何学

据说，柏拉图受到了毕达哥拉斯学派的几何学影响，而在其《理想国》一书中，也经常看到几何学的例子。比如，明君被得到知性祝福的"真正快乐"所包围，而只知"虚假快乐"的昏君、僭主，较之明君则要承受 3 的 2 次方的 3 次方，即 729 倍的不幸，等等。

看到上面的"快乐计算公式"，今天的人们多少会感觉怪异，但我们必须意识到，在古代及中世纪，算术、几何是归于魔法领域的一门学问。"完美的三角""完美的圆"，今天的我们也无法看到，但当时的人们却因不可见而生出敬畏之心，这些图形常被用于宗教团体标志的原因也在这里。

再举一个日本的例子。民俗学者柳田国男曾记录过陶瓷在田间村落所享有的尊贵地位。因此前只有木碗，无论制作时多么用心也总会变形，且很快就会变脏变色。也就是说，木碗是会在日常所处的必然世界中受污的无常之物。但以制瓷转台制作的陶瓷碗不同，洁白无瑕，屡用不脏，其圆其形几近完美，可能直到自己离开人世都不会脏，也永不会变形……因此，陶瓷碗就被村民视为此物只应天上有的完美之物，倍加尊崇。

在《木绵以前之事》一书中，柳田说，陶瓷，让村民们得以在日常生活中看到"只存在于宗教领域的真实的圆形"，所以才会油然而生敬意，并将陶瓷碗供奉于神龛之中。

数学也是如此。在大批量复制技术尚未出现，大数量事物并不存在的时代，10 这一数字前后的加减算法姑且不论，但更大的数字运用则只用于人世无有的抽象描述，比如古代日本，"800 万"就只用于表示"非常非常多"，或"无数""无限多"，等等，这样的数量，在当时的现实世界中还是无法想象的。而柏拉图所谓僭主、昏君要承受 729 倍之大不幸的快乐算式，可能也只是想说"非常之大不幸"吧。

对现代人来说，看到 729、800 万这样的数字虽不再吃惊，但佛教典籍《往生要集》中说，人一旦落入八大地狱中的"焦热地狱"，就将 5 京①4 568 兆 9 600 亿年不得超生，看到这一数字，想必现代人也会惊叹。当然，相比于具体的时间长度，这段诅咒经文，只是用以表达不得超生的时间"相当相当长"吧。即便在现代社会，这样的数字真要在现实生活中出现，大概也只会出现在股票市场。所以，这样的数字基本上仍用于假设的范畴。对古人或未来人类而言，股票市场或许也只会被视为一种宗教仪式。

"哲学王"的培养系统

柏拉图还写到了应如何培养哲学王，才能让其感知到"善的理型"。

其具体做法是，先挑选出具有相应禀赋的培养目标，20—30 岁让他

---

① "京"在日文中为计量单位，1 京为 1 万兆。——译者

们学习天文、音乐、几何、算术；30—35 岁学习问答法；之后直到 50 岁之前，还要学习军务，并在积累政治实务经验后成为王。

为什么要优先学习天文、音乐、算术、几何呢？因为只有这些学问才能磨炼对理型的感知能力。现代政治家培养课程倾向于实务政治经验、经济学、行政学等务实性科目，但在柏拉图看来，最重要的，是对"何为善"的洞察能力，而实务实学，在具备此一能力之后再学也不迟。

举个例子。我曾读过这样一个小故事，讲的是古董商如何培养继承人。形式合理主义者或许会认为，在赝品无数的古董行业，要鉴别真伪，学习年代考证知识就可以了，但在实际的古董市场，则即有在年代考证中堪称完美的赝品，也有鉴定失误的真品。特别是作为培养目标的年轻人，把一堆考证知识强塞进他们脑子里，他们也搞不懂。于是，古董商采用的方法就是，只给"接班人"看真品，赝品坚决不让看，也不让他们进行真假对比。

所谓量变引起质变。一旦赝品进了铺子，即便没有年代考证知识，一直接触真古董的年轻伙计也会眉头一皱，觉得哪个地方不太对头……对古董商来说，这样的能力才是最重要的，至于年代考证的知识，在具备这一能力之后再学不迟。所谓年代考证，只在向顾客说明为什么这一件是赝品时才用得上，其用途，也就类似于古希腊的"雄辩术"。

我们这里写的是"感知"，柏拉图反复强调，人，不能被视觉、听觉等"感觉"迷惑，感觉是不完整的，更何况还经常会产生错觉。而"眼睛看不到的"本就是视听五感无法捕捉的。而超越五感，准确把握"不可见之物"的能力柏拉图则将之称为"逻各斯"，该词一般被译为"理性""知性"等，而《圣经》中开篇那句"太初有道"中的"道"，也译自"逻各斯"。

但又经常有人说，"超越理性的才是真正重要的"。这里的"理性"是哲学中以"工具理性""形式理性"等加以区别的理性，与柏拉图所说的"理性""合理"有所不同。我想，可以将柏拉图的"理性"及"合理"理解为"合乎道理"。

英语中的"理"，即"reason"，"合乎道理"就是"reasonable"，商品价格合理也被称为"reasonable"。这里的"理"，也未必与形式理性有关，重要的是"合乎道理"。

另外，被译为"推理"的英文词汇是"reasonning"，其所指，就是对肉眼不可见的"本质"的感知。但这种能力，不具有一定的禀赋，不经过特定的修习又是无法具备的。哲学王也同样如此。

说到推理，最著名的就是福尔摩斯了，他经常会突然对华生说："华生，你是这样想的吧……"当华生为被说中而诧异时，福尔摩斯就会说："这只是我的推理而已。"华生大惑不解时，福尔摩斯就如是这般地解释一番："好吧，那就说明一下，尽量也能让你明白。你的鞋子上沾着泥巴，而上周又下雨了，天也很冷，所以，我的推理就是……"福尔摩斯的推理虽让华生感佩，但当华生想依葫芦画瓢推理一番时，却又次次以失败告终。

在笔者看来，这类情节中的福尔摩斯，已经从看到的一些细节中感知到了内在的"本质"，而他对华生的解释，则不过是形式性的理论说明，只是为让对方信服而已，本质上等同于雄辩术。所以，感知能力没有经过磨炼的人，即便想以形式理论整理所见细节，也无法得出直达本质的"推理"性结论。而《福尔摩斯》的作者柯南道尔虽以本书闻名于世，但其更热心的小说创作主题，也正是通灵术或宗教。

用福尔摩斯来说明柏拉图未免牵强，但这样的说明或许更有助于理解柏拉图所说的"逻各斯"。

让我们回到哲学王的培养科目。先是学习天文、音乐、算术、几何。刚才我们说了几何，实际上，几何本身就是为不被现世的不完整投影所迷惑而洞穿事物"本质"的一种洞察术。

再说天文。天文学被视为一窥天界，即神域的一门学问，在中世纪欧洲学问地位很高。伽利略也好，开普勒也罢，其对现世秩序的追问与求索都是先从天文学开始的。

天文学是对天界的观测，同时也是对即将投映到人世的另一世界的窥测。就像将人间万象视为神话与历史的反复再现，占星术也认为，把握天象即可预测现世。

接下来是音乐，音乐则能培养感知到涌动于社会根底处的时代节奏与协调性的能力。其目的不在以听觉这一感觉所把握到的事物，而是为能把握感官无法把握之物的一种训练。

"数字"与"本质"

算术，则需要稍做说明，即数字到底是什么。

一位儿童文学作家曾写过这样的故事：小学里总会有无论如何都理解不了"1＋1＝2"的孩子，即便老师在黑板上画马，"看，这是一匹马。还有另一匹马。一共几匹马？"得到的回答也是"一匹黑马，一匹白马"。

于是，一般的老师都会说，"总之，1＋1就等于2！记脑子里！"但柏拉图的主旨却是如下的论述。

绝不能被白的黑的、大的小的这类感觉所迷惑，白也好、黑也罢，只去洞见"马"这一"本质"。若只看事物本质，就能洞悉支配人世的内在秩序，也就能操控社会。

或许您会想，这也太夸张了吧？！但前面也曾提到，在中世纪以前，懂算术的只有一部分拥有特殊技能的人，算术被视为一种魔法，不只是大数字用于抽象描述，小数字也极为抽象，如"白马""黑马"都是"1"，就跟君主、农奴都是"1"一样。

实际上，现代经济学同样如此。"在熟识的蔬菜水果店买也好，在郊外的大型超市买也罢，若只看货币流通这一'本质'，就是一样的；让长年为自己工作的人干也好，发包给国外的工厂去做也罢，若只看劳动生产率与工资这一'本质'，也是一样的。若能看穿这一点，无视'本质'之外的人情与眼泪，就能用计算公式把握并操控这个世界。"但对不熟悉经济学的人来说，要么，会视其为特殊技能，如神技，要么，就视其为毁灭世界的邪魔之术。

此外，教授给哲学王的音乐理论也与算术相关联。以最基本的七个音阶把握音乐整体的思维就只求洞穿音乐本质，而无视音色、声质、场面与气氛，甚至会无视半音，等等。而学习音乐理论写乐谱，也可视为"音乐的几何学"。虽然柏拉图没这样说，但从理论上来说，如能领会把握这一技艺，本应诞生于"共同体"之中的音乐，一个人就能掌控了，甚至连"作曲"、"指挥"都能办到。

而要具备这样的能力，学习者的禀赋也必不可少。在柏拉图看来，只要具备相应禀赋，哪怕是女性也可以。是"男"是"女"本来就是无所谓的事情。而与容貌、肉体等无关的精神恋爱——"本质"之爱，也正被称为"柏拉图式恋爱"。

问答法

此外，哲学王也不能被世间的感觉与利害关系所迷惑。

依柏拉图的设想，有禀赋的孩子要脱离家庭加以照看，既不能知道父母是谁，也不得拥有私产。正是因为这一点，才有人说柏拉图是共产主义或马克思主义的鼻祖，但将之视为"出家"可能更好理解（马克思研究过古希腊哲学，在其初期著作中也主张，在共产主义社会应弃绝劳动。从这一点来看，二者确有共通之处）。

此外，要洞察万事万物的本质，就有必要排除感觉的困扰，所以要尽量避开刺激感官和令人意乱神迷的事物。柏拉图认为，远离了"虚假的快乐"，就能拥有不会随世象及心境摇摆的"真正的快乐"。

不只如此，哲学王的培养对象还要从30岁起学习"问答法"，后成为英语中"dialogue"（对话）一词的词源。但这里的对话又绝非日式暧昧不清的"大家一起探讨，拿出各自结论"，或"抛弃极端想法，寻求中间道路"之类。

比如，没有完美认知能力的人们看到圆锥体后，会因各自所看角度不同而起争执，有人说是"圆形"，有人又说是"三角形"。这时，"那就折中，就算是饭团形吧"之类，也只会远离真理。要通过不同于此的对话，让抵达真理成为可能。

三十几岁的培养对象尚不完美，虽已研习了各类学问却并未融会贯通，各学问直觉本质的真正目的与方法虽有不同，却具有同为直抵本质之手段的共通性这一点，他们或许还未明白。

这就要学习唤醒知性的"接生术"，发挥将感觉排除在外的"道"的作用，通过逻各斯的来往交锋将彼此的知性唤醒，并抵达只靠个人之力不可能抵达的终极智慧。这是综合各类学问之术，也是感知各类学问根本本质之术，因此，问答法在各类学问中的地位也就最高。

经过上述研习与训练，一过 35 岁就要从事实务工作，直到 50 岁。能走到这一步，哲学王就能将不可见的理型"显现"（represent）于人世，且其完美程度远超通过投票等选出的"代表"（representation）。

作为一种理念，柏拉图所设想这一教育方案的某些部分，直到现代都被教育界所继承。现代美国基本学习能力测试 SAT①，其内容分为"Reasonning"和"Subject"②两部分，Reasonning，用以检测从文章及计算公式中洞见本质的能力，而 Subject，则是通过科学与历史等，检测在现实世界中所用的知识及其应用能力。

我们俗话说的"强识""博闻"之类，最多只能通用于 Subject 的领域，而 Subject 一词，本也有"家奴""臣民"之意，即依照能直觉理型的哲学王的命令行事的人们，在不知本质为何物的混沌之中来回跑腿的人们。

统治的变迁

但柏拉图又认为，国家（虽说是国家，也不过数万人而已）统治必然

---

① 中文名称为"学术能力评估考试"。该成绩是各国高中生申请美国大学及奖学金的重要参考依据。——译者
② 中文分别译为推理测验与科目测验。——译者

会堕落。

先是由合乎天道、体现智慧之德的王施行的王政。但以勇武为德的战士们加入之后，就会演化为由数人施行的军功政治。而当拥有财力的富裕阶层再加入其中，就会蜕变为寡头政治。而寡头政治又势必会造成贫富差距，于是最终，穷人揭竿而起，将富人打倒，从而演化为以自由、平等为重的民主政治。

也许会有人说，如此一来不就没问题了？但民主政治会继而演化为僭主政治。要理解这一点就离不开一个前提，即"战士""富裕阶层"等是各种人类之"德"的对应性表述。

在日本江户时代的《南总里见八犬传》①中，人物分持仁、义、礼、智、忠、信、孝、悌之八玉登场。仁之玉的持有者全然就是"仁"的化身，无精神矛盾、无世俗烦恼、无常人隐情、无思想斗争，但当时的读者本也没期待这样的挖掘和描绘，想看的就是"仁""义"当道的世界，且认为世界就是这样的。

扑克牌的世界同样如此。在中世纪欧洲的等级制度里，人们按身份划分为骑士（贵族）、教士、商人、农民，扑克牌中的黑桃代表骑士、红桃代表教士、方块代表商人、梅花代表农民，世界就是由他们构成的。而各类身份也都有不同的"德"，如骑士以勇气为德，农民以勤俭为德。不同扑克牌面就是其各自"本质"的体现（代表）。

在柏拉图的思想里，国家由统治阶级、战士阶级和劳动阶级构成。无疑，日日在必然领域中蠕动的劳动阶级地位最为低下。人类灵魂由理性、激情和欲望三部分构成，而统治阶级、战士阶级和劳动阶级就分别是理性、激情和欲望的体现者。

这里所说的统治者、战士和劳动者，与其说是个人，不如说是灵魂的各个部分在现世中的化身，且分别拥有智慧、勇气与节制之德，而三者的协调就是正义的实现。因既没有劳动者也没有战士，国家就无从谈起，所

---

① 日本 19 世纪刊行的以惩恶扬善为主题的传奇小说。——译者

以整体的和谐必不可少。

也就是说，由王政到军功政治的演化，就是原来基于智慧统治而实现了和谐的国政，因灵魂中激情部分的体现者——战士阶层的加入而使整体平衡倾塌。古希腊人认为，人之所以会生病，也是体内四类体液平衡失调所致。

王政转化为军功政治后，相比于灵魂中理性部分的智慧之德，更为重视的就变成了激情部分的勇气之德。进一步转化为寡头政治之后，虽说是富裕阶层，但因实际上就是欲望体现者的劳动阶级的政治，智慧也好，勇武也罢，也就全被抛到九霄云外了……

即使如此，在寡头政治中，富裕阶层为创造和积累财富还是有所节制的，也就是说，成年人被灵魂中欲望部分的节制之德所守护。但因支配阶层为赚取钱财而唆使年轻人挥霍浪费并借贷给他们，也就只会培育出丧失节制之德的贫穷的年轻人了。

这些贫穷的人们会将富裕阶层打倒，建立起民主政治。至此，连节制之德也丧失殆尽，欲望获得了自由。

这是一个自由平等、看上去无比美好、时人甘之如饴、大快人心的社会。但即便欲望被解放，带给人们的也只有感官的快乐。并且，因一切都能变换为金钱，为满足眼前欲望而抛弃祖辈土地的人也就出现了。古希腊是农业社会，弃耕，实际上意味着公民资格的丧失。

如此一来，既不属于战士阶级，也不属于劳动阶级，在国家中的作用与立足之地双双丧失的"多余人"就越来越多了。

这部分人被柏拉图视为蜂巢中多余的"雄蜂"——既不是辛勤工作的工蜂，也绝非保护蜂巢的战士。

民主政治诞生后不久，便会出现无穷无尽的诉讼与纷争。而以不事生产的"雄蜂"为代表的民众，为争得自己的一份配额就会寻找并拥立"领导者"投身于战斗，以夺取富裕阶层与既得权益者的财产，而他们所获得的配额就是争夺战中的残羹冷炙。就这样，一边豪爽地与民众立誓盟约，一边发动连绵不断的战争，令民众大感缺之不可的僭主出现了……

但僭主自然只知虚假的快乐，全然不懂如何拥抱智慧；而蜂拥于僭主周围的又是成群的雄蜂，僭主不会信任他人，昨日的战友又逐一被其视为敌人而一一歼灭。于是，极端的自由就此一转而为极端的奴役……

法治

晚年的柏拉图，因一心要培养的哲学王不可得而放弃，作为原有政治设想的替代方案，无奈地由德化转向了法治。所谓法治，即先召开所有人共同参加的公民大会，再将当时的决定记录在案，形成以文书发布的法律，并依此施行政治统治。

说起来，如果有哲学王，根本就不需要形诸文字的法律。写下来的文字中既无神的气息，也无热烈的公民大会气象，到底也不过是呈现于人世的投影，而非光源，对它的解释因人而异，成为纷争之源。这也是苏格拉底终生不著一字，而只热衷于直接以逻各斯进行问答的原因。

柏拉图不得不退而求其次，提倡依法治国，并对二王、二十八元老、五大长官分权治国，共主国政的复合政治大加赞赏。这虽非柏拉图的理想，但比起僭主政治，也算是比上不足比下有余吧。

本来，所谓哲学王，是不但能感知民意，还能以问答之法说服公民大会，也具有政策制定及实际政务经验之人，这样的人，在现实世界中是不存在的。政治学认为，若能形成政治铁三角——一极是了解民意、制定施政方针的元首，一极是说服议会的大臣，一极是制定具体政策、施行实际政务的官僚——政治机器就能运转良好。这不就是古希腊的复合政治吗？这样说，或许也并无不妥。

那"法"又是什么呢？"法"是指支配人世的秩序，或曰"道"。而法典，则是某个了不起的人物，在达到某一境界时，在忘记所思所悟之前记录下来的文字。

在柏拉图看来，如果"法"是神意降临于完善的公民大会，并被忠实记录下来的文字，即便国家堕落了，只要能依此法文施政，结果也不至于太坏。若要以日本为例，就是将第二次世界大战刚刚结束之后国民的和平愿望明文纳入了宪法，不管以后发生什么，只要在政治运作中谨记这一点，就总能在山重水复之中迎来柳暗花明。或许柏拉图的想法就是如此吧。

除上述成文法外，还有一种被称为英美法系的判例法，是在判案过程中不断积累下来的判例记录，是超越于个人之上的智慧结晶。具体说来，就是在浩如烟海的判例中，什么情况下做出了什么判决的案例集锦。在美国，判例法是与建国宣言，即《独立宣言》并重的。

而所谓依"法"行事，就是指要遵循合乎"道"的理性声音，即依神所确立的秩序行事。并且，只有以这样的方式，人类才能逃离必然与无常，抵达自由与永恒。正如康德所言：依具有普遍性的立法准则行事，可得自由。

所以，在"法"面前，不管是国王还是农民，都必须谦逊地服从。法在王命之上，即法律面前众生平等。

也就是说，如若现世的国王或政府推出的法令脱离普遍"法"，万民皆有予以"纠正"的权利。"权利"一词本就译自"right"，而该词也正有"正确"之义。政府法令乖张，市民有权对政府法令不予服从。即便这种行为被政府视为"违法"，也会得到社会的拥护和支持。

"代表"与"王"

但也存在着与此相反的意识，即国王或政府发布的公告就是"法"，国王与政府之物就是"公"，民众不得随意碰触。这一意识是如何形成的呢？据史学研究，无论是日本还是欧洲，这一公私意识的大逆转，似乎都是在中世纪发生的。

中世纪欧洲施行的是等级议会制。法国大革命时期，由贵族代表、教士代表及平民代表构成的三级议会即为其一，且三方代表各占议会的三分之一席位。若以今天的眼光来看就会产生疑问，明明平民人数远超贵族与教士，为什么只能占据席位的三分之一呢？

这种思想，认为国家与灵魂构成要素——在古希腊，就是统治者（理性）、战士（激情）与劳动者（欲望）——的各方体现者集合于一处，国家意志就能体现于人世，就能被"代表"。也就是说，这是以等级身份为单位的代表的集合，代表的是等级身份的那个"我们"，所以卢梭才会说，"代表"本就是封建社会的产物，为远古所未有。"代表"这一思想也确与直接民主制公民大会，与哲学王的政治思想有着本质性区别。

本章第二节中曾提到，美国参议院也不是按各州人口比例分配议席的，而是不管州大州小，一律每州两人。参议院贡献智慧，众议院代表民声。因此，众议院任期较短，以避免任期一长而特权化，脱离民众；参议院任期较长，以更为稳妥周全地蓄积智慧。

那么，王又是什么呢？王就是王国的化身。一旦国王生病，就认为国家也生病了。比如昭和末年的日本，昭和天皇的体温就成了每天的新闻头条。到了现代社会，GDP、日经指数等就成了"国家体温"。当然，体温下降可能意味着生病，但GDP很高却未必意味着幸福，其在现代社会中所起的作用同样是象征性的。

对中世纪的国王来说，有无政策制定能力根本无所谓，重要的是如何拥有国王的威严，如何拥有举手投足间的王家气派。至于实际事务与经济发展，是低贱之事，应委于官员、商人去做。这一意识发展到极端便是路易十四的那句"名言"："朕即国家"。

公私意识大逆转

王就是国家。于是，在人类历史进入中世纪以后，公私意识开始逆转，王政在封建制度下得以巩固，与国王及其统率之下的政府相关的成了"公"，而未获王家公认的民间活动就成了"私"，王的领地，民众也不得擅自踏入了。

王有时本身就是巫师、祭司或通灵法师，所以，古代就有王的抚摸可治百病，王的遗物拥有魔法力量等看法，即王的领域被视为圣地的观念。所以，王为"公"的意识也并非是进入中世纪以后突然产生的。

但与此同时，因领主等充其量只司现世之职，所以节庆祭祀、市场等神圣空间是领主无权干预的"公"域。民间百姓所共有的（common）领域（在日本，就如行会等设有入会权的领域）被视为"公"的观念保留了下来。也就是说，公私概念会因事物的优先顺序而相互转化。

尽管如此，在中世纪欧洲，随着德意志法①的推行，王、政府及其相关领域被明确设定为"公"域，而公共市场这一神圣领域，也很快转化成了最不被神祝福的"私"域。

如此一来，商人的地位就下降了。而在以自给自足为原则的农业社会，商人本也只需偶尔到访，所以，多数商人都是居无定所的行脚商。对当地人而言，他们只是外人，有时会受到村民的尊重和欢迎，但有时也会遭到当地人的蔑视。每逢节庆就会赶来让民众娱乐一番的"艺术团"也是如此。

虽有地域间差异，但总体来说，在以农为本的古代及中世纪社会，备受尊重的是年年都能向国君朝贡的农民。而其受到尊重也不仅是因为能年年朝贡，还因为他们能从无到有地培育出人类赖以生存的菜蔬粮食。工匠只是将农民所收作物予以加工，地位也就等而下之，商人就更只是买入卖出、挪东挪西，所以仅被视为必要的"恶"，地位也就最为低下。且一旦涉及金钱人就会因逐利而堕落，所以，还是面朝黄土背朝天、日日汗滴禾下土的农民更伟大。如此，我们也就能理解中国古代"士农工商"的尊卑定位了，而这一尊卑顺序也被引入了中世纪的日本。从中世纪开始，从事文娱表演的"艺术团"也被视为贱民而成了社会歧视的对象。

进一步说，只是将物品挪东挪西的商业还可以说是必要的"恶"，但

---

① 主要由《市民法》、《国家法》、《教会法》构成，是德意志人习惯法的成文化法典，完全不同于古罗马的《万民法》。——译者

只将金钱挪来移去的金融业，地位就最为低贱，所以就成了最适合游离于基督教之外的犹太人的工作了。而文艺演出，也由吉卜赛人等承担了。

公私意识在如是逆转之后，当历史巨轮滚滚前行至近代，又发生了什么样的变化呢？这个话题，让我们在下一章继续探讨。

第五章　近代自由民主主义及其局限

这一章，让我们的讨论由古代的民主主义、王，过渡到我们今天正在思考的近代自由民主主义。介绍一下成为近代思想基础的理性、科学、政治学、经济学等的思维方式，分析一下它们如何结出了代议制自由民主主义之果，又为何会在现代步入死胡同。

火药与指南针

我们先由文艺复兴说起。文艺复兴，被视为人类进入自由时代的序幕，即建立于等级身份制度之上的中世纪秩序由此崩塌。当然，其最终被摧毁要一直等到法国大革命的爆发，但其开篇，却是因"人的觉醒"而被赋予伟大地位的文艺复兴。

等级身份制度的崩塌自然与各等级"代表"根基的动摇密切相关，比如，基于教士、骑士、农民等级身份的"我们"消失了，国王、教会等已无力代表所有人的声音。人们不再认同这一制度之后，就开始摸索其他代表模式，而最终抵达的，便是自由民主主义。

可这一切究竟为什么会发生呢？其原因可谓众说纷纭。有人说，是十字军东征及鼠疫的横行削弱了中世纪秩序，也有人认为是源于经济结构的变化。但欧洲各国自己的看法却是，能代表这一变化的起因的，是火药、指南针与印刷术。

火药催生了火枪及大炮，正是这两件武器，为摧毁等级制度发挥了重大作用。此前人们认为，农民根本不可能战胜骑士，这就是神的安排。但有了火枪之后，不擅剑术也不懂马术的农民，也能将身经百战的骑士打落于马下了。其所带来的冲击是可怕的，世界观开始动摇，"以下克上"势不可挡，出身社会下层的军官辈出。

它就像今天的网络一样，是一项改变了整个世界的技术。当时的国王虽时不时禁止官方认可之外的火药制造，却并未奏效。日本的江户幕府成功了，与闭关锁国的体制一起，重新巩固了被战国时代动摇的等级秩序。但在地球另一端的欧洲，情形却全然不同。

再就是指南针，它给中世纪经济带来了巨大变化，大航海的新时代就此开启，商贸范围大幅度扩大，积累起巨大财富的商人地位得以提升。

最有名的，是买卖由亚洲运往欧洲的胡椒的贸易。在没有冰箱的中世纪欧洲，人们食用的是以盐保存的腌肉，但超过一定期限之后，腌肉也会因发臭而无法食用，但撒上胡椒之后臭味就会大减，而吃过撒了胡椒的腌肉之后，不撒胡椒就再难下咽了。如此一来，胡椒可谓身价倍增，竟夸张到可以胡椒换取同等重量黄金的地步。

指南针"指引"下的全球化贸易带来了财富分配的重大变化。在中世纪欧洲，年年可得朝贡的耕地才是各国的财富之源，而拥有这一财富的，则是身为领主的骑士阶层与罗马教廷，这一原有秩序被指南针摧毁了。在城市功能因全球贸易而转化的水上之都威尼斯、金融之都佛罗伦萨，新兴势力抬头，其以金钱募集的雇佣兵们，用重炮将骑士部队逐一摧垮。正是从这里开始，质疑旧有秩序及伦理的文艺复兴运动兴起，对中世纪秩序及权威的挑战开始了。

印刷术与《圣经》

接下来是印刷术。马丁·路德①翻译的德文版《圣经》，一定会出现

---

① Martin Luther(1483—1546)，德国宗教改革家。1522 年，将《圣经》译成德文版。——译者

在世界史教科书中，该版《圣经》与谷登堡①活字印刷术的结合，从根本上憾动了整个基督教世界。

此前，《圣经》仅由特权阶层所持有。一是羊皮纸手抄本价格昂贵，且尺寸太大，携带不便，还是各教会也只有一册的贵重物品。再者，又全是以拉丁文写成，只有受过特殊教育的神父能读懂。《圣经》之于平民百姓，基本上就是在教会聆听神父朗读。在教会里，神父一边朗读一边说教，如医师路加②这样做而得神祝福，基督这句话的意思是这样的，所以大家要严守教谕，以得神祝福。对当时的平民而言，《圣经》相当于世界秩序该当如何的"法"。

在这种情况下，对《圣经》里的话，各地区是不得随便解释的，如何解释要由罗马教廷统一决定。一旦出现解释异于教廷的教派，也就是"违法"。

即便是在现代，若大阪突然说"我们对宪法条款做如下解释"，也绝对会成为严重问题。政府要么立即加以调整，统一解释，要么就视其为异端派出十字军镇压。

但白话译文版《圣经》的印刷，却直接招致了"异端"解读层出不穷的严重事态。《圣经》不再是神父与天主教会的独占之物，对《圣经》出现了多样化的解读。

在这一过程中，异端势力大量出现，罗马教廷又因秩序变化而无力镇压，他们向罗马教廷提出异议申诉，被统称为"新教"的教派地位最终得以确立，基督教世界由此分裂。

世界观的变化

但若将这一系列变化的原因归于技术革新，则又是众说纷纭，难有

---

① Johannes Gutenberg（约1400—1468），德国活字印刷术发明者。——译者
② Loukas，希腊人，生于叙利亚，圣保罗的门徒，《圣经·新约》中《路加福音》的作者。——译者

定论了。

毕竟，火药、指南针及活字印刷术，中国早就发明了。就算是欧洲，枪炮也早在文艺复兴前的 14 世纪便已出现，却并未带来如此激剧的社会变化。所以，与其说是火药与印刷术的发明催生了文艺复兴，不如说，是在那些技术可能被普及运用的社会基础打造完成时，技术成了让一系列变化一口气加速的有力武器。

而技术也往往是在运用者的世界观发生变化时，才会对社会产生巨大的推动。马歇尔·麦克卢汉①认为，在中国，印刷术是一种魔术，是将永远重复的祈祷"自动化"的一种思路。因完全一样的东西可大量制作，看上去，印刷也像一种分身术。而这一技术也没能像 16 世纪的欧洲一样，与向市场提供廉价书籍的系统结合到一起。

没有创造性的使用，没有相应的社会基础，技术本身并不会改变社会。但一旦技术投入使用，运转起来，使用者的思维又会因之而改变，并带来社会变革。这就像蛋生鸡还是鸡生蛋，谁先谁后无法确定。

在文艺复兴时期，与技术革新并无直接关系的世界观也同样发生了变化。这就是绘画中透视技法的出现。所谓透视，就是离自己近的物体要画大，远的物体要画小，这在今天已是再寻常不过的画法了，但在当时，却意味着一场世界观革命。中世纪绘画不讲透视的远近之法，远也好，近也好，在不同时空中发生的事情也好，全都是一个画面，原因在于，在神的眼里，世间的一切都是一样的。现世不过是现世，并不存在以何处为中心视点之说。但透视画法的出现，却拉开了以自我为中心重构世界的序幕。

从自己的视角出发，远处的物体看起来就是小的，其他人看起来怎样，神看起来又是如何，都不在考虑之中。这就意味着："我才是世界的主人！"与自己读《圣经》，自己解释《圣经》一起，这一思维和意识同

---

① Marshall McLuhan(1911—1980)，加拿大著名传播学家、思想家。现代传播理论奠基人，互联网诞生的预言人。——译者

时发轫了。而火药与指南针等技术革新的适时加入，就大大加速了这一世界观的革新运动，近代科学也同时诞生了。

近代科学与实验

一般认为，近代科学始于伽利略的科学实验。比如著名的比萨斜塔实验。此前的人们一直认为，若由同一高度同时抛下重量不同的两颗球，一定是重球先落地，但伽利略由斜塔之上抛下的两颗球却是不分轻重地几乎同时落地。伽利略认为，教会所言与事实不符。此外，伽利略通过望远镜的天体观测提出"地动说"的故事也非常有名。

其划时代意义在于，实验便知正解这一思维的诞生。这在当时来说还是极不寻常的。

为什么呢？因为实验是用眼来观察的。但人是能被由感觉把握的尘世现象所迷惑的，现象就如变幻无居的影子，更何况还会产生错觉，观察这些事物现象也无法明了现世秩序。《圣经》中记录的神的话应该才是正确的。人的眼见耳闻会比《圣经》还正确？这一点没有任何保证。这样的观点，在当时的学者（基本是神职人员）中更为有力。

就实验本身来说，似乎早已有之，但当时的主流意见认为，实验不过是人为行为，无法借此窥求自然界的真理。无论什么样的实验，都要在隔离外部环境的实验室内进行，并人为排除各种复杂条件。人们不会在暴风雨中计测物体运动；说到建筑物，那也是抗震性是抗震性，抗风性是抗风性，金属锈蚀是金属锈蚀地分别实验，之后再对结果加以综合。但在现实世界，在金属不断锈蚀的过程中，地震、海啸、台风一起来袭也大有可能。就是说，想不到的事情，不一定就不会发生。以这种人为实验是不可能窥破自然界奥秘的。这就是当时的主流意见。

并且，即便在实验中得出了什么结论也不过是当次有效，也有人说，当时还没有反复进行同一实验，以同一结果的反复出现来印证、窥见自然法则，即现世之"法"的想法。但实际做过实验的人都知道，即便是相同的实验，每次的实验结果也都会存在微妙差异，并不稳定；严格来说，完全相同的实验结果并不存在。所以，实验是靠不住的、当次有效的，这就是人们此前的想法。

但在文艺复兴前后，这一认识发生了变化。此前，《圣经》中神的"道"是这样写的，现世中的现象只是神道的反复出现，即人们的思维是演绎式思维。与此相反的，出现了通过反复观察尘世现象抵达真理这一归纳式思维。一般认为，近代科学就是由这里诞生的。

战乱时代

就这样，人类成为世界的主人，基督教世界分崩离析，但要说这个世界是否因此而变得美好了，答案是否定的。自文艺复兴直至 17 世纪末，欧洲陷入了战乱频仍，宗教战争与近代革命连绵不断的大动荡时代。各国君主，也不只是君主，包括各地的贵族与民众，纷纷拿着翻译为本国（地）语言的《圣经》，要么投身天主教，要么投身新教，相互血洗，残酷杀伐。

过去，若在国王之间爆发了战争，罗马教廷尚能出面调停，但这一次，教廷也无能为力。并且，火药在战争中投入使用、财富在指南针指引下的全球贸易中重新配置、大量印刷且被翻译为各国语言的《圣经》，让整个局面越来越无法收拾了。最终，当事态发展至 17 世纪的三十年战争[①]时，连年不断的争战所造成的死亡数字，据说已达欧洲总人口的三分之一。

这一时代，被后世史学家神化，称之为开启人类理性的伟大时代，光辉灿烂。但实际上，这是一个欧洲全境被经久不息的战火、以下犯上的混战、全球贸易及技术革新搞成一团糟的大动乱时代。虽说由此催生出了近

---

① 1618—1648 年，在欧洲以德意志为主要战场进行的战争。起于哈布斯堡与波旁两大家族的国际性对立及新旧教徒间的反目。——译者

代思维，但新思维诞生的时代，基本上都是不幸的时代。或许，不深思、不穷究，我们人类会更为幸福。

不实验就不知道真理，以自我为中心描绘世界，这本身就是极为不幸的思维方式。怀疑一切，教会靠不住，《圣经》靠不住，能相信的只有自己的眼睛，这样的思维方式，究竟哪里有幸福可言？这样的时代，就是公司、学校、政府皆不可靠，一如既往就会没落，只有自己掌握最新技术，以自我为中心采取行动者才能生存下去……

但近代思想就这样形成了。遵从教会、国王指令，严守各自的身份之德就能万世太平的思维方式，已土崩瓦解。于是，试图从零开始，重新思考世界应有秩序、人类应有生活方式的人们走向了历史的前台。

近代理性与笛卡儿

近代思想的基础和主干，就是近代理性思维。据说其鼻祖就是以"我思故我在"而闻名于世的笛卡儿。

笛卡儿的这句话有必要稍做说明。教科书对这句话的说明基本是这样的，笛卡儿对自己因何而存在这一问题进行了思考，一掐会疼，在镜子中会看到自己的样子等很可能都是错觉，但若心生疑问，就会怀疑一切，不过最终，如此思考着的自己的存在是无法怀疑的，所以就是"我思故我在"。

这一解说令人似懂非懂，笔者对这句话的理解大致如下：

首先，笛卡儿的怀疑一切离不开当时的时代背景，宗教战争的时代本就是原有一切价值观均不足信的时代。

笛卡儿生于法国，却又在三十年战争中于德国参战，之后移居局势较为平稳的荷兰，最后在瑞典去世。但在其旅居荷兰进行思想活动时，荷兰宗派纷争不断，暴乱和政变此起彼伏，导致知识分子惨遭迫害，四散奔逃，亡命不迭……但这一时代背景在他的著作中却不见一字。毕竟，要写这些事情搞不好就会遭到迫害，或被驱逐出境。求生于这样的时代，笛卡儿在内心深处又很想拥有某种确信无疑、切实存在的依凭之物。

说到底，在笛卡儿的思想里，不只是他自己，而是这个世界上的所有一切，其"存在"都是不确定的。他年轻时入伍从军，置身险境，遍历战火蔓延的各个国家，最终明白的一点，便是各国各地的习俗都不过是变幻无居的偶然性产物。

就让我们从这里回到笛卡儿的"我思故我在"。

人会在什么时候切实感觉到"我"的存在呢？吃吃喝喝是不够的，感官的愉悦不会来支撑这个"我"。要说什么时候能够感觉到"我在"，那就是类似于"与你在一起时"等与自身之外的人-事-物相关联的时候了。但人世之中的"你"也好，"大家"也罢，都是变幻无常的。昨天的你还给我祝福，今天的你却只给我制造痛苦。而这里的"你"可以是人，可以是宠物，也可以是公司、家庭和社区。总之，对方都是变化无常的，除稍纵即逝的某个瞬间之外，无法给"我"以支撑。搞不好物极必反，反而会以与"你"及"大家"之不同，即个性来证明"我"的存在。想与众不同之想，做与众不同之事，穿与众不同之衣，就高于他人之位……但这些行为，同样仅能维持一时，他人并非原地不动，一旦他人变化，"我"也就随之动摇，立足不稳了。要依此确认"我"的存在，显然永远难求得安定。

那该怎么办呢？很简单，只要对方是永远不变的，其本身是切实、实在的就可以了。即，与神同在。笛卡儿在其早期著作《探求真理的指导原则》中写道：虽然我怀疑一切，但"我在故神在"。即只要这个"我"存在，神就必为实有。这又是什么意思呢？这又是如何变成为"我思故我在"的呢？

数学与近代性主体

首先，笛卡儿认为，在诸行无常的人世，感觉把握到的一切均非实有，无一可靠。

其次，他在早期笔记中写道："万物不可尽数，然原动力唯有一种，即（神的）爱与慈悲与和谐。"也就是说，神才是实在的，世间万物不过是因神吹入其气息才得以存在的，而"我"亦为万物之一，所以，我"存在"，则神"必为实有"。这就是"我在故神在"。

这岂不与中世纪思想毫无二致了吗？哪里又有近代理性的影子？作为近代理性的发轫，这一认识自有其划时代之处，之前，确认神之"实在"的唯一途径就是《圣经》，但在笛卡儿所处的时代，天主教派与新教各派对《圣经》的解释互有出入，争论不休，依凭《圣经》已难以确认神之"实在"。

在这种情况下，笛卡儿找到了一条确认神之实有的新途径——数学。文章的解读虽会因人而异，但计算公式与几何学的解释却是独一无二的，即不会被感觉蒙蔽，又能超越文化与宗派之争，且永世不会变易。

近些年来，英语被视为世界通用语言，但要说"通用语言"，计算公式远在英语之上。数学家的世界才是与各国语言无关，真正具有普遍适用性的世界。天主教一词"katholikos"（希腊语）亦有"普遍"之意，但无论是设于人世的天主教会，还是以拉丁文写成的《圣经》，其"普遍"性显然都远不及计算公式。

笛卡儿曾在教会学校学习过中世纪哲学，但他对数学明晰性的喜爱远超哲学。而笛卡儿想从事的"工作"就是要以计算公式来注释《圣经》，尽管这样说可能不太严谨。

实际上，在科学家之间，以计算公式体现普遍法则这一认识是极为平常的。

著名理论物理学家霍金[①]就说过，我虽不相信人格神，但确信宇宙中存在着普遍法则。而这个"法"，当然是以计算公式体现的。爱因斯坦之所以不认同量子力学，其原因也在于，他坚信自然界所遵循的法则应该是

---

① Stephen W. Hawking，（1942—　），英国著名物理学家。其畅销书《时间简史：从大爆炸到黑洞》被译为40多种语言，行销全球，被称为读不懂的畅销书。——译者

能以单纯的计算公式体现的单纯的法则。

即便是现代的经济学家也"很想以优美、单纯的计算公式把经济法则写出来"。至于为什么非要用优美的计算公式加以呈现就很难解释了，大概可视之为某种信仰吧。

问题是，为什么所有人都确信数学的正解就是唯一的呢？笛卡儿在其《谈谈方法》中给出的解释是，神已把自己所创造的这个世界的秩序法则观念完好地刻入了我们的灵魂。这基本等同于柏拉图所说的理型。即人在降生之前，理型的观念便已刻入了记忆，应该具备只要排除外界迷惑就能洞察世界本质的能力。

所以，当看到弃绝以感觉把握到的具象，仅只书写本质的计算公式时，谁都会有独一无二的确信。上一章也曾提到，数字本身就是舍弃具象，只用于表达本质的。

如此一来，把握世界的依据就不再是《圣经》，而是人类理性了。但说到理性由何而来，自然就是神的赐予。所以，当"我"以理性把握世界时，就能证明神与我同在，并能因此而得到永不动摇的确信，所以，"我在"是确凿无疑的。这就是"我思故我在"的基本含义。

而能以这样的理性探求并拥有普遍之"法"的，就是所谓"现代性主体"：因普遍之"法"在手，别人怎么想无所谓，就算只有自己一个人，就算违反既有的法律也毫无惧意；即便与所有人为敌，即便被流放异乡，被驱逐出境也时刻与神同在；即便不遵从现政府的法律，自己的行为也是符合普遍之"法"的公民的不服从！

普遍之"法"就像三角形，在世界上的任何角落，三角形都是三角形，只要驱动人类理性，万民皆能理解，毫无孤立可言；只要依此"法"采取行动，一定会因其正确而引起全世界的共鸣；当前被感觉迷惑而将自己视为敌人的人们，最终也一定会明白我之正确而与我成为同道；以这一普遍之"法"为基础携手共创合"法"社会完全有可能……正因拥有这样的确信，现代性主体才会显得异常强大。

看上去，这叫非常"有自信"，但其原动力，却并非渺小如我的"自己"，其强大，实由"神"——或说是"理"——与"我"同在而来，其根本动力绝非易变的情感。经常被视为理想而在政治讨论中提及的"现代公民"，基本就是这个样子。

在这一认识下，基于村落、等级、宗派等而存在的"我们"彻底崩塌也并不可怕，一旦精神中的普遍之"法"觉醒，人们就会明白，无论何时何地，全人类都是因共同享有普遍之"法"而结为一体的"我们"！后面也会谈到，基于普遍之"法"确立的"我们"及近代国家理念就是从这里生根发芽的……

对于近代理性的发轫与确立，笛卡儿无疑居功至伟，但反过来说，他又因提出基于近代理性的万能人主张，而被视为妄图支配自然的傲慢的现代人的始祖。笛卡儿确曾写过，人类是有理性的，但动物却不过是一架架活着的机器，只能生活于本能和条件反射支配下的必然世界。

但在笛卡儿的时代，灾害与饥馑等大自然淫威远超人类抵抗能力，本已十分不堪，可人类却只顾埋头于此起彼伏的宗教战争，自相残杀……笛卡儿实际主张的，是与其互相杀伐不如合力征服自然，为实现人类的祥和与富裕而努力。面对抱有这一理念，怀疑一切感官和事物，专注于追求明晰、确切的实在之物的笛卡儿，能从中感受到他那宗教般虔诚祈祷的，难道只有笔者吗？

牛顿与炼金术

基于以上分析，近代科学与宗教对立，或脱离宗教而来的说法就难免有片面之嫌了。

笛卡儿——当然不只是笛卡儿——将计算公式与几何学作为把握世界的一种语言进行了系统整理，并对物体运动的相关法则进行了论述，而将这些法则转化为纯粹算式的，则是牛顿。

牛顿是一位醉心于宗教及炼金术的"科学家"。正是这一"醉心"，才有人批评说，伟大的牛顿竟也如此地"自相矛盾"，到底不过是中世纪之人。但在笔者看来，牛顿的物理学与炼金术实有相通之处。

先说炼金术。金之所以贵重的原因众说纷纭，有意见认为，金的分子结构极为稳定，不易变质，像钻石一样不锈不蚀，永放光辉，宜于制币，所以贵重。

但在成为货币之前，其永恒的稳定性先就令人心动。虽为尘世之物，却又不变不损，光辉永驻，万世不灭。远在太古时期便已有的金，在我等老朽归尘之后，它也能不动分毫地永世留存。

不只是金，可能自太古时期便已矗立于此的参天大树、无法企及的危峦险峰等都会令人心生敬畏，而要将其伐倒、污损，或要改变其永世不灭之姿，人们就会不由生出渎神犯圣之感。人们认为这才是永生之神的气息所化之物，这也实在不足为怪。

但尘世中几乎所有的一切，都是会腐朽殒灭的。可既然一切都是神造之物，就都应寓有神的气息——"本质"。若去除土块、碎石和铜铁中的杂质，精炼出"本质"，应该就能得令金永世不灭的金之"本质"——精。金也不过是尘世之物，令其不损不灭，永放光辉的，就是这个"精"。若得此"精"一饮而下，人也定会拥有不死之身。这就是炼金术的基本思路。

可这跟牛顿的物理学又有何相通之处呢？在此，笔者谨将个人意见陈述如下，算是抛砖引玉。

牛顿被苹果砸头而悟出万有引力的故事广为人知。表面上看，这就是一个在不断的实验、观察中发现法则，即普遍之"法"的故事。但牛顿实际观察到的，却只是苹果由树上落下的尘世现象，与你我所见并无不同，万有引力等不可思议的"法则"是观察不到的，所以，要发现法则，就非要透过尘世现象洞彻其后的"本质"不可。

此外，所谓"实验可知法则"，从某种意义上来说只是个谎言。为什么呢？比如"苹果会从树上掉落于地面"这一现象，要说做了100次实验掉了100次，这是没问题的，但第101次呢？完全有可能不是掉落，而是突然升空。这里面没有任何保证。所以只能说，不过是从100次实验的结果中做出推论，并相信之后也同样如此而已。至今见所未见、闻所未闻的事情，完全有可能突然在明天发生。每天都坐同一班电车赶往公司的父亲，在某天赶去时公司已破产无存的事经常发生。

要换成笛卡儿，或许就会因实验依赖于感官，不足为信而立即将实验否决。实际上，笛卡儿之所以笃信几何学，也正因几何学定理证明无需实验。

另外，即便要做实验，每一次实验的结果也都会呈现微妙的差异。比如在学校的物理课上，老师让学生转动物体以确认牛顿的惯性定律，即转动的物体会永远保持"（速度与方向不变的）匀速直线运动"。但做过实验的都知道，实验结果绝对与定律不符。其解释就是，在现实世界中，混杂着非本质性的摩擦、空气阻力，等等，所以会与计算公式不符。这也是升学考试的物理试题最后往往会追加"不计摩擦"等条件的原因所在。

但在现实世界中，又不可能没有摩擦，有可能的是外太空。那里的行星、人造卫星，确实是依照牛顿的力学公式运行的。所以，只要完全依力学公式计算轨道，即便是在广阔无垠的宇宙空间中，也能让人造卫星在小行星上着陆。但这种事情在地球上根本就从未实现过，就连核电站都会发生无法由计算预知的事故。但也许，在太空中建核电站就不会发生事故了吧。

实际上，牛顿力学的成立离不开一个假想前提——"质点"①：所有物体都具有超越于大小、颜色、形状等表象之上的"质量"，即便将物体烧为灰烬质量也不会改变，这就是质量守恒定律，质量才是物体万世不灭的"本质"；所以，完全可将感官把握到的颜色、大小与气味等排除在外，而将物体视为拥有质量的一个点，这就是牛顿力学中的"质点"。这个点就是几何学意义上的点，无广延、无大小，亦无形状，所以也不会存在摩擦、空气阻力等问题。而物体的本质——质量又是能以数字表示的，所以，只要将物体视为"质点"，就能以计算公式呈现出世间万物运行所

---

① 物理学用语。全部质量集中于一点、无大小无外形的假想物。——译者

遵循的秩序。

这一思维方式，就是将形状、大小等不纯之物排除，即可提取出神创世界的不灭"本质"，这与炼金术的思维方式是相通的。而牛顿力学中的永世不灭之物也非常多，如动量"守恒"定律、惯性定律，等等。

以计算公式呈现的本质的运动

牛顿力学均以极简单的算式写成，在牛顿看来，自然界的"真正运动"非常简单，绝不能被以感觉认知把握的"可见运动"所迷惑。

于是，牛顿就将世间万物的运动与重量，视为物体的本质——"质量"在以万有引力为代表的"力"的作用下所呈现出来的形式，并以计算公式将这一法则表达了出来。质量是无法靠感觉把握的，但借由质量在"力"的作用下呈现出来的重量及运动，就可以用感觉加以把握。

实际上，惯性定律、动量守恒定律等，笛卡儿都进行过思考。并且，如前所述，笛卡儿还写过这样一句话："万物不可尽数，然原动力唯有一种，即（神的）爱与慈悲与和谐。"至此，也许读者也已明白，牛顿"作用于物体本质令万物运行的就是'万有引力'"的想法，是来自何方了。

实际上，参照物理学创建的现代经济学所遵循的，也是刨除表象、直击"本质"的相同思维。经济学中也有一个假想概念——"经济人"，以利己性效率最大化为目的（比如获取金钱）时刻收集信息，并采取合理行动，除此之外，"经济人"会将其他的一切尽皆抛除。若加入交通成本后街区水果店的售价依然更高，他们就宁愿驱车3公里赶往郊外的大超市采购。这些"经济人"24小时全天候收集信息，投身于经济活动。

"经济人"没有尘世的肉身，若整个社会都由他们构成，这个世界就会完全依照经济学的数理理论运行。如果我们是18岁出生，35岁去世，为获取金钱，不会为爱所困，不会为情所迷，从出生的那一刻到离世的那一秒，都拥有经济知识、信息收集能力与计算能力，既不怀孕也不产子，只要不会对挣钱心生倦意，我们就能打造出一个与经济学数理理论相近的世界。

当然，即便是在经济学内部，这一理论也是饱受批判，而基于此一理论实施的经济政策常以失败告终，于是就出现了将"饱和"、"信息不对称"等纳入其中的经济学理论。尽管如此，依然不时会有经济学家辩解："基于我的理论制定的经济政策之所以不如预期，全因政府的多余干预，或者是企业、消费者的行动不合理。"

但经济学的对象，毕竟是能以货币这一"计算公式"来体现的"本质"，还不算太坏。而政治学某领域中，竟也有个只专注于政策目的，并为之采取合理行动、不懈追求的"行为主体"概念，但现实不依其理论而动，更是远在经济学之上。

近代科学的对话与公开

至此，近代科学的两面性就浮现出来了。一面是实验可得真知，另一面是较之实验，应以理性与算式把握世界。那这两个侧面，又是如何融为一体的呢？

能够以理性与计算公式把握世界的理念，实际上基于一个信念，即人类理性是神所赐予，而神的语言又能以计算公式书写。该理念若能理想地实现，科学家就能成为柏拉图所说的哲学王。

但实际上，人终究是不完美的，会出现与他人"发现"的法则不同的实验结果。这种情况下，再说"这是因为你的眼睛被实验表象蒙蔽所致"，在近代社会就行不通了。同为被神赐予理性的人，我也有理性，自己做实验，读自己印刷的《圣经》。想说服这样的近代人是十分不易的，毕竟，这是一个连罗马教廷都无法独占真理、镇压异端的时代。

这一情况下，在科学界扎下根来的，就是批判性对话。"对话"就是dialogue，其词源是柏拉图所推崇的"问答"的希腊语。

问答法不同于雄辩术，后者是用以说服对方，或为赢得辩论，或让公民大会的争论沸腾起来，好让自己的意见获得通过的语言技巧，而不会检验其是不是真理。相反的，问答法却是要通过对话、讨论等，直抵超越各方臆断的真理。

因此，其必要原则就是公开。在实验中发现法则的人必须公开实验过程，以便他人做同样的实验，检验是否会出现相同的结果，不一致的观察或实验结果一出现，就必须进行问答，排除彼此的疑惑。

所以，科学论文必须记录实验过程。而对论文的批判、讨论或对话，也必须记录在案，以便同代或后世学人检证。并且，无论对方是天主教徒还是新教徒，或是地位卑微的贫民，对话中一律平等。

但人类又常常会有认为自己就是万能的、门外汉不值一提的毛病。自己的理论就是正确的，实验过程、讨论内容也不公开！论文反正民众也读不懂，深入浅出地让他们"理解"就行了。而就以上提出异议的专家，则要对他们进行异端审判……遗憾的是，这样的"学术界"至今犹存，这种学术态度可能符合罗马教廷的伦理，但有违近代科学的原则。

由近代科学到近代政治思想

在近代科学基于近代理性生根发芽的同时，新的政治思想也出现了。这就是被视为近代国家论原型的社会契约论。

因社会契约论而闻名的是 17 世纪英国的两位思想家，托马斯·霍布斯①和约翰·洛克②。两人都主张，具有理性的人类要以契约的形式构筑权力，或者说社会秩序，以保障天赋人权。

霍布斯原并没有专注于政治理论的打算。本来，他在欧洲大陆旅行时喜欢上了几何学，并面会了笛卡儿和伽利略。据说，他原来的写作构想是先写物体论，再写人类论，最后才是政治论。但万万想不到的是，霍布

---

① Thomas Hobbes(1588—1679)，英国哲学家。将自然主义、唯物论用于国家、社会领域的先驱。——译者

② John Locke(1632—1704)，英国哲学家、政治思想家，经验论代表人物。——译者

斯被卷入清教徒革命等一系列政变之中，优先写成了政治论——《论公民》，其后不久的著作也还是以政治为主题，即《利维坦》①。

霍布斯的基本思路是，世间万象都能以物体运动及因果关系加以解释，人类行为同样如此，所以，政治体制也能以这一思路加以阐述。那霍布斯对政治又是如何阐述的呢？

霍布斯首先预设了一种"自然状态"，在这一状态下，人类没有政府，也没有国家。

这一设想是划时代的。此前论述政治的人，基本不会去追究"为什么必须服从政府的命令？""为什么国家是必要的？"之类问题，思考止步于"自古以来就是如此""国家就像家庭""这是神的安排"，等等。当然也有意见认为，"若没有国家，若不服从政府命令，社会就无法成为一个整体"，但对"为什么无法形成一个整体"的追问却又无人作答了。而追根究底到这一步的就是霍布斯。

首先，霍布斯认为，人都有守护生命的"天赋人权"，且不能被否定。其次，在"自然状态"下，假定人类只基于感觉行动。

在这种情况下，人类会基于自己的感觉，将有利于生存之物视为"善（good）"（不同于柏拉图的"善"），将财富与权力视为获取"善"的手段孜孜以求。但这样的"善"到底不过是基于感觉之物，易于变动，且因人而异，这就没有人所共有的"共通之善"了。如此，争端就会无休无止。

并且，霍布斯还认为，人与人的身心能力并无大的差别。就像"经济人"，没有与生俱来的能力差别，也没有性别差异，只为追求金钱而存在，霍布斯假定的"自然人"，也没有能力差别，只为追求利于生存的"善"而存在。

一直到中世纪，欧洲的主流世界观都是"神设立的秩序，就是要让骑士战胜农民，让农民服从骑士。只要遵守神所制定的法就能万世太平"。

---

① 霍布斯代表作。全名为《利维坦，或教会国家和市民国家的实质、形式和权力》，又译《巨灵论》。利维坦系一种传说中的怪兽。——译者

但霍布斯所处的时代，却是农民以枪炮将骑士击落马下，战乱频仍的大革命年代，他的思想里没有这样的观念。人类是平等的。类似于"大家要服从罗马教廷认可的共通之善"的中世纪观念，霍布斯也没有。

这也是霍布斯之为近代思想家的要点所在。笛卡儿从不认为，国王有理性但农民没有。牛顿也认为，形状、触感等无视可也，只要将一切物质仅还原为质量这一本质，就能洞见其背后的法则。同理，霍布斯认为，对"善"的追求就是人类的本质，等级、性别等皆可无视，如此，即可通晓人类世界的法则。可以说，霍布斯就相当于"经济人"假设的鼻祖。

问题是，提倡人人生而平等，农民也能战胜骑士固然畅快，但如此一来两者就永难决出个胜负了。可保护生命是天赋人权，将之否定，教人束手被杀，放弃对有利于生存的"善"的追求也是不行的。

如同物体运动中的牛顿力学，从霍布斯的"自然人"定义中能推导出自然状态下的人类世界法则：人将处于永远的物体运动，即永远的斗争之中。只要承认天赋人权，只要承认众生平等，这一状态就无法制止。霍布斯称之为"万民对万民的斗争"。

在霍布斯所处的时代，英国经历了由清教徒革命到王朝复辟，再到光荣革命的一系列政治动荡，霍布斯在回忆录中写道，他本人也在清教徒的革命政变中罹性命之危而被迫逃往巴黎，并亲眼目睹了人类的诸多愚蠢与恶行。守护生命是天赋人权，可一旦认可这一权利，又会纷争不止……霍布斯的这一思想，就是在这样的经历中产生的。

基于契约创建"国家"

那该怎么办呢？霍布斯的回答是，要基于理性找出"自然法"，即人世法则。因为所有人都会明白，若照此下去，战争将永无休止，最终同归于尽。

这时，全体社会成员要暂时放弃天赋人权，停止争斗。继而，为更好地保障自己的天赋人权，即生命安全，共同缔结打造人为权力体系的社会契约。并且，因反抗权力会成为争斗之源，所以反抗权不予承认。如此，若人类相处要以自由平等为前提，就必须创建一个拥有权力的政治体。

这就是霍布斯所得出的逻辑性极强的最终政治结论。

但霍布斯设想的这一政治体，说到底不过是一种人造物，若守护不了天赋人权就可以解除契约。此外，这一政治体是只为制止全员争斗而存在的，其本身，就是连霍布斯本人都称之为"利维坦"的恐怖怪物。它不是爱国之心的归属之所，也不是情感寄寓的心灵故乡。这一政治体虽也被译为国家，但其原词"Commonwealth"却只有"公共福祉""公共财产"之意，语感类似于"为共通之善而组建的团体"，语义近于拉丁语的公共体 respublica，即"共和国"——republic。

尽管如此，霍布斯终究是以极强的逻辑性提出了自由、平等的个人要基于理性契约来创建国家的主张，并因此被视为近代政治思想的鼻祖。其政治思想也可以理解为：基于中世纪等级制度的"我们"分崩离析之后，要重塑一个新的"我们"。

在基本思想方面，洛克与霍布斯几乎完全一样，不同之处在于，洛克认同反抗权。

为什么会有这一不同呢？霍布斯认为，在自然状态下，自然法是不起作用的，而洛克则认为，在自然状态下，自然法依然会起作用，人类同样可以和谐共处。此外，洛克所说的天赋人权也不只是生存权，还包括对抛洒汗水辛勤开垦的农地等的所有权，承认天赋人权的理性是人类与生俱来的。

可既然在自然状态下人类也能和谐共处，为什么还要建立社会契约呢？洛克认为，这一自然状态会因资本经济所带来的无止境欲望而失控。农作物会腐烂，没人认为可永持其所有权；可一旦兑换成货币，原有的体系也就随之崩溃了，这就有必要建立秩序以守护自然法。并且，国家也有对抗入侵外敌之需，这就有必要基于契约成立政府，但他承认反抗权与革命权，解除契约也比霍布斯简单。政府是为守护所有权而建立的，如果政府对国民财产构成了不正当侵害，当然就要反抗。此外，洛克还提出了行政与立法分立以限制权力的构想。

霍布斯与洛克的共通之处在于，在中世纪秩序土崩瓦解，人类社会四分五裂的情况下，想通过每一个个人签订契约来"创建国家"。洛克在《论宽容》中写道："所谓国家，是大家只为确保、维护及增进公民利益而创建的社会。"即认为社会不是"固有的"，而是"创建的"。

霍布斯也认为，国家只是用于保护权利的人为产物，没有更高一层的含义，并承认解除契约的权利。洛克因承认反抗权，并提出了权力分立构想，被称为近代自由主义之父。

与此同时，霍布斯还认为，只要人们舍弃以感觉把握之物，以理性感知"法"，共同缔结契约，就能缔造一个超越人世必然的救世主型国家。这里的国家，理解为基于契约加入的宗教团体可能更好。

比如美国。这个国家就是由乘"五月花号"远赴新大陆的教徒共同缔结公约发轫的。所以，美国所奉行的原则，就是只要发誓忠诚于美国的建国理念，任何人都可以加入这个国家，成为其公民。一般认为，特别是洛克的思想，对美国建国宣言产生了很大的影响。

但在日本，基于国民间的协商、契约创建国家的思想基本上比较陌生。不只是美国，欧洲也一样，国境也好，王朝也罢都是经常变动的，而几乎所有的发展中国家也都曾为独立而战，战后的政治体制要重建，战后的国境线也要重划，或许，在这样的过程中，"国家是人工创建的"这一意识也就自然形成了吧。

但实际上，即便是日本，江户时代与明治维新后、第二次世界大战后，政治体制、国家名称也同样各不相同，国境、领土范围也是屡次变动。据《古事记》，大和王朝领土的"大八洲"既不包括北海道也不包括冲绳。不将上述之种种明确化而只言"日本"，或许正是日本政府的聪明之处。如此，国民就倾向于朦朦胧胧地感觉日本这个国家远在太古时期便已有之，而不是生活于其中的人们"创建"的。

顺便说一句。世界各国的国号基本上都会缀以"共和国""王国""联邦"等，以表示这个国家有无国王，是联邦国家还是集权国家。这类国号多是在独立战争、国内革命或政治体制变更后，为明示"我们创建了一个什么样的国家"而追加的。

明治维新后，日本建立的国家政权号称"大日本帝国"，意思是废除了江户时代的联邦制，创建了以天皇为中心的中央集权国家。但二战以后，日本政权却只将这个国家命名为"日本国"，并没有法律确定的国号，也就是并未明示创建的是一个什么样的国家。这样的国名在全世界都属罕见，除日本外，就只有中东的卡塔尔、1978 年以后的西班牙等为数不多的几个国家了。

"民主主义之父"卢梭

洛克被视为近代自由主义之父，而 18 世纪的法国思想家卢梭则被视为近代民主主义之父。并且，卢梭设想的"我们"的塑造方法，与霍布斯和洛克相当不同。

那自由主义和民主主义到底又有什么不同呢？简而言之，自由主义认为，脱离权力控制，获得自由为上；而民主主义则认为，由大家共同打造权力为好。

所以，自由主义主张，权力要尽量小，税赋要尽量轻，所有人自由就好。但若完全自由，毫无束缚，就会陷入全无规则可言的斗争，最终，天赋人权也极有可能无法守护。于是，在无可奈何之下，只好以大家的一致意见为基础，共同打造权力。至于这个权力是君主制还是民主制，自由主义却未必会计较，其目的在于权力的最小化，无论什么类型，权力都不过是必要的恶，只要够小就再好不过。

而近代民主主义则致力于一起打造"我们大家的权力"，其运营要反映"我们大家的意志"。只要是"大家的权力"就是"好"权力，即便大一点也很好。即便税赋很重，即便设定各种限制，只要基于大家的一致意见推行福利政策，那就完全可以。

那么，近代民主主义又是如何塑造这个"我们"的呢？倘在古代，本就有村落、城邦等共同体，只要全员参加召开村民、公民大会就可以了。但进入近代社会以后，国家规模扩大，召集公民大会已无可能。虽然卢梭只认同直接民主主义为民主政治，但他也同时认为，直接民主主义只适用于既穷又小的国家。想想第四章介绍的瑞士的公民大会，也就深以为然了。

既然如此就得考虑代议制，但在卢梭看来，所谓"代表"，不过是依各种等级身份确定代表者来议事的封建制产物。而在人类获得"自由""平等"之后，已没人将村长、家长视为代表，基于家庭、等级身份等的那个"我们"都已无处可寻，再找"代表"也就非常困难了。

霍布斯和洛克认为，既然如此，基于契约创建国家就可以了。但这一国家，充其量不过是必要的恶。它不要求人们有爱国之心，且只要能保护天赋人权，越小越好，是不是民主主义是次要的，世界上根本就不存在所谓"好的权力"。

但卢梭思考的却是完全不同的问题。原有的"我们"分崩离析后，怎样才能塑造出一个人人由衷热爱的"我们"？而这一思考又同时带来了以下的追问：除将"少数服从多数"的"多数"视为"民意"外，是否就再无他途了呢？若只能如此，不就不能称之为"我们大家的意志"了吗？民主制古已有之，之所以将卢梭视为近代民主主义之父，正是源于他对这一问题的思考。

卢梭实为瑞士日内瓦人，这里自古便无国王，其政治体制是共和制、民主制。他的父亲是一名钟表匠，是拥有参政权的"公民"。日内瓦当时的总人口有 3 万人左右，规模比雅典还小。瑞士的民主政治，卢梭当然也应目睹过。

但当卢梭离开瑞士农村前往巴黎，看到的却是完全不同的绝对王权。在这里，贵族们推动了华丽的沙龙文化，话题也不少，却失去了如古希腊市民般的公共意识和政治参与意识。并且，巴黎人在推动学术发展的同时，又有着只重表面、顽固不化的伪善，专注于私产积累、不平等现象无处不在。

　　既然如此，退回到古代是不是就可以了呢？卢梭认为，事到如今，回到过去已无可能。卢梭就是从这里开始，思考如何塑造一个新的"我们"的。

　　卢梭也将社会契约视为塑造"我们"的手段，但目的却与霍布斯和洛克不同。霍布斯与洛克的目的在于保护天赋人权，基于契约创建的国家只是实现这一目的的工具。但卢梭的目的却是要塑造一个全新的"我们"，缔结契约时要把包括天赋人权、身心财产在内的所有一切，全都让渡于共同体。

　　从某种意义上来说，这就相当于全体出家。通俗说法就是：各位，把家里的所有私物全放到这里。当私人的"我"整个消失，共同体中的"共通之我"就会诞生，这个"共通之我"所拥有的，就是"普遍意志"。

　　这里的"普遍意志"并不是成员意志单纯总和的"全体意志"。涂尔干认为，"社会"是超越了个人集合的一种"存在"，卢梭强调的普遍意志也是超越于个人意志集合之上的"物"。涂尔干说，必须将"社会"当"物（chose）"来对待；而卢梭也把普遍意志比喻为"物"。

　　在笔者看来，或可把卢梭的普遍意志视为合唱。当合唱还不如意，不过是大家的歌声拼到一起时，就能听到自己或其他个体成员的歌声；而一旦合唱趋于完美，个体的歌声融入合唱之中，就再也搞不清是自己在唱还是"我们"在唱了。这时听到的，已是超越了每一个个体的，某一独立生命体的歌唱。将此视为普遍意志或许更好理解。而卢梭，本来就是一位音乐家。

　　但普遍意志又是一种万众一心的状态，一旦分裂也就不复存在了。在卢梭看来，党派只是一部分人结合下的意志单位，对整个社会来说也仅是一种特殊意志。即便该党派在数量上是多数派，也只是某一特殊意志占据了支配地位，而不是普遍意志。

　　并且，通过表面修补所达成的"一致"也是绝不允许的。卢梭在《社会契约论》一书中写道："为更好地表明普遍意志，国家内部就不能存在局部性的小社会，最重要的是，每一位公民的意见表达要忠实于自己的意志。"也就是说，因国家内不能有意见相左的村落或政党，所以必须发自肺腑地陈述意见，达成一致。

当然，事不关己地等待也是不允许的。卢梭说："议论国是时，一旦有人说'与我何干'，那所谓的国家命运也就气数已尽，不该指望了。"合唱时，一旦有人摆出"与我何干"的态度，合唱也就此告吹了。所以，必须全员发自肺腑地参与。而对投完票便事不关己的代议制等，卢梭当然不赞一词。

也就是说，只要全体成员都能抛弃现世的"我"而缔结契约，就能塑造出普遍意志这一超越单纯个人集合的"我们"。只要这个普遍意志制定出"法"律，由政府执行即可高枕无忧了，因为，终极民意已成立。并且，为保护这样缔造的"我们的国家"，一旦战事发生，公民们也会全体迎战，无人脱逃。

但这样的构想，真的能实现吗？卢梭自己也承认这非常困难，"民主政体本身就难以统一，要以多少困难的克服为前提啊！第一，国家要非常小，很容易就能将人民召集于一处，公民之间也要彼此熟识；第二，人民的生活、习俗要非常简朴，无需处理繁杂事务，也无需进行烦琐的争论。还要基本保证人人地位平等，财产均等……"

的确，若是瑞士农业州还好说，但在人口众多、利害关系错综复杂的现代国家，事实上难以实现。倘在今天，即便有网络可供 1 亿人同时在线交流，但能否达成"普遍意志"也另当别论。所以卢梭也说："真正的民主政治自古未有，今后也绝无可能。"

也有人说，卢梭的梦想，真的是近代民主主义吗？是法西斯主义吧。的确，卢梭认为，在普遍意志确立之后，引导公民"热爱义务"的"公民宗教"就很重要了，实在无法信奉者就要被流放。并且，若普遍意志无法顺利达成，可由"神一般的立法者①"强行立法，创造普遍意志。确立普遍意志就是目的，只要能以普遍意志为基准，对政治体制并无拘泥。

---

① 类似于哲学王，"合唱团"的指挥。

但不管怎么说，卢梭这一思想成了法国大革命的革命纲领，而卢梭也成了近代民主主义的鼻祖。事实上，法国大革命的革命军也的确是非常勇敢，高唱爱国歌曲投身于激烈战斗。之后的法国也在公立学校中建立起了灌输"自由、平等、博爱"的国家教育体制。甚至直到今天，法国也依然以鼓励公民参政而闻名……

但是，要以每一个人的平等、自由为前提塑造一个共同的"我们"或"民意"，的确是非常困难。所以最终，包括法国在内，所有近代国家的民主主义，也就仅停留于代议制框架之内了。

亚当·斯密与自由经济

进而成为一大课题的，就是经济与政治的关系。为有利于经济活动，主张政府不宜干预过多，政府权力能小则小的，就是经济自由主义，这也是现代经济学的主流理论。

其鼻祖就是 18 世纪的英国经济学家亚当·斯密。其问题是这会导致贫富差距，摧毁那个"我们"，并致使纷争无休。

想想霍布斯与洛克的区别就能明白，若在自然状态下，即没有政府的状态下人类同样能和谐共处，没有纷争，政府权力小一点也不是问题。其极端便是无政府主义。而认为在自然状态下人类也不会起纷争，洛克要甚于霍布斯，斯密则更甚于洛克。

但之所以不会起纷争，倒不是人类多么贤明和万能。实际上，斯密基本上也不相信所谓的人类理性。但就像前一章所说，即便人们愚不可及，神也会以"看不见的手"加以指引。对此，斯密深信不疑。

在《道德情操论》中斯密写道，"宇宙大构造""普遍性幸福"等是"神的职责，而非人的任务"；人类适合做的，是"更具浅易性、柔弱性和理解上的狭隘性的工作"，即自身及家庭的幸福等。而能担当此任的，就是中下层劳动者，农民也在其中。

为什么斯密会这样说呢？斯密是苏格兰人，但到英格兰留学时，当地农民的勤勉与贵族出身的教授的无能都给他留下了深刻的印象。斯密因此而坚信，能让国家富强的不是贵族，而是中下层劳动者。

当时，英国政府本就已积弊丛生。虽然经历了光荣革命，建立起了君主立宪制，却没能像法国大革命一样将等级制度彻底摧毁，议会依然把持在贵族和地主手里，多数大臣之为大臣，也只因其出身贵族，未必真有治国之能。可悲的是，这些大臣中利欲熏心、蝇营狗苟者倒是不乏其人……可能，正是因为这样的政治状态，斯密才极力排斥政府干预吧。

此前，英国社会的普遍认识是，日夜劳作的平民是没有理性的，所以，贵族与教士就要负起责任，领受神意，引导平民，但斯密却认为，中下层劳动者才是真正的一国之宝。

斯密认为，人类的原动力虽为利己之心，但神又把"为他人幸福而喜，为他人不幸而悲"的同感（sympathy）能力赐予了人类。Sympathy 一词也被译为"同情"，古希腊便已有之，后半部分与 telepathy（心灵感应）完全相同。笔者的理解是，这是无法用语言表达的感情（pathos）的同步共振或共鸣（synchronize）。即便不借用语言，也同样能对他人的情感产生共鸣，对方伤心，自己也会没来由地难过。

在斯密看来，以愉悦他人之物换自己所欲之需是人类特有的本能取向。可以说，这是在神赐利己之心与同感能力的交叉点时所产生的。以愉悦他人之物，换自己所欲之需，既是出于利己之心，又是出于悦人悦己的同感需求。正是在这一神授本能的指引下，才会有人开面包店，有人开肉店，彼此分工。因不做悦人之物就无法获取自己所需，所以越是利己，感知他人心情的同感也越能发挥作用，社会分工及社会产品也就越丰富。政府不要进行多余干预，任其自由发展，人们就能在"看不见的手"的指引下走上幸福之路。个人的利己性追求，不但不会引发混乱，反而是越利己越能更好地共存共荣。这就是自由主义经济学的基本理论起点。也就是说，即便人类是自由的，即便没有权力的介入，同样能塑造出一个有机联系、互惠互利的"我们"。

斯密进而认为，作为生产者之德加以重视的，就是自古希腊以来被视为生产者之德的勤勉与节制，只要人类在利己之心的引导下勤奋劳动，厉行节约，社会产品就会日益丰富，储蓄与投资就会日益兴旺，整个社会也就日益富足。

在斯密看来，劳动者越多，非生产者越少，社会就会越富足。而非生产者，就是贵族、教士、艺人、教师、医生，等等。道路修建、学校经营、宗教设施等也以营利为好，这样就能清退多余之人，堕落也会随之减少。至于国家的作用，则以保护生产规则的司法、保护国家安全的国防及公用共享的公共设施为中心。

话虽如此，可仅只如此，社会就真能有序、有效地运转下去吗？斯密产生这一思想的原因之一是，与霍布斯所处的 17 世纪不同，斯密所处的 18 世纪英国没有国内革命，也没有对外战争。而从其后的历史来看，自由主义经济学也是兴盛于和平时期，而消隐于战乱、恐慌之中。

此外，斯密的经济学思想，与当前的自由主义经济学也有不同之处。斯密所说的生产劳动是以生活必需品，或能让生活更方便的产品为对象的，并不包括用人等服务业在内。

斯密所重视的生产者之中，首先就是农民。自中世纪以来，在人们的认识中，能从无到有培育出作物的是农业，工业是对之进行加工，商业则只是东挪西凑，所以其高低排序一直就是农、工、商。斯密也继承了这一思想，所以即便是投资，也应是先农后工，最后才是商业。在斯密看来，若社会运转正常，这样的结果也必然会自然出现，之所以不如此，原因就在于政府的不必要干预。

这方面，与重视非生产性金融业的当今经济学极为不同。并且，斯密还认为，下层劳动者工资越高越好，结婚后拥有足以养家的收入，出生率会更高，而从未像一部分自由主义经济学家一样，认为提高工资会推高失业率，所以即便是为劳动者着想也应压低工资之类。

进而，若从这一思想出发，不信神却提倡自由主义经济学，就实为咄咄怪事了。虽然人类理性有限，但即便是依利己之心而动，即便政府很小，也不会陷入"万民对万民的斗争"这一理想得以成立的前提，是神把

"为他人幸福而喜，为他人不幸而悲"的同感能力赋予了人类。也就是说，是神保证了"我们"的存在。洛克也说过，自然状态下人类也能共存，但说到底还是以人类拥有"同感"为前提。

不管怎样，斯密的思考，毕竟是把政府越小越好的自由主义与经济学结合到了一起，也为后来资本主义与自由民主主义的结合，即现代社会的主流思想形态打下了基础。

边沁与功利主义

当然，只有这些，现代形态的自由民主主义还是无法成立的。近代经济学与近代自由民主主义的特征之一，便是重视"数量"，选举中要尽量多拉票，市场中要尽量多交易。在这里，有必要对这一思维方式的出现加以说明。

如此前所述，"民意"本是超越于选票收集之上的，而在中世纪以前，本也没有无论贵族农民、男女老幼一人一票的意识，"数量"不在考虑之列。而斯密所说的"国家财富"也未必是以货币表示的数量。斯密认为，人与人的才能并无大的差别，价值要由劳动创造，所以，某一"奇才"端坐于电脑前，鼠标一点便可大发横财这类情景，他从未想过。若价值只以货币表示的数量测算，那就没必要重视农业，不断增加金融人员就好。

归根到底，"民意"也好，"富足"也罢，企图以数量加以测算的想法本身就非常怪诞。人心、幸福真能以数量测算吗？但在19世纪的英国，认为能办到的人物出现了。他就是功利主义思想家边沁①。

边沁认为，只要将人的快乐与痛苦加以量化，再以总和的最大化为目标制定法律即可。快乐可依快乐强度、延续时间、发生概率、发生时

---

① Jeremy Bentham（1748—1832），英国功利主义哲学创立者，经济学家、法学家。——译者

间、有益后果概率、有害后果概率、发生范围等七大标准加以量化计算，总和最大的社会就是最幸福的社会，即边沁所谓"最大多数的最大幸福"。

其主张的划时代之处在于，快乐感受能力人人平等，不分身份都以一人计算。国王的快乐也绝不优先于农民。

边沁提出这一主张的背景与亚当·斯密一样，即贵族政治积弊的日益显著。边沁曾是法学家，但原有的法律已不再适应当时的社会了。边沁所处的时代，工业革命不断推进，人口流动性急剧加快，失去土地的农民大量拥入城市，贫困与犯罪随之蔓延。但英美施行的是判例法，贵族法官的断案依据是既往判例，可理所当然的是，新型城市犯罪等，在历来判例中是没有的。

即便是今天，比如与网络有关的版权问题等，法官也是对纸质出版物版权判例进行司法解释，下达判决。但如此一来，判决结果就会因法官的司法解释而不同，于是，就会围绕解释而起争论，最后，往往是谁对谁错也难以说清了。

更为严重的是，在边沁的时代，释法法官与律师等都是贵族，既往判例又浩如烟海，熟知的仅为极少数人，律师就会从委托人那里收取法外"红包"，然后宣称这就是神的旨意，而对平民做出不明不白的判决。可能是新型犯罪被看成是道德沦丧，当时，残酷的公开处决等严刑峻法横行。并且，贵族在狩猎中误杀平民被判无罪，而拥入城市的平民却只因小偷小摸便被处死之类的事情也是层出不穷。

边沁虽未诉诸文字，但很可能正是目睹了同时代的上述情状，才想到应以所有人都能明了的原理作为立法判案基础的吧。此外，他还拟定过以监禁取代残酷刑罚的计划，等等。并且，法律原理应排除有利于贵族的抽象原理，道德家主观确定的正义、自由，而将平民也能感受，能以感觉把握的快乐与痛苦最大化，并将之量化，以让所有人都能一目了然就可以了。

这一想法无疑是奇想天外，直到现代，也依然有以 GDP 增长为幸福标准是否合适之争，也依然存在着对以金钱衡量人际关系的社会实在不幸的批判。可不如此又该怎么办？衡量幸福的标准因人而异，特别是有时候，"爱国崇高，玩乐可耻"之类标准又很可能是居于高位者决定的。倘如此，以可用货币计算的交易量为标准反而更好些。

此外，在19世纪的英国，能否给平民以普通选举权也成了一大时代议题。当时的平民教育水平尚低，不要说政治知识，连最基本的读写都成问题。所以很多贵族断言："民众就是蠢猪"。

但边沁等功利主义者，却支持赋予平民普通选举权。而要设定"蠢猪"也能共有的规则，那就是快乐和痛苦。实际上，边沁甚至考虑过把被杀家畜的痛苦计入进来，以讨论肉食正当性的问题，所以，他是一位比现代人更为激进的平等主义者。

话虽如此，量化货币还好说，快乐和痛苦究竟又该如何量化呢？毕竟何谓快乐是因人而异的。但边沁有边沁设定的一套标准，并认为，若严格遵照这一标准计算，读书、欣赏音乐，快乐指数就会提高，而暴饮暴食等也应能杜绝。

说到底，快乐计算的想法，柏拉图在对话集《理想国》中就写过。上一章也介绍过，柏拉图认为，与热爱知性、被"真正的快乐"包围的明君相比，被感官迷惑，只知"虚假快乐"的僭主、昏君要承受729倍的不幸。这一数值具体又是怎么来的呢？柏拉图将快乐分成了三类，所以就是 $(3 \times 3) \times (3 \times 3) \times (3 \times 3) = 729$，这看上去虽像是某种咒语，但实际上是一个单纯的优雅算式。说不定，边沁量化快乐的鬼主意就受此启发呢。

当时，围绕着能否以量化快乐的总和为评价社会的标准，也曾有过争论。边沁不重视正义、自由等无法量化的抽象价值，他还认为，天赋人权是不存在的，权利只有依法通过政治程序确定下来的才当予以承认。既然如此，只要能把快乐的最大化带给社会，优秀的独裁政治也但行无妨。并且，即便少数人蒙受痛苦，只要增加了多数人的快乐，快乐总量也会增大。比如，冲绳人口只占日本总人口的1%，所以就为另外的99%牺牲吧——这样的逻辑也能成立。为纠正这一缺陷，边沁功利主义的继承者约翰·穆勒①就在赞成普通选举权的同时，强调了对少数意见的尊重。

即便如此，只靠"最大多数的最大幸福"，就能塑造出一个"我们"吗？当然，被排除在外的少数自然不会认同，而说到底，没有"我们"在先，量化的范围又如何去确定呢？永田町及霞关②的"最大多数的最大幸福"未必就是全日本的幸福，而日本的"最大多数的最大幸福"更未必是全世界的幸福……

阅读边沁著作就能明白，虽没明说，但他是以国家为量化单位的。边沁所处的时代不同于霍布斯，近代国家已经趋于稳定，无须从零创建。但国家这一量化单位又会导致如下问题：即边沁虽会考虑被肉食者屠宰的"英国猪"的痛苦，但是否会考虑在英国支配下的"印度人"的痛苦呢？这就只有天知道了。

尽管存在着以上的问题，但通过普通选举收集到选票的人成为民意体现者，以 GDP 衡量国民幸福度这一现代思维的原型，就从边沁的时代开始构筑起来了。也有人指出该理论离不开在等级制度消失与资本经济渗透下，均质化、可量化思维在当时社会中日益普及这一背景。但至少可以说，边沁的思想是与社会构造的这一变化相契合，而并未与之脱节的。

现代自由民主主义

到此为止介绍的一系列思想，特别是霍布斯、洛克、斯密、边沁、穆勒等人的英式思想，流入美国之后，就构成了一直持续到现代的自由民主主义的思想基础。尤其是讨厌贵族的斯密与边沁两人思想的结合，一度成为了美国思想界的主流。再加上对笛卡儿、牛顿思想的实际运用，以合理化行动追求利益最大化的"经济人"概念也被创造了出来。

若将这些思想加以组合就是以下的形态：人，具有做出合理性判断

---

① John Stuart Mill(1806—1873)，英国著名哲学家、经济学家。—译者
② 永田町与霞关是日本国会、首相官邸及中央行政机构的所在地。——译者

的能力。人是利己的，会为实现利益最大化而行动。即便如此也不会陷入纷争，甚至相反，每个人越是采取利己性行动社会就越是富足，继而共存共荣。并且，人类所追求的利益都能量化，经济方面是以货币计算的市场交易量，政治方面则表现为得票量。所以，只要得票最多的政党执政，由多数人的决定为原则制定政策与法律的制度打造出来，即可实现最大多数的最大幸福。只是，政府最好不要过多地介入民间，少数意见也有必要尊重。基本就是这样吧。

但这充其量也只是各类思想在最理想状态下的组合，实际上，即便只考虑斯密与边沁两人，要组合到一起也有难以逾越的鸿沟。边沁的理论前提是人类有能力量化并求得快乐的总和，再以此为立法原理设计社会，但斯密却认为人类根本就无此能力。所以，斯密主张权力不宜介入，而边沁则认为，只要遵循最大多数的最大幸福之原理，即便权力无限大也并无不可。

并且，从根本上来说，虽称之为自由民主主义，但自由主义与民主主义说到底是水火不容，难以并存的。自由主义是要挣脱权力，获得自由，其支持者是有产阶层，具体就是伴随着资本主义的发展不断壮大的新兴资产阶级，他们因拒绝王权、政府介入而支持自由主义。而民主主义的思路却是要以全员参与来运营权力，即便是税赋很重的绝对权力，只要全员参与那就并无不可。当然，其赢得贫困阶层支持的可能性就更高。

亚当·斯密是经济自由主义的鼻祖，而边沁的思想则更易与民主主义相融合。但要让卢梭说，他可能会认为，边沁所说的快乐总量等不过是个别快乐的单纯累计，根本不能成其为"我们"，也无法称之为民主主义。

托克维尔的美国论

这样的自由民主主义又是在什么样的社会条件下扎下根来的呢？

实际上，以古希腊思想为基础的欧洲思想中，并没有"民主政治最好"这一观点，更多的看法是，它会成为多数人的专制，继而堕落为僭主政治。特别是促使法国大革命激进化的雅各宾派[1]所推重的就是卢梭的思想，其所推行的也正是独裁政治，经常搞恐怖的肃清活动。所以，自 18 世纪至 19 世纪，认为民主政治不稳定的人也就越来越多了。

就在这时，游学至美国的一位法国人却在这个国度看到了稳定运行的民主主义，并在难抑讶异之余写了一本书——《论美国的民主》。他就是 19 世纪法国思想家托克维尔[2]。民主主义需要哪些必要的社会条件，托克维尔在《论美国的民主》中写得一清二楚。

首先，托克维尔的立论前提是，要提高全体国民的教养等是不可能的。除非，全体国民不再日日被劳动与生活所迫，即人民不再是劳动者。但这根本就是天方夜谭。这里所说的教养与其说是单纯的知识，或许还包括对政治的关心和参与意识。

自古希腊以来，这一认识就根深蒂固，所以才会得出没有贵族就没有政治安定，要由贵族地主充当"代表"组建议会的结论。但美国却没有贵族，而是人人平等的民主主义。在这种情况下，应该会导致无教养的多数人的专制，或堕落为僭主政治才对，但美国没有。

进而，美国也没有强大的政府权力。也就是说，美国还是自由主义。但若没有强权管制、所有人都自由平等，就应陷入"万民对万民的斗争"而无法结成那个"我们"。但美国却在人人平等，脱离权力获得自由的情况下，实现了全员参与的小权力民主政治！这在美国得以成立的条件到底是什么呢？可以说，这就是托克维尔当时的问题。

托克维尔所列举的美国的社会条件又是哪些呢？

第一，美国拥有广阔的土地，且在与土著的冲突中移民获得了胜利。土地应有尽有，即便每个人都自由地尽情开垦也不会引发冲突。并且，所有人都是不名一文的移民，竞相耕种也不会出现太大的贫富差距。所以，即便是人人自由平等，也无需多大的权力加以管制，不需要以权力解决本

---

[1] 法国大革命中的左翼政治团体。在 1794 年的热月政变中被推翻。——译者
[2] Alexis de Tocqueville（1805—1859），法国政治学家，政治社会学奠基人。——译者

就没有的争端。

即便是在贫富差距已然很大的今日美国，其整体社会意识也依然倾向于强调这是一个自由国度。不满意，你也去办风险企业，到新的领域开疆扩土！从这一美国式争执处理中也能看到，要说经济增长为什么重要，原因之一就是，若不把蛋糕整体做大，就会因蛋糕过小而起分蛋糕的纷争。

引起托克维尔关注的第二点，就是美国的地方政体 township 贴近公民生活，使公民的参与意识非常强烈。

这里的 township 翻译起来比较困难，或者是"村"，或者是"镇"，在这里，就先称之为"垦荒团"吧。其人数在 2 000 人左右，是直接民主主义能得以成立的小规模共同体，所从事的又是农业活动，从这个角度来说，那就是"村"，但它既无历史也无身份等级，这就具有城镇的一面了。"垦荒团"是全员平等、自愿加入的人为共同体。

在美国，以新教团体为单位开拓的地区本来就不少，此外，就像国家发韧于《五月花号公约》，美国人还有基于自由意志签约、共建国家的自负。垦荒团中央往往会有教堂，居民大会(town meeting)就在这里举行。像这样，自由、平等的人们全体自发参与的"我们"遍布美国各地。

若在日本，就多是先有国家，再向地方分权的思路。但美国却是先有 town，再由 town 组合为州(state)，后又因反抗英政府的独立战争爆发，州与州联合到一起，成了 United States，这才形成了美利坚合众国这个国家。所以，美国是先有地方共同体权力，再集合而成国家。

托克维尔所关注的，就是 township 内直接民主主义的参政形式。也就是说，有了进一步"分权"到州，到 town 的自治，即便中央政府没有强大的权力也能稳定运行。

并且，township 内由居民轮流执行的公务也多如牛毛。即便政府不设立警局与法院，居民也会轮流成为治安及陪审人员。township 内除负责行政事务的行政委员、负责教育事务的校务委员等之外，还有税务官、会计官、警察官，但都是经居民大会选定而轮流担任的。这样的公务人员并无固定报酬，而视公务履行情况支付。但若不履行公务，则要处以罚金。

township 虽无议会，但既然上述公务人员是选举产生，就谁都有权提出要求，召集居民大会。不过，行政委员虽是行政事务的核心人物，但在居民大会中也只有主持权。顺便一提，其教育委员会的公选制也曾以GHQ①主导的战后日本改革为契机导入日本，但于1956年被自民党废除，改回了政府任命制。

正因如此，美国居民才有了强烈的参与意识及自发守护"我们的法律与秩序"的高度自觉。这也是即便所有人平等、自由，即便权力很小也不会出现问题的原因所在。

托克维尔列举的第三点，是美国的法律专家与上院议员以其智慧代替贵族发挥了作用。美国社会虽没有像日本江户时代以来明君一样的人物，但法律专家与上院议员却扮演了这一角色。

托克维尔所列举的第四点，就是美国的宗教信仰很坚定，理念性联系很强大。每到礼拜日，township 内居民就会到教堂集会，也会举办义捐活动。而每当某人遭遇困难，或区域内出现问题，大家也会到教堂集合，共商对策。其国家本身也是基于建国宣言的理念结为一体的。这就是虽自由、平等，却塑造出了"我们"这一意识的原因所在。

正是在以上社会条件成立的基础上，权力很小却能稳定运行的民主主义才在美国实现了。每个人都是自由的，却又是平等的；是摆脱权力控制获得自由的，却又有强烈的参政意识；自由主义与民主主义并存，贵族不当"代表"，地域社会也能良好运转。可以说，这就是现代自由民主主义的原点。

"游行示威会破坏民主主义"吗？

但反过来说，若不具备这样的条件，自由民主主义也就不再成立了。

---

① 二战中占领日本的盟军总司令部。主持了战后日本的一系列改革。后随对日条约的生效而废止。第一任最高司令官为麦克阿瑟将军。——译者

当人们获得"自由",且凝聚国家与地域的宗教性、理念性的"我们"这一意识淡薄,以自由、平等为前提的稳定也就难比登天了。

此外,托克维尔旅美时,美国还是个由田间农舍构成的农业社会,公事尚可由地域共同体自治大致决定,公务可轮流执行搞定,所以参与意识很强,但随着工业化、国际化的不断推进,能否良好地维持下去也很成问题。

美国尚且如此,在起跑线上就已存在财力与地位差别,地方社会又没有权力,也没有一致理念相联系,再加上历史包袱、传统羁绊,这些就更是无从谈起。在这样的社会,除名门贵族,或经理、工会委员长等"要人",能在某些时期被视为"我们的代表"外,即便要模仿,自由民主主义也不会实现。

代议制本就是封建制度的产物,与得票多的人就成为代表这一方式毫无关系。选票与代表真正能统一,也只会出现在只要投票,实力人物就会得到多数选票而当选的时代。

只是得了很多票就代表"民意"的想法,就像只要将快乐量化计算就能实现"最大多数的最大幸福",就像因为日本国债卖得好日本就是被"市场之手"选中的优良国家一样,这样的想法本身就非常怪异。即便真有成立的时候,说不定国债不过三天就突然暴跌了。

可以说,代议制下的自由民主主义,只在人们"自由"程度较低,且基于地域共同体也好,共同理念也好,身份等级也好,拥有共同的"我们"这一意识时才能实现。也就是说,即便其在现代化初期能够有效运转,但随着现代化的进一步推进,其功能也会日益丧失。

本来,自由主义、民主主义、代议制这三者的结合就是不可能的。只能说,在人类历史中约一百年左右的时间里,这三者的结合曾在特定的历史条件下出现并运转过。

实际上,即便在这一百年之中,也是通过每当无法认同的人增多,就用扩大参政权等办法不断扩大参政人群范围,才好不容易维持到了今天。为应对那些对单纯投票走过场不满意的人们,只好一次又一次地进行政策转型。

当然，代议制下的自由民主主义，也可以善意地理解为一种混合型国政。所谓投票式代议制，就是选举型贵族政治。而所谓自由主义，就是拒绝权力介入。民主主义，则是非大家一起做出的决定就拒绝接受。代议制自由民主主义，就是以上这三者的结合。在古希腊，君主制、贵族制、民主制的结合就是混合型国政，若没有能成为哲学王的人才，这就是退而求其次的国政形态。但从某种角度来看，这种国政的平衡性实有累卵之危。

如此想来，当对代议制自由民主主义的不满越来越强烈时，若不以游行示威、社会运动或全民公投等直接民主主义形式相辅助，民众当然就不会满意。经常有人说，"游行示威、全民公投等破坏代议制民主主义"，但所谓代议制本就是封建社会的产物，说游行示威、全民公投等"破坏封建主义"还可以，说其破坏民主主义就讲不通了。

对自由民主主义的批判

在带有上述问题的情况下，自由民主主义又与资本主义结合，忘却各类思想自身要素及前提条件，自舞自蹈下去了。尽管如此，但在经济不断增长，万民齐心的时期，问题没怎么显现出来。

可一旦经济成长受到迎头痛击，或即使 GDP 在增长，但贫富差距却一味扩大时，纷争也就在所难免了。虽说代表是投票选举，但最终获胜的，也是富有的强势人物，或以庞大组织为背景的人。就如卢梭所言，这一制度，就是选举一结束，选民即沦为奴隶的制度。

对这一点进行猛烈批判的，就是马克思主义者。他们认为，资产阶级所谓代议制自由民主主义，不过是资本家为保护其自身利益所撒的弥天大谎。所谓人人自由平等之类，只是资本主义为蒙蔽大众而刻意炮制的意识形态，社会中存在的只有资本家和劳动者。

实际上，进入 20 世纪以后，就连自由民主主义的拥护者也对其现状及未来心生忧惧了。比如马克斯·韦伯①。他认为，资本主义精神本是以宗教性救济为目的生根发芽的，可如今，此一目的合理性已荡然无存，只剩失却灵魂的形式合理性在疯狂独舞。政治方面也令韦伯慨叹，它成了只求维护这一制度与程序的形式合理性的遮羞布，虽说即便如此人们也依然能大致认同，但其本来的精神却已不知所终。

而传统的保守主义者与集体主义者也是资本主义与自由民主主义的批判者。保守主义者认为，在资本主义的渗透下人们"自由"过度，传统与共同体的美德丧失殆尽，不分贵族平民一人一票的制度催生出了群氓政治。而集体主义者的矛头所向，则是以犹太人为代表的资本家要一意破坏寓于工农大众之中的民族精神。

1929 年，世界经济危机爆发，经济停滞、贫富差距扩大，各类争端此起彼伏，自由民主主义便在 20 世纪中叶陷入了空前的危机。于是，在对自由民主主义与资本主义的批判浪潮中，左派思潮与法西斯主义乘势而起，一段时期之内，在日本的知识分子中间，也出现了自由民主主义已经落伍，法西斯主义与集体主义的时代已然到来的声音！

特别"鼓舞人心"的是，纳粹党政权并非来自暴力革命，而是诞生于代议制民主主义的普选。当时的德国，拥有世界上最大的劳动党，社会民主党及基督教保守党，分别代表劳动阶层与保守阶层，但在经济危机的冲击之下，认为哪一方都"不代表我们"的失业者，特别是被社会视为"多余者"，在一战中生还的年轻士兵，就成了德国左派与纳粹党的支持者。在拥有古希腊哲学背景的西欧知识分子眼中，希特勒的横空出世，就是在"多余者"（雄蜂们）的簇拥下，独裁僭主登上了历史舞台。

被纳粹追杀，由德国亡命美国的汉娜·阿伦特就是持此观点的知识分子，其将人类历史划分为三大时代的基础就是古希腊哲学。在此，不妨介绍一下汉娜·阿伦特所划分的三大时代：由对统治行为大加赞赏的时

① Max Weber(1864—1920)，德国社会学家。在法学、政治学、经济学、社会学、宗教学、历史学等领域均有不凡建树。——译者

代，从事功业留于后世的"工作"的"工作人"时代，再演化为只在虚无"劳动"中日日消磨、被"动物性劳动"所支配的时代。在她的眼中，整个欧洲都被鼓吹暴力与"劳动"的法西斯主义践踏和蹂躏了，并把希望的目光投向了美国——在这里，人类自发性政治参与的"行动"依然存活。

"代表"与"68年"

在法西斯主义与左派思潮的挑战与冲击下，美国与西欧各国痛切地感受到，是时候对资本主义加以管制了。在美国，毫无管制的金融资本主义被视为经济危机爆发的根源，因此政府将证券与银行相剥离，并禁止银行涉足投资类商品。此外，又通过罗斯福新政，动用政府财政掀起了大规模的公共投资建设。

而在英国，则是凯恩斯①经济学的抬头。鉴于英国经济在美国金融危机冲击下陷入的严重不景气，凯恩斯主张，政府应加大经济干预力度，相较于投资者，要以劳动者为重，并倡议创建世界银行，创设国际货币，以稳定国际金融系统。

要理解英国当时的处境，不妨看一眼今天的日本：通货紧缩、物价下降，劳动报酬降低，如此一来，就形成了不利于劳动者，而有利于购买者的生产-市场环境，厚待了资产拥有者及投资者，却严重打击了劳动者。

面对此情此景，凯恩斯的思路大致如下。社会中有两个阶级：由企业家与劳动者构成的"活动阶级"，与投资者及债权人构成的"非活动阶级"。在厚此薄彼的通货紧缩面前，只要动用财政创造就业，货币供应就会增加，继而出现软通胀，工资水平提高，资产缩水。如此一来，整个经济环境就有利于劳动的生产者，而不利于资产家了。而只要工资上涨，就会回头激活国内市场，对企业家也有利，经济就会复苏。凯恩斯进而主张，要大幅提高遗产税，让资产家资产以财政投入的方式还原于社会。

---

① John Maynard Keynnes(1883—1946)，英国经济学家，宏观经济学之父。——译者

　　简而言之，所谓大恐慌与国际金融危机，就是不事生产的金融交易让一部分资产家获利的经济，招致了国家经济的整体崩盘。有鉴于此，就要重视从事劳动的生产者，重建国内经济，整备稳定的国际金融系统。

　　但实际上，即便如此，欧美各国的经济复苏也是步履维艰。美国经济真正重拾景气源于二战的爆发。不只是自身需求，其对欧洲各国的武器及物资供应，极大地刺激了美国的军需生产，这才实现了充分就业。凯恩斯所主张的动用财政，就以他自己并未希望过的方式，因战争而实现了。毕竟，战事当前，各国也非重视劳动者不可了！

　　而国际金融秩序的稳定，虽没创设凯恩斯设想的新式货币，但以美元为基本通货的世界银行也建立了起来。包括日本在内，战后为重建家园、重整经济而日夜劳作的各国，以复兴为契机迎来了新一轮的经济成长。而参政权扩大至劳动阶层与女性，也提高了人们对政治合法性的认同。

　　在1960年代，此一轮成长进入了高峰期，工业化不断推进，就业稳定、工资上涨，工人们纷纷在郊外购房，以主妇为中心的家庭生活被工业品包围。随着生活的日益富裕，劳动党也放弃了武装革命路线，转化为以充实福利为目标的社会民主主义政党。在政党政治中，工会支持的劳动党、经济界与地方实力派支持的保守党，都获得了不断扩大的稳定支持。两党之间或轮流执政，或相互监督，使整个社会向着经济成长、福利充实的方向不断迈进……

　　但就在这一时期，1968年的学生"动乱"席卷了所有的发达国家。其爆发背景虽错综复杂，但引发学生们不满的根本原因，就是"没人代表我们"的那股情绪。保守党就不用说了，可就连现有的劳动党，说他们代表着"资本家""地主""劳动者"或许可以，但无法感觉到代表"我们"。想要被代表，想参与政治，那就只能成为"劳动者""白领"或"资本家"，成为现有体制中的一员。这样的安排无法忍受！于是喊声四起，扬言要以"革命"手段彻底推翻现有体制！

　　"没人代表我们"的呼声一经喊出，便迅即扩大到了学生之外的其他群体。女性、同性恋者、少数派等也相继发声，痛陈在现行政治体制中自己没被代表。女性们要被代表，就只能成为主妇加入妇联，或加入工会的妇女支部为改善女性劳动者的待遇而努力，或成为像男人一样工作的职业女性。也就是说，在社会构造的变动中，与现行代表制度所认可的"我们"的既有类型不合的人们发声了。

自由民主主义的终结？

从结果来看，"68 年"对劳动党的打击要远甚于保守党。保守党本就没指望，学生及女性们就只能寄望于劳动党，但所谓希望越大失望就越大，失望后的学生及女性便向劳动党发起了更为猛烈的批判，给后者造成了沉重打击。

恰在此时，1971 年，黄金与美元正式脱钩，战后相对稳定的国际金融体系松动，而于 1973 年、1979 年相继爆发的两次石油危机可谓雪上加霜，经济严重低迷的寒流再次袭向除日本之外的所有发达国家，各国纷纷向后工业社会急速转化，稳定的就业崩溃，工会组织能力大幅下降，经济陷入困境。

在各发达国家，因财政紧缩，福利政策及凯恩斯经济理论相继被废弃，而"劳动者的我们"也随工会组织能力的下降荡然无存，各国劳动党实力不再，甚至"变质"了。

在制造业的大衰退面前，美国废除了严禁银行涉足证券的限制性政策，竭力激活金融市场。最终，除日本在 1990 年代陷入低迷外，美英等国在金融及信息产业的牵引下迎来了长达约 20 年之久、一直延续至 2000 年代的大好牛市。

继之，1989 年的东欧剧变、1991 年的苏联解体又相继在人们的意识形态领域投下两枚"核弹"，在兴奋无比的美国等国家，出现了资本主义与自由民主主义将战无不胜，这就是人类社会的终极制度，直到人类历史终结，也将带着这一制度进入坟墓的论调。

但现实远没有如此乐观。进入后工业社会之后，即便 GDP 上升，就业与家庭的稳定却再难维持，贫富差距越拉越大。年轻人的失业率在上升，以既有工会为大本营的劳动党，也因难以为新阶层发声而失去了支持。逐渐地，感觉自己没被政党代表，没有自己立足之地的人越来越多，政治局面也渐失安定。在新生阶层支持下，以突发性人气登台的政治家与极右政党，对现有的保守党与劳动党构成了威胁。即便如此，只要经济增长，问题也不至于很严重地显现出来。但在 2008 年，雷曼兄弟破产与随之而来的金融恐慌不期而至。

为应对这次恐慌，美国政府在各大金融机构即将垮台时注入公共资金，试图力挽狂澜，却因此陷入了 2011 年的政府债务危机。同样的情形并没有放过欧洲，各国的就业难以稳定，失业者不断增加，"无立足之地""无人代表"的人们掀起了没有组织形态的社会运动，甚至暴动。

面对如此局面，欧美知识阶层的走投无路感日益深重。他们曾认为，度过 1930 年代的经济危机、击退极左思潮与法西斯主义的双重挑战，自由民主主义与资本主义胜利了。但为渡过 1970 年代的石油危机，将 1930 年代制定的限制性政策解除的结果，却是金融危机这头魔兽的再度袭来。而令人联想到独裁僭主即将登场的现象也在各地相继出现。可基于凯恩斯主义的财政投入与福利国家的观念，又已被放弃。工会气力也已是日薄西山……事到如今，难道真就已经无计可施了吗？

这就是当前的时代课题。那到底该怎么办呢？针对这一问题的万能之解并未出现，但意欲打破僵局的各种摸索也在进行之中。

第六章　探索不同以往的新形态

　　这一章要介绍的，是鉴于代议制自由民主主义走投无路而进行的一系列思想探索。但是，因法西斯主义、极左思潮、福利国家等无一行得通，将现行体制彻底转向的摸索也并未出现。而要保护前现代的共同体或道德的这一类保守主义，在这里暂不做介绍。

　　这里的介绍，只以若要想办法激活"代议制自由民主主义"到底能做些什么的探索为中心。虽很有限，可即便如此，其中也有值得关注的思想转换，特别是在社会保障及就业支持等方面，对现行政策也产生了积极影响。为更好地理解这些探索，就有必要回顾整个 20 世纪的思想流变过程。

对"理性行使主体"的质疑

　　第五章中曾经提到，支撑近代自由民主主义的，是人类为理性行使主体，能以理性把握世界，并做出判断的理念。而对它的批判性检验与论证，就是从对这一理念的重新考问开始的。

　　对"理性行使主体"这一理念的质疑，在欧洲思想界可谓从未断绝。仅在笛卡儿之后，就有以休谟①、伯克②为代表的英国保守派思想家，以康德、黑格尔、尼采、马克思、胡塞尔③等为代表的德国思想家。在本章前半部分，就对后被纳入社会学与后现代哲学的，后者的思想谱系予以解说。

　　作为这一解说的前提，不能不提的是 20 世纪科学领域的重大突破。对人类理性的质疑之所以会在进入 20 世纪后日益强烈，其一大背景便是物理学的发展。特别是量子力学、海森堡[4]不确定原理及相对论，对当时的哲学界也形成了强烈的冲击。

在19世纪下半叶工业革命的鼎盛时期，人们一度认为，靠牛顿力学与电磁学就能把握整个世界。当时又是帝国主义的全盛时期，也导致了欧洲以人类理性中心自居、支配统治全世界的强烈意识。这就是工业革命与帝国主义紧密结合为一体的历史时期。

但万没想到，1905年，年仅26岁的爱因斯坦突然提出了狭义相对论。牛顿力学的前提，是所有运动中的物体都有共通的时间与空间，但爱因斯坦却认为，这一前提并不成立，时间的推进方式、物体的长度及距离等都会因物体的相对速度而改变，所谓共通的时间、空间，不过是在相对速度较慢时“看上去如此”而已。此外，（据观测，似乎）物体的质量也会因相对速度而改变。

如此一来，质量就不再是永世不灭的本质，人世中也不存在能够把握世界的中心视点。也就是说，相对论使自文艺复兴以来的近代科学的前提一夜之间土崩瓦解了。而与相对论的提出相继出现的，则是空间画法脱离透视的现代美术的兴起。

而对人类为理性行使主体的质疑，则以1914年第一次世界大战的突然爆发为契机。在日本，一说战争就是第二次世界大战，但在欧洲，第一次世界大战所带来的冲击更为强烈。英法等国在一战中的死亡数字远超二战不说，让人最受冲击的，是人类科学与理性日益发达的最终结果，居然是如此大规模的互相残杀……

不只如此，在科学与技术的产物——机关枪与毒气面前，人类的勇

---

① David Hume(1711—1776)，英国哲学家、历史学家。以经验论为基础，对形而上学进行了革命性批判。——译者

② Edmund Burk(1729—1797)，英国政治评论家。反对英王乔治三世专制，同情美国独立运动，但反对法国大革命的过激化。——译者

③ Edmund Husserl(1859—1938)，德国哲学家。现象学之父。——译者

④ Werner Heisenberg(1901—1976)，德国物理学家。海森堡不确定原理的提出者。量子力学创始人。诺贝尔物理学奖得主。——译者

气与人道也全然苍白。并且，在战场上会不会被炮弹击中，会生会死，已是完全无法预测。于是，产生了人类既驾驭不了科学，也把握不了世界的无力感。

有幸从这样的极端状态中生还的年轻士兵，就像从越战中生还的美国士兵一样，完全无法融入社会。特别是在战败国德国，战后通胀与混乱的双重打击，使很多年轻人失业，后因被社会视为"多余人"而纷纷加入了德国共产党或纳粹组织。而于 1927 年提出不确定原理的物理学家海森堡，也是当时德国年轻人中的一员，提出此一原理时，海森堡年仅26 岁。

海森堡的不确定原理

所谓不确定原理，简而言之，即"人类对世界的认识能力是有限的"。海森堡的主张，就是所谓主体能够准确观测客体这一近代科学的大前提并不成立的一种脑内实验。

在科学领域中，所谓主体观测客体到底是指什么呢？先以用温度计测量热水温度为例略作思考。在学校的物理实验课上，用温度计测量热水水温时很多人都被告知，测量前要先把温度计温一下。直接把常温下的温度计放入待测热水，水温就会随之下降，这就无法测出热水原来的温度了。但即便先将温度计加热，也无法与待测水温完全一致，因为不知道测量前的热水温度是多少。所以只能估且将温度计加热，加热过头会导致待测热水温度上升，加热不够又会导致水温下降，要准确测量其原来温度是办不到的。

那么，不对客体施加影响的观测，理论上能不能办到呢？比如，要看到物体，就非让物体受光不可。但光又是一种能量，就像皮肤晒伤一样，受光物体必定会发生化学变化。那该怎么办呢？借由以思考进行的"脑内"实验进行理论性探究，让物体的受光无限小就可以了。虽然受光无限小就看不见物体了，但受光无限小，光照影响也就无限小，从理论上来讲，观测就是可能的了。

但在 1900 年，突然有人提出，光能中存在着量子这一最小单位，在波长相同的情况下，不可能再小于某一数值，否则就无法解释实验结果。这一学说后发展成为量子力学，并逐渐成为定论。

如此一来，所谓受光无限小就不可能了。也就是说，不改变对象的观测是不可能的。要让光小于一定的数值，就只能加大其波长，但就像波长为米的雷达无法捕捉小的物体一样，波长太长，基本粒子这样的微观世界就无法把握了。

也就是说，就算是观测，也一定存在着不确定性领域、无法认知的领域。这就是不确定原理。如此一来，人类就把握不了客体对象，也无法完全把握世界了。这就意味着欧洲近代哲学与近代科学的大前提就此崩溃。

这一学说与几乎同时提出的相对论相结合，让近代科学彻底成了过去时。即牛顿力学虽能近似性地应用于日常生活的世界，却无法应用于如宇宙一样的宏观世界，也无法应用于如原子、粒子一样的微观世界。

"安全标准"

自此，科学家们就再也不说能绝对把握世界的话了。

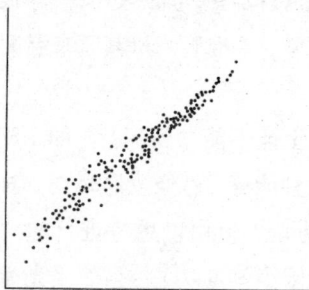

图1

本来，无论做多少次实验，完全符合牛顿力学公式的匀速直线运动绝不会发生，也不可能发生。不过是将多次实验的结果点化，制成如图 1 所示的坐标图，在这些散布的点面前，科学家一拍脑门，画出如图 2 所示的一条直线，说这样就能看到本质。但毕竟，所有的实验结果并没有完美地排列于直线之上。

这时，科学家就会解释说，这是因为存在着摩擦及空气阻力等多余之物，在没有这些多余之物的世界中，"本质"就会完美地呈现出来。

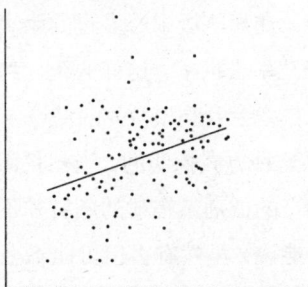

图 2　　　　　　　　　　　　图 3

然而，在如电子、质子等的微观世界中，虽已无须考虑摩擦与空气阻力，但因不确定原理的存在，完全精确的观测也依然是不可能的。如此一来，认为可以画出那条完美的终极之线的想法也就不再成立了。

经济指标的国际比较与分析、社会学调查等就更是如此，实际数据完全摆不成一条直线。于是，很多经济学家与社会学家就借助于回归分析①、卡方检验②等统计处理方法，像图 3 一样画出一条线，然后宣称，"得到了有价值的统计结果"。

如果说，所谓"有价值"仅指"能画出一条线"也并无大错，但说到是否真能画出这条线，是否仅有这一种画法，就没人能保证了。只能说，这是"经过了学术界所认同的统计处理"的结论。

医学与卫生学中毒性物质的所谓"安全标准"也不例外。毒性物质的危害虽能通过细胞实验、动物实验等加以检验，但因实验结果星罗棋布而无法画出一条明确的直线。并且，实验鼠的寿命只有几年，毒性物质的长期影响也不得而知。可又不能因此去做人体实验。

---

① 多元变量分析的一种，用以了解两个或多个变量间的相关性、相关方向与强度等。——译者

② 参照卡方分布，求取几率和临界值的一种统计检定。——译者

当然，关于核辐射的危害，虽不能做体内辐射的人体实验，但在广岛、长崎的原子弹爆炸中被辐射的人们都得了什么病，又是如何去世的都有统计，在离核爆中心多远的距离，可能受到了多大辐射量的人，以多大的患癌几率去世了，这样的统计经过数学处理后，就能得出"受到多大辐射，死亡率会升高多少"的结论，并说这是有参考价值的。

以这种方式探明的，当然仅限于外部辐射。并且，没被公认为"有参考价值"的低剂量辐射的危害并不清楚，所以还是无法画出一条明确的直线。只能说，虽然有害但可能不至于危及生命，或虽无性命之危但可能有害。关于其他毒性物质的统计也基本与此相同。

在毫无办法的情况下，食品中毒性物质的安全标准等就采用了"安全系数"这一概念。通过动物实验等，虽能获知明显有害的具有统计意义的摄取量，但低于此量会怎样却不得而知了，也可能会突然致死，虽然从统计学角度来说只是例外。

怎么办呢？那就将"有参考价值"的安全摄取量乘以1%，以预留足够的安全空间，并以此作为安全标准。当然，乘以百分之多少会因物质及食品的种类而异。这就是安全系数。电梯等机械装置也一样，都会在强度计算与实验载重量等基础上，乘以10倍、100倍不等，再将之作为安全标准。

当然，即便以这样的方式制定出安全标准，那条明确的安全线还是画不出来。既有超标也毫无问题的情况，也有完全出乎意料的事故发生，所谓绝对安全是根本不存在的，但若没有这样的安全标准，就什么都做不了了。

此外，虽然这种事情绝无仅有，但有时，也会将安全系数内的危害量由1%上调至20%。比如将原只能摄入1克的安全标准加大到20克。但这种时候，与其说是科学问题，更多的是"政治判断"……

如果不乘以安全系数，直接说摄入100克也没问题当然是相当危险的。可即便如此，如对摄入者说"截至目前，并无观测结果证明摄入100克死亡率就会上升"，这样的表达虽会引起误会，却真没有撒谎；而若直接说"摄入 100 克也绝对没问题",则不是撒谎,就是有别于科学的其他"判断"在发挥作用了。

胡塞尔与现象学

让我们再回到思想界的话题。在提出不确定原理的时代,德国海德格尔①的哲学与胡塞尔的现象学也波及开来。后面会讲到,现象学对现代思想及现代社会学产生了很大的影响。在这里,虽基于必需介绍胡塞尔的思想,但笔者又实在没有解说的自信。一是胡塞尔本人的著作在不同时期都有变化,二是其关门弟子之间对其思想的阐释也各不相同。所以,本书的解说只限制在必要范围之内,读者能大致了解就再好不过了。

胡塞尔的基本思想是这样的:

近代以来的各类学问基本就是"主体对客体加以认知"。物理学、经济学、政治学莫不如此。自然科学与社会科学都是基于此一认识展开的。万事万物,只要观测物体 A 与物体 B 的运动,就可以把握其相互作用。所谓经济,就是 A 公司购入原料,加工之后批发给 B 公司,再由 B 公司零售给 C、D;所谓政治,就是企业 A 对政治家 B 施加影响,转化为政策 C,并在议会中通过。现代社会学就是以此为前提才得以成立的。而追问其是否成立的,就是现象学。

但现象学绝不是"世界无法把握"的不可知论,它的思考对象,是何谓我们能看到事物,何谓认识事物。胡塞尔及其后继者们认为,主体与客体,"我"与"你"并不是事先存在的,而是在"意向性"的作用下事后构建的。

可能不太好理解,下面就将笔者的个人理解阐述如下,供大家参考。

比如人们吵架的时候经常会说,"万没想到,你竟是这样的人",这就

---

①　Martin Heidegger(1889—1976),德国哲学家。在现象学、存在主义、解构主义、诠释学、后现代主义、政治理论、心理学及神学等领域都有举足轻重的地位和深远影响。——译者

是近代科学的思维方式，即之前对"你"的认识是错误的，通过最近一次观测得到的最新数据，纠正了对你的认识。但这样的思维会让争吵进一步升级。对方会反驳说："我也一样！真没想到，你竟是这样的人！"或者说："你的认识是错误的！"你再以"你的认识才是错误的"，开始互相指责。

在近代式思维看来，不管是谁对，或者即便是双方都错，"事实"却是确实存在于某处，人类也能够对之加以把握。所谓离婚诉讼就是要通过举证来辨明哪一方正确。

但人的记忆却是靠不住的，各自所言之事，可能存在着误解或谎言。于是，就要提交被打伤时医生开具的诊断书、对骂时的录音证据，以逼近"事实"。前面也说过，这一思维方式的前提，是确信只要能正确观测"我"与"你"，就能通过其相互作用把握世界。但所谓正确观测"我"与"你"，真的有可能吗？如果当事人不可能，让第三方拿出意见也是可以的，但这位观测者说到底也只是人，谁能确保其正确？

"我"也好，"你"也罢，本就天天都在变化。心情大好时的"你"与情绪恶劣时的"你"大不相同，前一个你不是真正的你，后一个你才是真正的你，即"万没想到，你竟是这样的人"，可这话能成立吗？所以永远不变的"你"的本质之类，真能明了吗？

可能，不如这样想，所谓"你"的本质，人是无法观测的，"我"不过是看到了不同时期的"你"的外在表现（现象化）而已。

实际上，译为"现象"的词汇，在古希腊是与"理型"相对、易于变幻、影子一样的概念。当然也有意见认为，这些东西尽可以无视，只要把握住本质就好。但现象学就是思考这种易于变幻的现象到底是什么，又该如何面对。而这一现象学正是在"理性行使主体"的思维方式彻底崩溃后，开始在思想界中产生影响的。

关系论而非个体论

那么，假如说"你"的本质无法观测，那这个"我"呢？能把握吗？

不能说"我的事情，我自己最清楚"，因为也有些方面是对方指出以后才了解的。但吵架的时候，即便对方指出来，也会感觉这是误解或片面认识。而要说第三方就一定了解，那也同样靠不住。所谓"我"，本就天天都在变化。关系好的时候，吵架的时候，突然意识到"原来我是这样的人啊"，重新认识自己的情况也会发生。

既然如此，换一个角度来看怎么样呢？比如，不是先有"我"、"你"，而是先有关系。关系好的时候，"无比美好的你"与"无比美好的我"这一"现象"就出现了；而关系不好的时候，"伤天害理的你"与"受伤害的我"这一"现象"又出现了。不是"我看错你了！真正的你伤天害理！"而是在不同时期的关系两端，出现了"我"与"你"的不同现象。即"我"与"你"都是在关系中事后构建的。

既然双方都是在关系中被塑造的，就不能说谁对谁错。对方发怒，自己也会冒火；对方微笑，自己也会解除戒备。关系在变化，"我"和"你"就会随之变化。双方都是被相互塑造的。若将之视为"我"与"你"本就存在，然后相互作用，就会将之理解为因为对方笑了，就对之加以认识和反应了。但在现象学中，是先有关系。

若基于这样的思维，就不能说吵架是哪一方不对，而是关系不对了。是在不好的关系两端，对我来说"不好的你"，对对方而言"不好的我"分别被构建了出来。

若无法接受，就可以提出证据了。但在现象学看来，证据也是在当时的关系中被构建的。翻出过去的日记、照片，亲密情形再现于眼前时也会发现，"这家伙原来是这个样子的"。即在我与照片这一对象的关系中，认识又于事后被构建了。

即便是呈堂物证，也不过是"我"、"你"及"第三方"在与当时的照片、录音的关系中，各自于事后构建出来的"事实"而已。若不是"物证"，而是人的记忆，所谓唯一的"事实"就会出现更为激烈的变化。关系好就构建起天堂般的回忆，关系不好就构建为地狱般的往昔。

为便于表述，我们把先有"我"和"你"，然后相互作用的思维方式

称为个体论，相反地，"我"与"你"都是在关系中被构建，是相互被塑造的思维称为关系论。（图4）

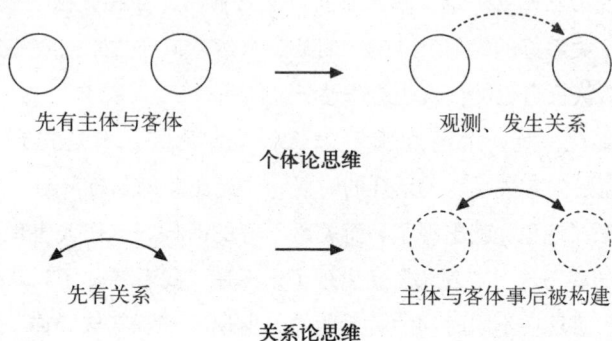

先有主体与客体　　　　　　　　观测、发生关系

个体论思维

先有关系　　　　　　　　　主体与客体事后被构建

关系论思维

图4

但人又很难从个体论思维中拔出来。说到底还是你不好，我才是对的，然后就历数一个又一个的"观测结果"。这时候，就需要"等一下，先把脑子清零"的智慧，这被称为"epoche"，日语中译为"中止判断"。

这一观点，胡塞尔在一战之前就提出来了，但被社会广泛接纳却是在一战之后。原因是在战争经历、科学界变化及德国社会动荡等多重因素的冲击之下，"所谓绝对根本就是不可能的"的认识在社会中被广泛接受。

需要说明的是，正如刚才所说的，这也只是笔者个人的看法。若以现象学观点来说，要探求"胡塞尔的真意"本身很困难。阅读其著作这一行为，无论是谁读，其理解也都是在"我"与"文章"的关系中事后构建的，所以不能简单断言"这就是胡塞尔的思想"或"这绝非胡塞尔的真意"。

排除明显错误的努力确有必要，但归根到底，都是俗世中人在做，错误解读终究无法避免。本书中介绍的所有思想也是如此，笔者的介绍同样难逃此"劫"。若较真起来，即便把胡塞尔本人带来求教其"真意"，其解说，也不过是现在的他，对以前所写文章的事后构建，很难说现在的解释就是他当初的"真意"。

社会调查与观测数据

那么，这是否只是一种抽象理论呢？即便能用于人际关系，但与经济学、政策等也没关系。可能有人会这样想，但这并不正确。

比如第三章中讲到的，若到发展中国家的大街上走一走，就常能看到大白天也呆坐在路边的人。他们身边有时也会摆着几条烟，感觉像是卖不出去，也不知道是不是想卖。在经济学中，这样的人到底应归类于"个体经营者"还是"失业人员"呢？只能说，会因看到的人、定义等不同而不同。而且调查一下也未必清楚。要是警察过来问："喂，大白天的怎么不上班啊？"对方就会回答："做买卖呢。"收税的过来问："喂，不报税合适吗？"可能又会回答说："失业了。"只能说观测对象也会因调查者而变化吧。

据说有这样一件实事，在某国的农村调查中，因村长心血来潮，"农民"就陡然减少，而"商人"却急剧增多。若经济学家据此宣称，该村"已由第一产业向第三产业转型"，当然就很荒谬。

这也不是只有发展中国家才有的事。比如日本，只要警方强化外国人管理，不履行登录证①携带义务者立即逮捕，那在日外国人的犯案数量就急剧增多了。反过来说，就是导演了外国人犯罪率正在上升的一出戏。

此外，1951年的日本还曾有过这样一次问卷调查，一家报社的问卷是："日本已缔结和约并正式成为独立国家，所以有意见认为必须建立军队，您赞成吗？"结果，赞成意见高达70%以上；而另一家报社的问卷则是："您赞成日本重建国防军吗？"赞成意见却仅有40%……

为避免此类事情发生，调查的时候，就要有意避免对调查对象施加影响。也就如事先把温度计加热。比如，若是问卷调查，提问方式就要尽

---

① 在日外国人的身份证件。记录有何时赴日、签证类型及有效期限等信息。——译者

量保持中立，若是社会调查，"调查者就应为透明人"等。如此一来，舆论调查方式就成了"你支持某某内阁吗"。然后，调查对象画√或×。原因则从"没有令人期待的政策"、"不值得信任"等选项中选择。但通过这样的提问方式，真能知道国民的真实想法吗？对其进行统计处理，又能在多大程度上了解"民意"？

并且，即便是这样的"中立性"提问，对"你这样一问还真有这种感觉"的调查对象来说影响依然会存在，且一旦调查结果公布，又一定会对下一次的调查产生影响。最要命的是，无论是多么细致入微的社会调查，一旦调查者写成文章就会加入调查者本人的阐释，且在调查过程中，一旦录音录像做记录，调查对象不可能不在意，现场气氛也变了。

不仅是学术，政策也同样如此。比如，有意见认为，只要出台低息政策，存款就不如投资，就会刺激经济景气。但人不会像牛顿力学所描述的物体的相互作用一样行动，有的人看到此一政策出台就能立即明白政府意图，反而会控制投资。现在，政府与中央银行对市场各方的上述反应也很了解，所以利率政策多半已不用于刺激景气，而只是作为向企业及投资者释放的一种信息，也就是说，中央银行与投资者同样处在了塑造与被塑造的关系之中。

社会建构主义

将现象学纳入社会学体系的，便是现象学社会学，后与民族志方法论①相结合，演化成了"社会建构主义"思想。

其所重视的是，既然自身、对方与世界都是相互塑造与被塑造的，那就要思考，它们是怎样相互塑造，即建构起来的。这种塑造与被塑造，就

---

① 又称民俗学方法论、本土方法论。强调个人间的微观互动过程，对行为主体意图的理解，并把这种原则应用于经验研究。——译者

被称为自反性①——reflexivity，也被译为"反映性""递推性"等。

社会建构主义的研究课题，是诸如今天的"男性""女性"概念及其角色分工是如何被塑造出来的。社会建构主义认为，是"男女同工"还是"做更女性化的主妇"这二选一的认知本身，实际上扎根于"女性角色取决于先天遗传基因"的理念，但社会建构主义对这一理念并不认同，他们要考察的，是在以工业化为代表的历史性变化及社会关系中，女性是如何被塑造的。男性呢？"日本人""朝鲜人"呢？国家利益、社会问题呢？这些又都是如何被塑造出来的？等等。

比如钓鱼岛，它究竟是在何时演变成领土争端的？在领海及排他性经济水域设定为离陆12海里、200海里之前，该岛本无足轻重。而更久之前，就只是毫无意义的石头。即便在中日双方签署友好条约的1978年，因两国间还有其他重要事宜，其归属问题都依然可以被搁置。

这类问题究竟是在何时，又是如何被日本右翼团体拿出来，又被媒体四处传播，以至于在民意调查时视之为问题的人也越来越多，直至政治家也将之视为"国家利益"的呢？需清楚了解的是，该问题并非固有问题，而是在各类关系中被建构为所谓"国家利益"之后，变成了问题。

若以上述认识为基础，问题的解决方式就会改变。若沿用个体论思维，中国政府与日本政府就会围绕"到底哪方正确"一争高下，列举历史证据，证明己方正确，并试图说服对方，若说服无效即向对方施压……而关系论思维则强调，要调查问题是如何被"构建"出来的，并通过改变相互关系与认识寻求解决之道。

物象化

这就需要能改变相互关系及认识的思想。而物象化（Versachlichung）思维则不失为一种有益的参考。这一思维古已有之，也是马克思思想的重

---

① 即相互决定性。——译者

要要素。

在马克思那里，物象化一词用以表示"人与人的内在关系，会以物与物的外在关系表现出来"。也可以理解为，不可见的人与人的关系，以可见的物与物的关系显现出来。比如逢年过节，或在平时作为"心意"交换的礼物，就让不可见的人际关系通过物与物的交换显现了出来。

在马克思看来，人与人之间最基本的关系就是生产关系。比如，因货币是劳动的等价报酬，生产关系就转化为货币显现了出来。货币，不过是一张张的纸片，之所以会有价值，就因为它是血汗与泪水的结晶，是人类劳动关系的结晶。当然也能回头还原为人与人的关系，如经常会用货币表达看不见的"心意"，或用货币让他人为自己活动。

资本也一样，它是看不见的劳动关系日积月累，以资本这一形式显现了出来，即物象化了。因资本是过去劳动的积累，马克思也将之形容为"死劳动"的集合，但这种"死劳动"，又能调动他人从事"活劳动"，资本就是在这样的反复吸吮中膨胀起来的。

基于这一思维，"人的能力"也可视为关系的物象化。比如，A家庭在晚饭聚餐时看的是新闻、艺术类节目，边吃边谈的是时事与艺术，而B家庭则是边吃晚饭边看搞笑节目；那么，在A家庭中长大的孩子，"能力"自然就高。这并非来自有意识的教育投资，而是不可见的家庭关系的长时间积累，物象化为孩子的"能力"显现了出来。

多数情况下，A家庭在经济方面更宽裕，父母的学历也更高。也就是说，经济差距与学历差距无形中被过继给了下一代。法国社会学家皮埃尔·布迪厄[①]称之为"文化资本"。

实际上，每一个人都是作为关系的物象化现身社会的。文化资本雄厚的孩子多以"成绩优异的孩子""有教养、对美有感知有想法的孩子""学习欲强烈的孩子"等现身社会，而文化资本贫乏的孩子则多以"成绩差、没教养、趣味低俗、做事消极的孩子"等现身社会。拿筷子的方式、

---

① Pierre Bourdieu(1930—2002)，法国社会学家、人类学家、哲学家。——译者

字迹，直到很不起眼的言行举止中，过去家庭关系的积累，即"文化资本"都会显现出来，长大后，即便有意识纠正也很难办到。

都说现在的社会人人平等，但实际上，差距却早在考试、面试前就拉开了。遗憾的是，实际工作以后，也是前者多会成为订立企划的核心员工或创业家，后者多会成为奉命行事、从事体力劳动的一线员工。为什么？因为即便从经济学角度来讲，也是前者的"能力"更强。

同理，在市场经济中，说是人人平等，但实际现身市场的，不是在生产关系这一端的"资本家"，就是在那一端的"劳动者"。就连"文化资本"之源，即父母的资产与学历，从根本上来说，也是在这一生产关系中获得的。

若从这一观点出发，只看不过是结果的"能力"、资本积累及货币流通的经济学就是本末倒置了。只看这些，是无法搞清楚这个世界的，必须要看生产关系。但现世中的人们呢？却一味膜拜作为结果物象化出来的"能力"、货币与资本，而不看本质。马克思称之为物神崇拜①，并将此前的经济学形容为"神学"。即资本主义社会，是缘由人类制造的货币、资本化身为神明，支配人类的社会。

若从这一观点出发，所谓"个人"，所谓"自由意志"就是不成立的。说是"个人"，但实际上是各类关系的物象化。世界上根本不存在自由平等的"人"，现身社会的，只有资本家与劳动者、"有能力的人"与"没能力的人"，等等。存在决定意识，所以，认为劳动者是基于"自由意志"以劳动换取低工资，基于自由意志进行劳动与报酬的等价交换，这一说法不过是应归于神学领域的意识形态。因此，即便表面性对立看上去完全就像个体与个体的单纯运动，若不改变引发这一对立的生产关系，问题的解决就无从谈起。

----

① fetishism，又译拜物教，拜物主义。——译者

辩证法

而说到改变关系的具体方法，辩证法即为其一。辩证法的提出者是黑格尔，继承者就是马克思。

什么叫辩证法呢？日语中的辩证法一词译自德语的 Dialektik，而德语的 Dialektik 又译自古希腊的"问答法"，即英语中的 Dialogue——对话。

而古希腊的问答法，特别是柏拉图描述的苏格拉底式问答法大致是这样的：人都是不完美的，只靠一个人的力量很难抵达真理。即便感觉对方的认识是错误的，但上来就说"这才是真理，纠正你的想法吧"，除只会招来对方的反击外，也无法保证自己确实是抵达了真理。所以，就要指出对方意见中的内在矛盾，提出疑问，谋求对话。如此，就与一开始就被说教一通不同，而是意识到自己认识中的内在矛盾，从而自发性地纠正认识。当然，反过来，对方质疑自己的认识时也一样。经由这样的反复论证，互相促进，最终抵达真理。这就是苏格拉底所说的"无知之知"①。

与这样的对话相反，旨在让对方信服自己主张的话术，就是雄辩术。就像金融商品的推销员，因为其说明从形式理论来说完全合理，不知不觉你就被说服了，但又总感觉是被诱导进了事先准备好的某种结论。这里的"合理"就不是柏拉图所说的"合理"，而只是作为工具支配对方的形式性"合理"。

可以说，问答法与雄辩术的最大不同在于，是否对自己的无知有自觉，改变认识是否为自发。问答法的目的不在于争出胜负，不在于将"正确"意见强加于对方，而是在相互认可与信服中改变。单方面地"敬请理解"事先备好的结论，不能称之为对话。

黑格尔与马克思的辩证法进一步延伸了这一概念。对立的个体——比如"我"和"你"——不过是黑格尔所说的精神（geist），马克思所说的

① 即相互明了自己的无知，才能最终获得真知。——译者

生产关系，在社会中的物象化形态，无时不处于变化之中。而这一变化过程，就被称为辩证式发展。而其发展过程是这样的：

首先，是对自我内部或共同形态内部的矛盾并无自觉的状态。比如两人关系进展非常顺利时，对"我"也好，对"你"也罢，并不自觉，也不会想为什么这么好，互相都感觉与对方是一体同心的一种状态。若以劳动者与资本家的关系来说，就是都认为"我们是个大家庭"的状态。这一阶段就被称为"自在"①。

但接下来就会进入"自为"的状态，双方开始意识到矛盾的存在，即"我"与"你"不同，处于对立之中的意识。这里的"我"也好，"你"也罢，都不是固有的，永远不变的，而只是精神或关系的一种现象形态。让劳动者意识到自身处境，对自己是被资本家榨取的劳动阶级产生自觉的状态，依马克思主义的表述，就是已成为"自为阶层"。

继之，会从这一状态进入关系无法改变，对立固化的状态。无论如何努力对方都不改变，就会日生疏离之感。哲学中称之为"异化"（Entfremdung）；而若超越这一关系，转化为更高层次的阶段，则称之为"扬弃"（Aufheben）。但这一状态并非返回感觉不到矛盾时的初始状态，如夫妻回到"夫唱妇随"，企业员工回到"企业就是大家庭"。

为什么呢？因为"破镜难圆"，任何事物一旦变化就无法回到从前。矛盾也一样，一经出现就只能以向更高层次转化，改变原有关系，才能得到解决。当然也不是"在哪里跌倒就在哪里爬起来"，更不是"调整""妥协"等似是而非的处理方式，而是向更高层次迈进，建立起全新的关系。

这里的个体、主体等也被视为只是一时的、处于不断变化之中的现象形态。所谓"我"与"你"、"劳动者"与"资本家"、"知识分子"与"大众"都被视为彼此分裂的"不幸意识"。

---

① 即德语的 an sich。又译为"本身"。即存在方式是直接的，不自觉的，尚未意识到对方不同，尚未产生否定意识的一种存在形态。与"自为（für sich）"相对应。——译者

但一旦分裂，也就只能推进到最后了。马克思主义的社会运动论，特别重视运动"主体"的打造。即在矛盾蓄积的状态中，让劳动者具有"我们是劳动阶级"的意识，进而形成运动主体。"我们"，不是固有的，而是要打造的。

但是，在劳资对立中，马克思主义的辩证式思维也并不是要让"劳动者获胜"，而是要通过以劳动者为主体的社会运动，废弃引发"劳动者"与"资本家"对立的生产关系，向更高层次的关系推进。也不能说劳动者就是正义的，资本家就是罪恶的，即便以极端行动把生产关系中承担"资本家""政治家"等的个体角色杀掉也毫无用处。关系不变，只是更换角色，原来的劳动者翻身做主人，原来的资本家"翻身"为奴隶，当然同样毫无意义。必须改变的，是让双方陷入对立状态的关系。

此外，若从这一观点出发，那所谓保守主义，也不过是在近代化这一社会关系中，与进步主义同时出现的一种分裂形态。在 19 世纪德国，作为对近代化的反动，浪漫主义思潮抬头并掀起了回归共同体、回归大自然等社会运动。但从黑格尔、马克思的观点来看，这也不过是一种"不幸的意识"。近代化与传统，就像资本家与劳动者的关系，是作为一枚硬币的两面同时出现的，既不会传统获胜而阻断近代化，也不会近代化大步前行而彻底毁灭传统。不管过去的生活方式消失了多少，或者说正因其濒于消失，从遗迹与历史中探寻、重塑传统的行动才会一直持续。近代化越推进，重塑传统的努力就越多；传统越顽固，对近代化的欲求也就越强烈。近代化与传统，同样是相互塑造与被塑造的关系。

在参与及社会运动中改变

一般认为，马克思主义的经济分析与革命理论现在已经基本用不上了，但就像前面介绍的，其物象化、辩证法，及现象学思维等，还是能加以如下运用的。

首先，有必要重新认识"A 与 B 对立"这一个体论思维。"劳动者"

与"资本家"、"男性"与"女性"、"我"与"你"，不过是各类关系的物象化，是事后构建的。对立也没有谁胜谁负，而是必须改变关系。从这一意义上来说，即便女性成为"企业战士"，男性成为"家庭主夫"，也不会改变社会；临时工成为正式工，正式工成为临时工，对立也无法"扬弃"。

举一个荷兰的例子。在解决正式工与临时工这对矛盾时，荷兰并没有勉为其难地增加全日制工作的正式岗位，而是于 1996 年修改《劳动法》，给予全日制员工与小时工同等待遇，不同的只是劳动时间，只要是同工，就是相同的时薪，提供相同的社会保障及解雇条件。如此一来，虽然在育儿期从事临时工作的女性很多，但不满与问题却减少了。成为临时工没什么不利，选择临时工作的人增多，失业率也就降低了。

同理，事故发生后，得不到补偿的一方与得到补偿的一方对立也是毫无意义的。不改变导致鸿沟与对立的关系诱因，终是无法解决。因为在巧妙的统治术中有一种叫"分而治之"的手段，故意设计某种制度与政策，神不知鬼不觉地，在被统治者中蓄意引发对立。

此外，若从这一思想出发，即便一个人跑到山中修行，所谓"自我"也是无法确立的。不参与社会并与之建立关系，自我的现象化也根本不可能。

反过来说，"社会与我无关""即便我采取行动，社会也不会改变"之类说法就既不是悲观也不是乐观，只是不可能而已。只要自己存在，只要走动、工作、说话，就会对关系产生影响，就在改变社会。所以，即便不关心政治的人，或心怀不满也不想行动的人大量增加，社会也定会因此而改变，问题仅在于这样的改变是不是自己希望的。

再有，社会运动中有一种常见的告诫说，活动家最好不要成为"特别的人"，呼吁方式必须让普通人也明白；而对意见相左的人，是合作还是排斥，或是断绝关系"各自行动"等也经常会成为难题。

但这些烦恼，都是基于"我"与"你"、"活动家"与"普通人"事先都已存在的思维而产生的。若局限于这样的认识框架，那与对方之间的关系也就只有战胜、妥协、排除，或断绝关系了。但"我"与"你"都不过是基于关系出现于一时的现象形态，双方时刻都是在塑造与被塑造的，如此一想也就不一样了。

"活动家"并非生来就是活动家，"普通人"也不是永远不变，一直都是"普通人"。而"普通人能懂的方式"这一说法也是既有好的一面也有坏的一面。大众既不关心也没知识，要适应他们降低水平加以呼吁，但这种握有正确答案的知识分子、社会活动家教导无知大众的态度会让几乎所有人都心生不快。

但最令人不快的，莫过于自己都无心改变，却非要单方面改变对方的态度，这与"敬请理解"的"政策说明会"别无二致。或许，这一方式对鼓动一方而言也几无乐趣，这种感触又会传递给与会者，整体气氛更为消沉，而绝无士气高涨之说。

当今社会，即便真有非凡的真理、完美的政策，但若只是单方面"教"给别人，对方也很容易因听不懂而不再关心，或是过于依赖而不去自己思考，且一旦进展不顺利，又会回头责难指导者。之所以会如此，全因这不是自发性改变，内心里并不认同和信服。与其如此，不如所有人一起献智献策，热烈讨论，更能让每一个人改变，更有利于从根本上改变社会。

黑格尔、马克思等19世纪德国思想家之所以提出辩证法主张，也离不开德国当时的历史背景。作为欧洲的落后国家，在学习过英法思想的德国上层知识分子与大众之间必然地出现了一道鸿沟。知识分子的单方面说教本身就是一种威权主义行为，鸿沟也因此而越拉越大，这正是所谓"不幸的意识"。

这就是他们摒弃外部说教，转而重视谋求自发性改变的辩证法的原因。

人不会因来自外部的单方面说教而行动，原因在于说教方自己都不肯改变。这既令人感觉无趣，也不会感觉到爱。要与这样的人建立关系，要么是看不到与之发生关系的支点，要么是被单方面支配，要么就是单纯的崇拜，此外也想象不到其他关系了。再就是以金钱、利益等往来，充其量将彼此视为手段，单纯进行形式合理性的合作。

人，既喜欢永世不灭之物，也喜欢富于变化之物。永世不灭之物为死物，变化则是活着的证明，这一思想古已有之。四季轮回才成永远，若要维持，唯求其变的思想也同样是根深蒂固。

对话也是如此，在对话中心生认可，往往是感觉到彼此在对话前后有所变化，到达更高层次的时候。当然，也有人就因自己的意见通过了七成，而对方的意见却只通过了三成，胜利因此就属于自己而快意。非要说这也是一种快乐，那也是低层次的快乐，其后的"不幸分裂"之可能性也擦拭不掉。

在西欧与日本的社会运动中，也有人受到了现象学与马克思主义的影响。当时有一个口号叫"理解就是改变"，意思是说，所谓只有知识分子与社会活动家真理在握，只有他们能单方面行使理性、把握对方根本就是不可能的。只要处于关系之中，双方就一定是塑造与被塑造的。知识分子与活动家自己都不想改变，理解就无法达成。

即便是在日常生活中，刚听完你的话就说："你的意思我明白了，"往往会给你"这人什么都没明白"的印象。反之，在听完自己的话后出现了某种变化时，就会感觉"他真的明白了"。

这种时候，你也未必真的是持有"应该得到理解的意见"，所谓"我想让对方理解的正是这一点"，也有可能是对话后"构建"起来的。但人就是这样才会"认同"与"信服"的动物。在政治学中，扩大这种认同就被称为合法性，而确立合法性，就是在对话与关系中塑造一个彼此认同的"我们"。

自反性现代化

在以上介绍的基础上，再让我们对如何应对现代社会的政治危机进行探讨。在这方面，作为思想家引起关注的人很多，这里只重点介绍一下英国社会学家安东尼·吉登斯①的思想②。

1990年代，英国工党重拾政权，吉登斯作为托尼·布莱尔首相的智囊而引起了关注。原因在于他提出了著名的"第三条道路"的主张，既不同于重视传统的右派，也不同于倡导社会主义与福利国家的左派。工党随后施行的具体政策虽是臧否两论，但其基本的概念与主旨，却也获得了相应的赞誉。

吉登斯认为，现代化有"单纯性现代化"与"自反性现代化（reflexive modernization）"之分，所谓自反性现代化，是指一切都具有自反性，既塑造与被塑造的程度不断加强，稳定性渐行渐远的现代化。进入后工业社会的现代，已不再是单纯性现代化的时代了。所谓"单纯性现代化"，可说就是此前所讲的个体论与合理主义尚能成立的时代的现代化。确信主体存在，主体能够把握客体，能够通过计算予以操控；让得票多的人做代表就可以；能基于这样的认识制定政策等。单纯性现代化所指的就是这样的时代。可这一切，为什么今天就不再成立了呢？

若让笔者用一句话来解释，就是"单纯性现代化"的前提——"个体"——已经不再成立了。比如，村落是一个个体，所以推选出来的代议人就代表着村落的民意；劳动阶级是一个个体，只要推行这样的政策就能令其满意。同理，失业人员、单亲家庭、老人，都可以分别视为一个个集团性个体加以把握，只要推行有针对性的政策就会皆大欢喜。在此一前提成立的时代，代议制民主主义也好，经济政策与福利政策也罢，都能很好地运作。

可为什么在过去，至少是看上去，这一前提就是成立的呢？吉登斯的解释是，在现代化初期，人们的行为模式还取决于习惯或传统，要作出预

---

① Anthony Giddens（1938— ），英国社会学家。建构主义思想的提出者。以倡导"第三条道路"而闻名。——译者

② 有必要说明的是，以下阐述虽以其《超越左与右》《第三条道路》等为基轴，但阐述中有很多他本人并未写过的例示、日本国内外政策案例及笔者的解读与思考等，在批评或引用前，请务必确认吉登斯本人是否这样写过。——原注

测相对容易。只要实施这样的政策，农民就会这样行动，只要这样呼吁劳动者，他们就会投票；只要跟这个人打好招呼，整个"地区"或"行业"就会戮力同心，等等。如此一来，只要将"农民""地区""行业"等视为一个个的个体，再有一个英明的中央政府适当操作，就能像遵循定律的物体运动一样确立政策。所以，现代化的运转也曾相当顺畅。即便是在工业社会成熟期，这一切也尚能以其他方式成立，甚至是更容易成立了。

比如像第一章中提到的，1960 年代到 1980 年代的日本，雇用稳定，生活方式及其运转趋于均质化。在这样的社会，政治运转与政策运作等都极为容易。比如日本的养老金制度，从结果来看，可以说就是以这样的概念构架的。若为雇员，就是从个人所得中扣除与公司对半支付的员工养老金；而农民与个体经营者，就是由自己全额支付的全民养老金（国民年金）。而将来能领取的养老金，虽然后者（约 6 万日元／月）远少于前者（约 20 万日元／月），但因农民及个体经营者 60 岁以后也能继续经营，又有自己的房子，儿子继承家业，儿媳照顾起居，每月 6 万日元也足以应付。

可现在，不在上述类型之中的人大量出现了。比如既没有自己的房子，又没能加入员工养老金的高龄非正式员工或中小企业员工；比如废弃家业，无法继承给下一代的高龄个体经营者，等等。近年来，这样的群体正呈不断扩大之势，且这一趋势已经很难改变。在这样的情况下保留问题多多的制度，一旦财政吃紧就加税，根本不可能解决差距问题。

退休金如此，经济政策也并不无同。若在以前，只要以公共投资牵头，再跟业内核心人物打好招呼，就可以吸引企业投入道路、港口等公共建设，带动经济成长，而公共投资的相应支出也会在增长中顺利回收。但如今，这种预期也不成立了。

选择的多样化

实际上，所谓后工业社会，只是从经济侧面把握社会状态的一种称谓。但若将目光集中于关系，可以说，现在这种状态实由人们的日益"自由"、选择的日趋多样而来的。由这一视点论述社会变化的书也很多，原克林顿政府劳工部长罗伯特·赖克所著《胜利者的代价》即为其一。

那什么叫"自由"，什么又叫"选择的多样化"呢？比如现在，只要是女性就要在 24 岁结婚，然后辞职，30 岁之前生两个孩子，已经是很难想象了。这样的女性即便有，也只是选项之一，而非唯一选项。更为普遍的反而是"为什么我非辞职不可""为什么家务让我来做""为什么非要生孩子""为什么非得跟孩子、老公一起生活"，等等。与单纯的"选择的多样化"相比，更大的变化在于，"意识到了选择的可能性"。

再比如大学生找工作。在从前的日本，研究生指导老师说："你去某某上市公司吧。"然后就把该企业的"招贤信"分发给研究生。若拒绝了这家企业，学生与老师的关系就会恶化。并且，若中途辞职会影响学弟学妹就职，即便进去后不喜欢也辞不了。即便从自身来考虑，因是年功序列制，也还是不辞为上。就算是自己找工作，也到处都是论资排辈，终身雇用。所以找不了几家，多数人也就放弃挣扎，找工作就此结束。

现在不一样了。学生不理会老师的介绍信也无所谓，可以自己收集信息，自己了解公司前景及福利待遇，自由选择。

如此一来，似乎可以说人们能自由、合理地行动。但既然自由的合理性主体增加了，就应视野更加开阔，对未来的展望也应更为清晰才对，可现实却并非如此。原因在于用人单位也"自由"了，人才选择的可能性也增大了。之前会张开双臂欢迎老师推荐学生的公司，改从应聘学生中选了。如此一来，很多学生就会被筛掉，要拿到 offer，就非在几十家企业中冲锋陷阵一番不可了。

既然如此，企业单方面成为选择方，企业方的预测可能性就提高了吧？也并非如此。学生选择的"自由"度也加大了，多少家公司都可以应聘，每一名学生都在数家公司间挑选，大企业除要应付海量的应聘学生外，好不容易选定的学生也很有可能会弃而他往。即便真来工作了，也可能刚干三年就突然辞职，只能重新招聘……

如此一来，公司方面就很难像从前一样，即一般不会对新人委以重任，先熟悉工作就好，而是强调"即战力[1]"，把繁重的工作交给新人，如此一来，因无法承受而三年就辞职的年轻人也就越来越多了……这种状况也是缘于经济不景气，公司余力不再，不得不强调"严加筛选"，"即战力"。倘若仅仅如此，目前状况就应有利于企业一方，其单方操控求职者的可能性就应该更高。但实际上却是学生与企业双双进入了选择性加大、预测失效、稳定性丧失的状态。

这一状况不仅限于找工作，两性关系、家庭关系、企业间关系、政治家与选民的关系也莫不如是。无论你住在哪个国家，在选择范围扩大至全球的同时，被动候选的可能性也在同比增大，预测无力，不安陡增，曾有地位也好，积蓄也罢，瞬间都可能化为乌有。

虽有意见认为，全球化会带来均质化，但实际带来的却是选择可能性的增大和多样化的日益加剧。穿什么衣服、听什么音乐、皈依什么宗教、信奉什么思想，全取决于自己的选择。全球化下的选项与信息令人眼花缭乱。

有人将之归咎于卫星电视与网络的普及。的确，置身室内便可收集全球信息，鼠标一点就可完成选择，确实在为上述变化推波助澜，但就像文艺复兴中的火药与印刷术，只有技术使用者的世界观或社会基础发生变化时，技术才会转化为改变社会的重要因素。搞不懂的状况发生了怪网络，就业、家庭不稳定了怪网络，甚至连犯罪、示威都怪网络……虽然，这种说法也有正确的一面，但再怎么归罪，也不可能有任何结果。

自反性的增强

现代经济学与政治学等一直认为，只要加大主体的行动与选择自由度，就能基于观测与信息收集合理行动，世界就可预测、可操控了。而若

---

① 指即刻就能投入工作、创造成果的战斗力。——译者

采取合理性选择行动的人增多，接近于"经济人"的人就会增多，以政策科学操控社会的可能性就该更大。

但事实却全非如此。为什么呢？

其根本原因在于，现代科学认为，主体虽能行使理性，但客体却只是单纯的物体而已。正如笛卡儿所说，人类虽有理性，但动物却形同机械，只会基于本能与条件反射行动。你给饲料它就吃，仅此而已，绝不会发生将计就计之类的事情。政策科学中所谓"只要出台低息存款政策，投资就会增加"就是基于这样的思维。

但人类社会却并非如此。从现象学的角度来看，此方的某一行动必会对彼方产生影响。如此一来，在行动之前收集的信息，及依此做出的预测就不会有效了。即便获得了变化后的新信息，但收集新信息的行为本身又会影响对方，情况又会随之变化。而对方的进一步改变，自己又会受其影响而变化，所谓状态稳定的预测与行动，不过是虚无缥缈的海市蜃楼。

而本来，笛卡儿所倡导的是，与其人类之间兄弟相残，还不如合力征服自然，共筑和平，所以，即便他考虑过人对大自然的操控，但是否考虑过人对人的操控，那就不得而知了。

在现代社会，不断增大的与其说是自由度，不如说是这种"塑造与被塑造"的程度，吉登斯称之为"自反性的增强"。

所谓"自由"，若没有某种凭恃，就只是纯粹转化为不稳定而已。笛卡儿所设想的"我"是由不动的"神"支撑的，但在现代社会，却连"自我"都是在"这样的我到底好不好"的怀疑中做出选择和决定的"塑造物"了，即所谓个性摸索、找寻自我、职业设计，甚至减肥。但越是塑造"自我"，本应是塑造主体的"自我"却越会变化和动摇，于是陷入到了无限的不稳定之中。一边塑造自我一边努力稳定自我，这样的行为本身就自相矛盾。就像拿镜子照镜子，影像互映永无止尽一样。

即便达到了某一阶段性目标，比如"体重减下来了"，但全球化的信息与选项，以及他人视线一旦介入，"还有体型更好的人"，"有人说我的体型根本就没变化"等，不稳定马上就会到访。并且，这类信息不只是数量繁多，还无时不在变化。如此，在千变万化、无穷无尽的信息与视线的汪洋中折腾，不稳定状态就会进一步加重，一旦应付不了，就可能食欲不振，患上忧郁症。

但在不安的人们之中，也有人急欲寻找一种更为可靠的绝对性存在。新兴宗教的人气、对强势领导的期待、对评级机构的需求等，在所有国家都有风头正劲之势。但即便是这些，瞬间也被无数的选项淹没，继而被批判、被抛弃的事情也绝不少见。

"传统"也是塑造的

本来，笛卡儿所设想的，得神祝福，并把握世界的理性行使主体只有自己。而理性主体的操控，也仅在对方只会采取预测之中的行动，而自己又能稳定行使理性时方有可能。而"单纯性现代化"只能在现代社会初期成立，这也是原因之一。当时，理性行使者仅是以中央官僚为代表的少数人，被操控一方则是遵从习惯与传统，行动也在可预测范围的民众。"单纯性现代化"只是在这样的时代近似性地成立了。

但在吉登斯看来，人类从诞生之日起就一直是一种自反性存在，一直处于在某种关系中彼此塑造的过程之中，而并非始于现在。

那在"传统社会"中人们又是如何行事的呢？在传统社会，人们是以过去、传统或神话为参照来决定如何行动的。神话中是这样写的，前例是这样的……人们就是这样在与"过去"的关系中塑造自己的。但要说过去就是不变的绝对性存在，那也绝无此事。记忆会因现在状态而变化，一旦关系恶化，记忆就会被重新编辑为"说起来，那家伙之前就如何如何"之类。同理，作为集体记忆的往昔与传统，也是由现在的行为"塑造"的。《圣经》的解释、日本古神话的解释，也是在不同时期的政策需要与现代化的推进中不断变化的。而被解释的神话又回头塑造人们的行为，在这样的行为中，神话又会被"再解释"，如是反复，不断"前行"。

被塑造的不只是传统，历史也同样可以。若以日本为例，在战争年代，"日本素有武士道传统"的说法就不胫而走；而在出口工业盛极一时的 1970 年代，"日本素有工商国家之传统"的说法则又红透全岛；但在此前的 1960 年代，因大米自给率达到 100%，终身雇用涵盖范围不断扩大时，流行的说法却不是"工商"传统，而是"日本素有农民的集体主义传统"了……

士农工商各社会阶层在江户时代都曾有过，依现时喜好选取材料重塑"历史"实在是太简单了。江户时代明明是工匠商人之花的樱花，突然成了"武士道的象征"；江户近海居民的当地食品寿司，突然成了"传统的日本料理"（在没有冰箱的时代，内陆地区没人吃寿司），对历史与传统的这类重新编辑简直到了荒唐的地步。

自然科学也同样未能幸免。最近，日本电视中"雄性抚育后代"的动物类节目很多，可能因为收看节目的多是在家育儿的母亲与孩子吧。但在以前，即便知道有这种动物，也不会特意对"父亲参与子女养育"之类加以强调，更不会将之作为节目的制作主题。

基于时代需要改变对自然界的解释这一点，提倡"适者生存"的达尔文进化论在资本主义勃兴时期风靡一时即为一例。就是说，动物界是"适者生存"，人类社会如此也实在是天经地义。

所以，所谓"传统"也不是固定不变的，而是在与"现代"的自反性关系中塑造与被塑造的。所谓传统，不过是某一范围内的人们，在与过去某一对象的自反性关系中决定现在的行为时，将其称为"传统"或"圣经"等而已。谁都不读了，也就不再是"圣经"了。

在现代化初期，除一部分知识分子、官僚和政治家外，人们都摆脱不了以"过去"与"传统"为自反性对象决定自身行为的模式，所以在那个时代，政策制定、代表选举也都很容易。

而一旦进入全球化与后工业社会，人们的"自由"度与选择可能性提高以后，自反性也因此而飞跃性增强，人们在获得"自由"的同时，未来已无从预测，说服他人也变得难上加难。

"自由"是会传染的。我这边以传统的方式诚挚以待，仁至义尽，可对方却来一句："这可束缚不了我，我是自由的！"如此一来，自己这边的言行也就"自由"起来了。颇具讽刺意味的是，最初挥出"自由"一拳的，基本上不是中央政府推出的现代化政策，就是来自国外的冲击。于是，深知"自由"魅力与恐怖的人们便接二连三地学会了"自由"。

自反性的增强虽把不稳定慷慨地送给了所有人，却给积贫积弱者带来了更大的打击。倘在过去，贫困的人们尚能在共同体或家人的扶助下渡过难关，或以工作、技术及"活法"带来的骄傲与荣誉进行心理补偿，但在自反性快速增强的时代，却连这些也都飘摇起来，一个个被丢入选择可能性无限大的浩瀚汪洋，被逼入了没有信息收集能力、没有货币积累就再难立足的境地。

为何左右两派都会日暮途穷

正是基于这一现代性认知，吉登斯进一步阐述了左右两派必将日暮途穷的原因。依据吉登斯的定义，左派坚信主体理性，坚信客体的可操控性，并据此认为，只要政府采取适当的政策，如计划经济、福利政策等，即可对社会进行适当的设计。

与此相反，右派则坚信客体的绝对性，坚信主体的局限性，认为传统根基永不会动摇，呼吁回归传统，并肯定市场的决定作用，坚信市场会做出正确的判断，人类理性并不可靠。在传统面前，在市场的自身判断面前，人类应该谦逊地服从。

但吉登斯的这一定义却并不完全适用于日本。应归于右派的保守政党推行"收入倍增计划"，搞盲目开发等；而本属于左派的革新型政党却提倡大自然保护等。并且，这样的事例并非仅限于日本一国。但总之，在这里就先沿用吉登斯的这一定义继续这一话题。

在吉登斯看来，在自反性现代化中，左右两派都会走向穷途末路。左派坚信的人类理性，右派坚信的传统和市场都不再绝对，市场虽不可人为操控，但传统与市场也无时不处于塑造与被塑造之中。

211

先看一下左派的计划经济。过去，人们曾将计划经济的失败归咎于过多的信息量撑破了中央政府的处理极限，若果真如此，导入处理速度极快的超级计算机即可解决。真正的问题在于，对现场发生的诸多现象，无人能够完全把握，并加以操控。

比如大家一起去食堂吃午餐。而食堂方面也通过事前调查准确把握了每个人的点餐要求并准备停当：咖喱饭 30 人，天妇罗份儿饭 30 人，日式份儿饭 40 人。但当大家走进食堂，天妇罗份儿饭看起来不太可口时，就有人要求换咖喱饭。决定因现场所见做出了相应改变，也就是说"自身被塑造了"，即自反性关系。

所以，即便理性主体推行（完美的）计划政策，终也是无法逃脱步入穷途的宿命。

如果说左派的计划不可靠，那右派所推崇的传统与市场呢？同样不可靠。先说传统。传统，实际上无日不处于被解释、被重构之中，且其解释又因人而异，即便你一一抄写下来，但就像《圣经》的解释，根本就无法统一。即便在某一范围内统一了，也不过是"多样性价值观中的一种"，其他人并不认同。

再看市场。首先，以"经济人"假定为前提的市场模型及其理论本就与现实脱节，现实中的市场会因选择可能性的增大、自反性的增强而变幻无常，实难擎出一根定海神针。当然，在经济学内部，也有对"经济人"假定局限性的自觉，也有导入自反性思维的动向，却未能进一步追究现实的复杂性，且这类经济学本身，也并不信奉市场万能主义。

此外，很多市场万能主义者的立论前提是，人们对相互信任、习惯及规则等都很珍视，政府尽可放松管制而放任市场"自由"发展，从而出现"自发性秩序"。当然，这也是自亚当·斯密以来的市场思维。但在自反性的快速增强的社会，已难以成立了。

而一旦这一切难以成立，就会奋起呼吁珍视习惯与规则，提高对国家、法律等的尊重意识，强化治安，但这就与保守主义不"谋"而合了。这种"新自由主义"不但没对现实发挥改善作用，反而起到了深化对立、降低合法性的反作用。拿"自由主义"旧瓶装"自反性的增强"新酒的最终结局，就是催生对立与暴力。

若事态进一步恶化，就会有政治家直接主张不要相信任何人，要通过自身的努力在竞争中胜出，政府越小越好。但据笔者所知，至今没有一个思想家认为这样也能建立起秩序。

尽管如此，但随着递推性的不断增强，新自由主义还是拥有很大的市场。为什么呢？在笔者看来，事到如今，很多事情也的确是已经无法相信了，而各国新自由主义者的思想，似乎也基本都会认为，"可以信任的只有自己。自己的金钱、自己的家人和自己的民族"。但这与斯密，与哈耶克①们的经济自由主义思想却未必真有相似之处。

"范畴"的局限

此前的左右两派之所以会走向穷途末路还有另一个原因，即作为双方立论基础的，是在一时性的社会状态中产生的"员工""农民""主妇"等个体论范畴。就前面介绍的日本养老金制度，如今，各国游离于范畴之外的人都在增多，与此同时，各国的政治与政策也被逼入了窘境。

特别是在今天的各发达国家，收入低、工作不稳定的劳动阶层已经成为一个严重问题。此前，只要被雇用就有工资保障，而一旦失业，则又能领取失业保险，自然没有什么问题；但这一制度的设计前提，就劳动者可以"雇用者"与"失业者"进行非此即彼的分类。可放眼今天的劳动力市场，工作不稳定、工资又低，没有社会保险，劳动条件恶劣，在短期工作中走钢丝的人们，分类式"范畴"思维根本无力应付。以前，这样的人都是丈夫或父母会提供经济来源的主妇和学生，无须担心，但现在，这样的想法也不再成立了。

---

① Friedrich Hayek(1899—1992)，奥地利裔英国经济学家、政治哲学家。坚持自由市场下的资本主义，反对社会主义、集体主义。1974 年获诺贝尔经济学奖。——译者

当然，也可以通过增加分类的范畴加以解决，但这一办法无论如何都是有限度的。比如，明明是公司员工却只有全民养老金（国民年金），这自然是不妙，那就把非正式员工也纳入员工养老（厚生年金），可很多非正式员工又都是未婚女性，其中的几成又一定会结婚并成为家庭主妇，即便加入员工养老金也毫无意义①。那就只算连续工作年数长的非正式员工吧，但刚刚离婚、只有母子相伴，既要打工又要照顾老人的女性呢？她们又该怎么办？真要归起类来远没有想象中那么简单。

就目前来说，所采取的必要措施很多，较之以前或已改善了不少，但随着制度设计的日趋复杂，会越来越不方便。并且，无论如何跟进，也总会有人脱漏于范畴之外而心生不满。更何况，要确定某一范畴内的人到底有多少，他们过着怎样的生活，如何才能了解，都要花费相当的时间、精力与财力。并且，即便所有范畴都齐备，一旦社会结构变化就立即会与现实脱节。

保守主义的反作用

与此相反，保守主义者则主张，"是女的，结了婚就该辞职理家"，要么就说，"现在的年轻人真是忍耐力太差"。也就是说，一旦纳入"女性""年轻人"等范畴之内，就应该如何如何行动。但"范畴"本身早已失去原有内容而空洞化，再加自反性的增强，任你喊破嗓子也不可能刹住社会这部大车。

不只如此，以旧观念应对新变化，就会催生对立与暴力，为什么会出现这样的反效果呢？在笔者看来，这样喊的人多是"单纯性现代化"时代的特权阶层，也就是说，要对方依"传统"行事，自己却想"自由"行动，问题也就出现了。

---

① 女性一旦成为主妇，即自动加入员工养老金系统，且无须缴纳参保费用，65 岁后自动获得员工养老金与全民养老金，所以有"无意义"一说。——译者

比如，有经济界人士说："三年就辞职的年轻人太任性了！"但就是这同一个人，在找代工企业时却又不理会以往的规矩，而是在全世界的工厂中自由选择，法人税要不降下来就直接把工厂挪到海外。如果对这样的人说："为什么女的就要做家务？那你既是男的，那就去工作。"他们很可能会生气，因为问题是，他们不知道自己在说什么。

并且，一旦他说"找代工企业要自由选择"，那他的客户也一定会以"自由"为原则行事；一旦他说"要依据国际标准严加筛选"，对方也会依国际标准对他严加筛选；一旦总经理以能力至上主义对待员工，那一旦他自己无能，其权威就会大大降低……他们不明白，自己的言行会给对方施加影响，进一步令自反性加强，制造对立。

第三章中介绍的日本新左翼宗派也是如此，明明自己在"自由"夺取学生的学生会，却要让学生一如既往地听从执行部的指挥。而在全学共斗会后期，明明是自由参与的运动，想绑架学生去参与的道德主义却又横行无忌。

在现代社会，保守主义反作用的表现之一便是出生率的降低。特别是在日本、西班牙、意大利等以传统的男女角色分工为基本价值观并依此设计制度的国家，出生率都在急剧下降。而其具体原因，就是当男性的平均工资下降，女性不得不外出工作时，保守主义传统观念却为生儿育女制造了障碍。在男性不做家务，休假制度、保育设施又不完善的情况下，会导致生活因生育而陷入困境。如此一来，女性要么不生孩子，要么干脆就不结婚。即便生了孩子，因不出去工作就难以糊口，也不可能再像从前一样生好几个孩子。保守主义价值观就这样起了反作用。

即便是日本，现在，充分利用育儿援助及休假制度等，结婚生子后依然工作的女性，一生中生育孩子的数量，反而要多于家庭主妇。但在没有育儿援助的状态下，女性既要坚守原有性别角色生孩子、养孩子、做家务，又必须外出工作，那不是因疲劳而倒下，就是患忧郁症，最后要么虐待孩子，要么离婚……说到底，保守主义者起的还是反作用。

激进主义

吉登斯将视传统为不变之物的右派形容为"激进主义"。这里的"激进主义"指的是一种态度，既不承认自己处于塑造与被塑造之中，也不参与通过彼此变化改变关系的"对话"①。若让苏格拉底来说，就是拘泥于某种绝对价值而无法进入"无知之知"这一境界的人吧。

激进主义的弊端与危害就是暴力与拒绝对话——不能通过参与对话改变自己的人，不是直接拒绝对话，就是走向极端诉诸暴力。

所谓拒绝"对话"，先是隔离或退场。表现为不干涉对方，把自己关在屋里，不交谈、不交往，等等。而一边拒绝对话，一边又想支配对方的人，或想建立关系又不顺利的人就会诉之于肢体或语言暴力。家庭暴力与犯罪案件的增加已经成为所有发达国家都要面对的问题。

激进主义还会以躲入自己所在"范畴"的方式拒绝对话，以宗教、民族、地域、性别等为阵地向对方发难。世界各地的排外运动，北意大利分裂势力的地域主义，印度教右派的激进主义，无一不是通过打造各自的世界观、历史观与"传统"，将自己的主张正当化。而无法承受不稳定感的人们一般都会投奔到这些"范畴"之内寻求依靠和庇护。

将对方视为笨蛋也是拒绝对话的一种方式。在多样化与选择可能性加大的现代社会，共同拥有某一默认前提，不说也能彼此明了的情况不多，进而，在多样化的选择中，只要在某一狭小领域搜集知识，很容易就能成为该领域的渊博之士，把自己说服不了的人、对自己了解的领域不感兴趣的人视为"笨蛋"，就能拒绝对话。而自反性越是增强，把"笨蛋越来越多"挂在嘴边的人也越来越多了。

而在政治领域的激进主义，则是躲入派别之内拒绝对话与公开。与其说如此就能万事大吉，不如说一旦与外界发生关系会相当麻烦，躲起来

---

① 即问答法、辩证法。

更轻松而已。只是内部独断决定的事情却非强要全社会接受，也会发生暴力，而一旦暴力受到批判，就只好撒钱了。

拒绝对话、诉诸暴力、花钱消灾，都是无法顺利构筑关系的人易于采取的方式。但这些方式却只会导致正当性的消减，关系恶化。而一旦关系恶化，对话难度加大，就会滑向顽固的激进主义，如此，封闭与暴力也会越来越严重。

对话与公开

那该怎么办呢？万能钥匙是没有的。吉登斯的提议是，不是阻止自反性，而是自反性社会必须以自反性措施应对。吉登斯也受到了马克思的影响，若基于辩证式思维，阻止自反性的想法，本身就不过是一种"分裂的不幸意识"。世界上出现的一切矛盾，都不可能回复到初始状态，而只能谋求内在性改变。

马克思认为，要阻止资本主义的渗透是不可能的，要回到现代化以前就更是天方夜谭，而只能充分调动资本主义必然催生的无产阶级，充分利用必然来袭的经济危机，促成资本主义的内部改变。

自反性增强所带来的社会问题，也只能通过内在性改变加以解决。具体来说，就是要加强"对话"。"村落""劳动者"等原有的"我们"已无法依靠，既然如此，就只能通过对话彼此改变，造就一个新的"我们"。

以"我"与"你"正处于对立状态为例。这时，往往不是指责错在哪方，就是相互妥协；不是互不干涉，就是诉诸肢体、语言暴力。单方面行使理性也好，以传统为依据也罢，都会导致事态不断恶化。所以，只能通过对话互相改变，进而改变关系本身。即便还是原来的两个人，只要改变了关系，就会造就出一个新的"我们"。

以这种方式造就的关系，被吉登斯称为"主动性信任"。虽说是信任，但并不是即便自己"自由"奔放地行事，对方也会一如既往尽心尽力地对待自己的信任，而是自己主动采取行动，一步步建立起信任。想想自己能为对方做什么，并付诸实施，一点一点地得到对方的信任。

具体到政治领域，就是以对话与公开为原则。吉登斯虽称之为对话型民主制，但并不是说要废弃代议制民主制，而是尽量把对话与公开导入代议制，以激发人们政治参与的积极性。不然，对政治失去兴趣的人只会越来越多，制度的合法性也会随之降低，政治局面也只会越来越不稳定。

进入现代社会以后，地域主权与听证会在各发达国家都很盛行。原因很多，但主要还是若不以小单位、可参与的直接民主主义活力相补充，民主主义本身都已是岌岌可危了。而集会与游行示威，也同样是将直接民主主义活力注入社会的方式之一。

而在托克维尔所列举的美式民主主义的成立条件中，地方社区township 内居民的政治参与热情即为其一。

赋权[①]

话虽如此，可很多时候，对话过程却并不顺利。首当其冲的是不参与对话。不习惯，也没有相应知识。于是，就不得不从零教起，或自己学习。

以政治举例来说，就是即便举办听证会，也只有当地的实力人物参加。即便召集一般社会人士到会也不发言。没有相关知识，也就无法形成像样的讨论，最终，还是照老样子来效率更高，被召集者也希望如此。若主办方本就认为听证不过是个形式另当别论，但真心要办一个像样的听证会也绝非易事。

也就是说，本应对话的主体其能力在下降。不参与对话的原因之一就是认为自己不行，既无实力，又无知识，还不习惯，根本做不来，所以

---

① 英语为 Empowerment，是指个人、组织或社区通过学习、参与、合作等机制获得管理自身事务的能力，以提升个人、组织及社区的生活品质。赋权过程中，专业人士所扮演的角色是合作者、推动者，而非指导者。——译者

改变不了什么。要改变这一点，就只能赋予对话主体以能量，既必须通过赋权将其激活，这也是当今时代政府或专家的新任务。

理论上话虽如此，可具体该怎么做才好呢？

比如在家庭扶持方面，就是知识的普及、咨询处的完善等。通过教育让夫妻双方了解男女性别角色的变化；而一旦发生问题，也备有随时能咨询的场所。

医疗方面则是普及医学知识，让人们具备疾病的自我预防、理解信息、选择治疗方案的能力。若是劳动政策，就要向失业人员或想从事更好职业的人员提供职业培训，以大学为代表的高等教育就尽量要免费。

政治方面，则在通过信息公开与听证会等鼓动参与的同时，普及相关政治知识，提高人们的自立能力。再就是 NPO 的认可与培育等。

若论地方经济，就不是把大型工厂引入当地，再从中央领取补助，也不只是利用当地特产，通过无需投资的小规模生产提高附加值，再卖给以首都为代表的大都市，而是要借助网络进行多维营销。若以能源为例，就是不靠在当地引入如核电站这样的大型发电站，而是由当地人集资建立小规模的可再生性发电设施，共同经营。

或许有读者会想，这些事情最近不是都在说嘛。的确如此，但至今也都还是些零散政策，或是局部导入，而更为根本的思维、思路却并不为全社会所共享。但在自反性不断增强的社会，若非整体转向，社会运转必然会最终失灵。

严惩重罚的反作用

与此前的政治思路相比，这样的方式和策略究竟有何不同呢？

首先，此前的福利政策思路，是问题发生后再予以解决。比如，失业了就支付失业保险；成为单亲母子家庭了就支付生活补助；生病看医生了就对应以医疗保险；有人来反映情况，来游说了，再如何如何应对，等等。

这一思路的问题在于，问题发生后再应对就为时已晚了，成本也太高。与其在生病后支付保险，就不如不生病，只要普及疾病预防知识，支出也就可以减少，对财政对个人都是好事。这在预防医学中经常提到，但也同样适用于以上列举的几乎所有问题。比如，与其在离婚后向单亲母子家庭支付补助，就不如为不离婚也可以普及知识、提供咨询。

但这绝不是说不能离婚、不能辞职，要忍受原来的关系，而是要为改变原来的关系提供帮助。更不是说成为单亲母子家庭是其本人自己的责任，根本没必要提供帮助，而是说，不能只是提供财政援助，而是要提供适当的咨询及再教育，视情况，可能还需要在中间牵线搭桥，失业问题也同样如此。

这不是在说漂亮话。一直以来，我们的政策就是失业了支付失业保险，成为单亲母子家庭了就支付补助，其他的，就自己想办法吧。但在今天的各发达国家，这种政策已是无济于事。给了钱会毫无计划地瞬间花光，无法摆脱贫困，吸毒，滑向犯罪的人大量涌现。

在自反性增强的社会，推定人都有传统的勤勉意识，给钱助其渡过难关，就一定会在一定时间内重新就职，根本就不可能。现代行为主体一旦力量弱化，若不通过教育、咨询或再培训，即通过赋权将其包纳于社会之中，他们是爬不起来的。而从结果来看，赋权的社会成本也更低。

也许会有人想，什么再培训，什么咨询，别宠他们，让他们自己努力去找工作，要胆敢犯罪，严惩不贷！实际上，这样的方式已经采取过了，但几乎毫无例外地全以失败而告终。越是严惩，无法重返社会的人就越多，不断再犯的人也出现了。那些中途辍学、染指毒品、意外怀孕的年轻人，不但没在失业中得救，反而受到了严惩，由此成为屡教不改的惯犯者亦有之。

第二章中也曾介绍过，在1985年的美国，20—22岁的黑人女性中有33%都是"未婚妈妈"。而在1999年的英国，16—18岁的年轻人中，9%成了"不上学，不就职，也不接受职业培训"的"尼特族"。面对这些现象，"根本不需要性教育"，"让他们自己管好自己，努力奋斗就足够了"的保守主义态度已经无济于事，适当普及相关知识、适当提供咨询与职业培训的必要性已经出现了。

即便是在日本，据 2012 年政府发布的统计数据，没有稳定职业的大学、职业学校毕业生比率为 52%，高中毕业生为 68%，他们要么无职，要么从事临时性工作，要么就是三年内辞职，等等。而据 2009 年的一项调查，在 18 个对象国中，日本女性的孕育知识水平倒数第二，仅在土耳其之上，日本男性则仅高于中国与土耳其，居第 16 位。

尽管如此，但日本似仍没从"一亿国民全中产"的意识中醒转过来，依然有意见认为应将学业竞争导入公立学校，若无效就从小学开始留级，一留级，他们就会自发地努力学习了吧！藏在这类意见背后的实际上就是一种天真想法——日本依然是一个勤勉有加的社会！要在初级、中级教育中实施留级，若不投入预算精心照料，留级学生很容易就会辍学。这一点，几乎所有的发达国家都已体验过了。

弹性保障①

此外，正如前文所述，此前的政策都是基于范畴式思维制定施行的，问题出现了，再加以把握、应对。就像一张一张地去贴橡皮膏，但在变化性很大的社会即无力应对，从范畴脱漏的人也会越来越多。

与此相反，社会保障论等所提倡的，则是基本保障的思路。比如，只向贫困生提供助学金就是范畴思维，而大学教育免费就是基本保障思维。当前日本的生活保护制度是弱势救济，而最低工资就是基本保障。再比如，性别角色变化及医疗知识的普及就是面向所有人的基本保障。置身现代风险社会，离婚风险、人生高低无保的风险可谓不相上下，若只向失业人员提供失业保险，工资低、工作又不稳定的人们怎么办呢？他们是维持

---

① Flexicurity 一词由丹麦社会民主党首相拉斯穆森所造。这也是福利国家积极的就业市场政策、社会保障政策的典范。——译者

不下去的。

范畴思维的问题在于，制度设计若非相当精致，社会政策就会成为七拼八凑的一块块补丁，且极易造成不公平，不合理。比如在日本，拿着政府规定的最低工资日夜操劳的，还不如直接申请生活保护过得更好一些，干的不如不干的，享受生活保护的家庭会招致"穷忙族"的痛恨也就在所难免。试问这样的政策有合理性可言吗？

现在的生活保护标准，据说设定于1960年代前期，以有孩子的临时工家庭为对象，以让他们过上"健康的有文化的生活"为标准。可最低工资呢？不但在经济界的反对下从未上涨，反而因1970年代主妇小时工的大量出现相对下降了。早就有人推测，一旦最低工资比生活保护还低，放弃工作直接申请生活保护的人就会出现，这就很可能导致政府部门连对真正需要保护的人都会严格审查。但政府对这一警告可谓充耳不闻。

范畴思维的另一个问题，则是无力完成产业结构转型。一旦被解雇就只有临时性的失业保险可领，养老金、保险也会随之受损，家人只能通过丈夫加入保险，这样的制度下，劳动者就会紧抓现在的工作不放，法律也只能严格限定解雇条件。如此一来，劳动力市场根本不可能活跃，无法完成新旧产业的更替与转型，年轻人及新人才也无法雇用，结果就是产业调整能力丧失，经济在无力转型中停滞，失业率上升，税收下降，最终失去社会福利所需财源。

与此相反，无论何时被辞退或主动辞职，保障所有人都能免费接受高等教育或职业再培训，再就职机会随时都有，能换工作到新的成长型产业，也备有与此相适应的职业协调及就职协助机制，无论企业规模大小，无论正式员工与否，一律同工同酬。如果是这样的制度，更能应对产业及社会等的变化。这样的社会保障越完备，产业转型也越容易。因这一机制既有应对结构调整所要求的灵活性（flexible），又具有社会保障所要求的安全性（security），就被称为弹性保障。

即便是日本，只要企业不再偏重毕业新生的一揽子聘用，能为换工作的人提供再就职保障，未来规划会完全不同的人大有人在。常有人说，只要有能力的人才参与政治及社会活动后能重新就业，就能成为激活整个日本社会的有力动因。现在，日本也终于意识到了职业再培训的重要性，但在实践方面却远远不够。

高效的基本保障

问题出现之后，当事人力量尽失成为弱者之后，再要扶他（她）起来就殊非易事。为能在问题出现之前施以救助，这就要向全体社会成员提供基本水平的保障，让他们不要跌落到这一基本保障水平之下就可以了。也可以说，这就是"国家为保障天赋人权而存在"的古典思维吧。日本《宪法》中，也确有保障国民"健康、有文化的最低限度生活"的第二十五条。

也有批评意见认为，如此一来，不就得花钱了？但产业结构转型不成，年轻人失业率上升，治安恶化，养老金制度、保险制度全盘崩溃，要收拾残局就更要花钱。

基本保障的另一好处，就是无需范畴。不但应变力强，也不会有人脱漏于既定范畴之外，并且，对什么人在什么范畴内的审查，违规揭发的人财物力可以节省下来，从结果来看也更为高效。

我们不妨看一下美国医疗保障的例子。美国并非全民医保，而是老年人及残障人士加入"医疗保险"（Medicare），贫困与低收入群体加入"医疗补助"（Medicaid），其他社会成员则是任意加入商业保险。只有弱势群体享有医疗保险，其他人员自行加入商业保险，看上去非常高效。但实际上，商业保险仅入保手续、审查、广告等事务性花费就拿走了全部费用的25％，也就是说，总积金中的1/4消失在了制度运营之中，效率非常低。最有效率的是65岁以上老人的医疗保险，其事务费用占比不到保险总积金的3％。因一到规定年龄即可加入，无需审查及其他事务性花费。

　　并且，推行这一制度的结果，就是既没加入医疗保险，又没加入商业保险的无保人员达总人口的 20% 左右，虽多是 65 岁以下的中产阶层，但一旦生病或受伤，天价医疗费用瞬间就能将其打入贫困阶层。其结果，就是面向贫困阶层的"医疗补助"负担加大，不得不增税。所谓保险，本就是健康、不生病的人也交纳保险费才能支撑的，只有贫困阶层聚到一起搞"医疗补助"，很容易导致财政困难而增税也就不言而喻了。并且，无保险者患重病后就得去医院，反而会导致医疗费用增加。而面向高收入阶层、倾心于高端服务与装潢的医院、收取高额酬谢的名医等又在不断增多，也无不将美国的医疗费用大幅推高。

　　从结果来看，不只是差距拉大，还会导致贫困阶层增加，财政负担加重，效率低下，医疗费上涨。挣到钱的，就只有保险公司和一部分名医了。也可以说，还是不划分范畴，面向社会全员的基本保障反而更为高效吧。

　　与之稍有相似之处的是，全世界国家不少，但"高考"由各大学分别举行的却只有日本一个。普遍做法是，只要达到统一分数线，就可以自由选择就读的大学。日本的这一高考方式，考生的备考负担不用说，各大学为高考投入的人力财力也非常庞大，而这些成本，最终又通过考试费、学费及政府补贴等转化成了全社会的负担。效率极差之外，被范畴区分的人们怀有极大的不满也就无须多说了。

由保护转向激活

　　此外，沿用至目前的福利政策是基于保护性思维设计的。即由英明的官僚、专家或政治家来保护无知弱小的父权家长制思维。这与先锋党的思维方式相似，在发展中国家很容易出现。

　　要说其问题在哪里，就是提供保护的强者与被保护的弱者这一关系会固化。被保护方的态度是"全盘委托"，易生不关心、不学习、不参与及依赖之心，作为主体也就日益弱势。如此一来，保护方就愈发认定，被保护方无知无识，有事也没必要通知。政治方面的补贴用途及开发计划等，医疗方面的药品用法、治疗方案等，教育方面的教科书、指导大纲等，我们上面这些人不好好做决定是不行的，不能交给"下面"，会出岔子。

但这也只在保护方拥有压倒性力量，被保护方并无不满时才能成立。一旦保护方在经济及其他方面余力不再，就会变成"别依赖我，你们自己要努力"。闻听此言，被保护方就会无法接受，纠纷、抗议也就此起彼伏。在自反性不断增强的社会，这一关系注定会进入僵局。

要打破这一局面，除赋予被保护方力量，将其激活之外别无他途。也就是要通过知识普及、研修、职业培训、听证会等途径，促使其参与。此前的保护方要扮演的角色，就是要帮助被保护方具备自立更生能力、自我判断能力，并为之提供参与到共同努力之中的舞台。

比如治疗这一行为，就不再是"医生为患者治病"，而是将之视为"医患双方的共同工作"，这就需要让患者掌握知识，参与到治疗行为当中，让其成为共同决定者，如此就会成为"我们"的决定，医患纠纷也会减少。

若从苏格拉底的问答法（对话）来看，对话发起方也并非真理在握。医生的专业知识可能比患者多，但症状每天都在变化，医生不可能完全把握并操控，无论如何都有必要与患者一起工作。这种情况下，重要的就是分权，即将决定权分予患者，或者与患者共同持有决定权。但若只是听取意见，并不改变治疗方案的话，患者也就没有了参与的热情。而一旦意识到自己的意见进入了治疗方案，谁都会产生参与一次、关心一下、学习一把的主动性，患者的能力就会提高。面对能力欠缺的人，若上来就说"那你拿出个替代方案来"，这就是一种胁迫了。比如医生说："你得截肢。"患者的反应往往是："啊？这怎么行？！"这时，若医生回以"那你拿个替代方案吧"，就只能说这是胁迫。重要的是，要把几个备选方案及其优缺点等毫无隐瞒地向患者公开，在认真研究持不同观点的第三方专家意见的基础上，通过对话做出决定。不做这些工作，而让对方"拿出替代方案"，只会招致不信任与反感，降低医生的合法性。

最为理想的是，医生的任务能转化为通过"赋权"让患者具备自我预防与治疗的能力，即类似于"教师的任务，就是培养出不需要教师的学生"。为让每一位医患都能做到这一点，政府就要在其制度化方面提供帮助。

也有意见认为，"让他们更有智慧，搞不好会引来更多纠纷"。的确，在被保护方越来越有智慧，保护方却依然想守护保守性权威、保护与被保护关系时，这种情况就会出现。但人们日益"自由"和有智慧，却又是无法阻挡的。若强行阻止，就会导致事态恶化，出现反作用。只能是一切向前看。

有效利用自发结社

但说到具体实施，相比于行政包揽，自助性民间团体及 NPO 等会更富成效。原因有以下几点。

首先，对于每天都在变化的现场，行政的把握能力是有限的，在这方面，紧贴现场的民间团体，特别是当地居民自发结成的自助性团体无疑更有优势。对于这些团体，由国际团体提供知识、技巧与技能培训，政府则提供税收或财政支持，或雇用、派遣专家到这些团体内工作，如此，不满就会减少，也会减轻财政负担。

这不是在纸上谈兵。有些国家的贫民区管理及再开发，就在充分发挥当地团体的力量等。市井社区内的大小事情、人际关系，警察是搞不清楚的，而且只靠案发后再跑去处理，治安也根本无法稳定。若不是了解当地情况、彼此熟识的人们结成的团体，根本无法展开有效的活动。

东日本大地震发生后，也是组织当地人投身救灾的 NPO 比行政支援更为高效，只要 NPO 搭起共同参与的舞台，解决的就不只是当地的就业，还会激发起"我也是家乡重建一分子"的主人翁意识，这样的积极作用，全权委托建筑公司进行灾后重建的行政支援并不具备。

实际上，这些做法也并非新鲜事物，在早前的日本，村里要架桥铺路，就是召集村民确定日期，时间一到全村出动的。由村民自己决定、一起行动的方式，所有参与者也会产生强烈的一体感。这才是本来意义上的"公共事务"。村内节庆的准备、"凑份子"、捐款等等也是"公共事务"。

但到明治时期，在地方铺路架桥的"主人翁"却成了政府，当地人呢，都被政府赶走了。修建军用机场时，当地人也同样被驱逐一空。战后，因这种做法太过分，就改由政府出钱，建筑公司雇当地人出工了。而大约从高速增长期开始，向政府说明情况，要拨款筑路等意识就越来越普遍了。

但在这一过程中，地方集会就变成了为向政府陈情而设的集票组织，继之被保守党吞并，其对当地事务的决定权随之丧失，公共事务的大框架改由行政部门和政治家决定，当地人即便有意见，也无法体现到决定里去了。如此一来，当地人也就不来参加集会了。就这样，当地原有结社的本来作用丧失，只能改变其原有形态，或重建新的组织了。

但今天如 NPO 等所谓新型组织，在日本也绝非什么新鲜事物。比如1960 年代左右，住在新兴住宅区内的上班族父母们就曾搞过小学生保育。读小学前的孩子虽有公立的保育所帮忙照看，但上了小学，放学后就无处可去了，而町内会又只是过去地主们的集会之所等，未必会满足这一需求。在毫无办法之下，只好自己凑钱租借场地，雇人，想尽办法运营。后来，也能从地方政府拿到一些运营补贴等。

这就是我们所说的"民间力量"，不是政府行为，但也不是以赢利为目的的企业行为，其工作人员是广义上的"公务人员"。在 NPO 等词汇进入日本之前，这样的组织就已经在日本各地出现了。

从人类史来看，政府与企业(市场)真正强势起来还是 19 世纪之后的事。在此之前，个人无力应对的事情普遍是由"大伙儿"一起来做，而不是政府，也不是企业。反过来说，脑子里只有"政府""市场""个人"，而将其他事物视为"个别"的思维实际上非常狭隘。

这类自发结社若能以经济方式运营当然更好，但若开放市场，面向大企业招商，或将经营委托给大企业和顾问，就不再具有将当地人激活的功能，这就不是"赋权"了。

但股份公司及合作组织等要是由区域内居民共同出资、一起运营，就会成为直接民主主义式合作体。

也不只限于自发结社，若各地都有为居民提供参与机会的组织或场所，力量越来越大的人就会越来越多。而参与者越多，合法性就越高，不满也就越少。具备相应力量后，也可以把他们充实进政府，或成为学者、代议人士。当然，如果有让他们辞去上述职务，再次转变人生方向的再就业保障制度就更好。若能在经济运作方面也取得成功，自然是有利于吸引人才，但相较于赢利，激发社会活力才是其目的所在，最好是能在税收方面予以适当照顾。

当有力人士增加到一定程度，就能把政府拉入讨论了。或许有人会想，这会搞得多么吵，多么烦啊？！但现在，已然不是考虑这一问题的时候。2011 年的福岛核电站事故之后，专家及科学本身的合法性大幅下降，而最终挽救这一合法性的，正是"在野"的，与政府呈抗衡态势的专家。

科学如此，政治亦然。没有在野党、没有政权党际交替的政治体制，要维护其合法性非常困难。把要进入国会的政党卷入密室政治，进不了国会的少数派政党及在野团体就不予理睬，要是这样的姿态，最终也就没人再信服了。更堪忧的是，这也有可能催生出一个庞大的无党派阶层，而不久，就是反王、暴君的登场。

在现代日本，呼唤"强势领导"的选民们似乎特别厌恶"协调型"政治，不信任公务员，不信任政治，主张爱国主义教育。而其蔑视以对话相协调、渴望强势领导的原因，就在于一直以来的"协调型"政治，既不是对话也不是别的什么，只不过是将一部分利害攸关者事先"协调"好的事情强加于其他群体，这一点若不加以改变，政治不信任与民粹主义的恶性循环就无法停止。

回力镖效应[①]

反过来，若不以这种方式重新激发政治活力又会怎样呢？在第二章介绍过的《风险社会》一书中，贝克说，在现代社会会出现"回力镖效应"。

所谓回力镖效应，可以说就是"与己无关"这一态度，会在自以为与己无关之处生发危害，反加于自身。什么对话，什么公开，按老规矩办就行了！这样的言行也一定会遭到这一效应的"报应"。

贝克与吉登斯曾共同执笔写书，而最先提出"单纯性现代化"与"自反性现代化"的就是贝克。他所说的"风险社会"，也可以理解为吉登斯笔下自反性增强、不稳定感日甚的社会，而回力镖效应，也可以理解为吉登斯所说的自反。

现代的科学、政治学、经济学一直认为，主体能够操控客体。科学家可以操控自然，政治家可以支配民众，劳动者闹事解雇就好。即便不会这么简单，但"主体"能够操纵"客体"，视情况直接切除，的确是一直以来的思维定式。

但支配和控纵的结果是什么呢？随意支配大自然，是环境问题让人类自身受害；而贫富差距一旦拉大，则是治安恶化，出生率下降，税收减少，还是让自身受害；本以为第三世界的贫困等与己无关，恐怖袭击、地球环境破坏等就接踵而至，还是让自身受害；本以为地方的事情跟东京没啥关系，结果核电站事故发生，同样是让自身受害。这，就是回力镖效应。

"主体"与"客体"之间是塑造与被塑造的关系，单向操控根本不可

---

① 回力镖是澳大利亚原住民使用的一种木制狩猎工具，呈"V"字形，抛出后会飞回自己手中。又称回旋镖、飞去来器等。在全球化中，指发达国家向发展中国家输出的资本与技术，会以廉价商品的形式返回国内，但会在第三国出口市场与本国商品形成竞争。——译者

能。因为不喜欢，就不考虑对方的事情，重新审视双方关系，迟早会将危害返加于自身。至少，若想避开这一效应，也得像某国的富翁一样，住进高墙围护、机枪把守的"要塞社区"①。连大门都不敢出了，可即便不出大门，被守卫或司机杀掉的可能性同样不低。这样的生活究竟有何幸福可言？

但这也意味着，"劳动者"与"资本家"等对立模式不再成立。主体与客体都在塑造与被塑造的关系之中，客体方就无需重新审视自己。这也是"劳动者"等范畴化政治及社会运动等已无法成立的原因。

贝克进而认为，政治领域与经济、技术及家庭等领域，即"公"与"私"理应分离的思想，在现代社会中是占据统治地位的。所以，政治不介入经济的思想就占据了统治地位。但现在，要划出一条清晰的界线，已经是越来越不可能了。如此一来，在政治方面，只局限于代议制民主主义框架之内越来越行不通了。贝克认为，反而是原有框架之外的"副政治"会日益重要。

何谓"风险"

"风险"一词，也可视为无法在"安全"与"危险"之间画出一条明确界线，而只能说几率、概率的一种状态。

现代思维一直认为，科学家行使理性，画出一条明确的界线，就能确保大家"安全"。但切尔诺贝利核电站事故发生后，大家发现这根本就是自欺欺人。而《风险社会》一书，也正是在这一背景下写成的。

本书在第三章中将"危险"归为天灾，而将"风险"划入人祸，也是对自反性的运用。吉登斯将前者称为"自然性风险"，而将后者称为"人

---

① 此类社区出现于 1980 年代前后的欧美，据称达 5 万处之多，在巴西更为普遍。并于 2000 年初出现于日本，但却引发了周边居民的反对运动，日本法律也禁止其建设占用公用道路。——译者

为性风险"。

"危险"来自无力控制的外部世界。在人们视"自然"及"传统"等为非人力所能控制的时代，哪怕发生了事故也像"天灾"一样看待，听天由命。贫困、疾病，也等同于气候失常、作物歉收，视之为"运气不好"。

但"风险"却是人为制造的，可通过自身努力降低其危害。现在的人们，交通、医疗等事故自不必说，就连地震、海啸等所带来的灾害，都会想是不是本来可以预测，只要有关方面提供信息，就可以采取对策，选择不同结局呢？人们既做这样的思考，风险也就开始"规划"人们的行为方式了。也就是说，人类及其社会，是在与风险的关系中不断塑造与被塑造。

"危险"不会改变人们的存在及行动方式，但"风险"却会驱使人们采取行动。且风险意识越强，对政治、专家的批判与责难就越激烈，监控摄像头就越多，安全成本也就越高。

从这一意义上来说，在自反性增强的社会，就像在第一章中所说的一样，核电也必然再无立足之地。在风险社会，只把钱撒向电站所在地地方政府已无法得到全社会的认同，公开与民主化又无法避开，也就必然会加大运营成本。若避开这些，向发展中国家出口核电，则迟早会出现回力镖效应。不言自明，若东芝或日立公司建造的核电站发生事故，失去该国乃至全世界信任的，将不只是东芝或日立公司的产品，更可能是所有的"日本制造"。

需要补充的是，贝克，还是于2011年提出脱离核电倡议的"德国国家伦理委员会"会员。

做比不做好

至此，本书的大致主旨和轮廓，想必读者也已明了了。

这是理想主义！当然，对其政策可行性的质疑是理所当然。但不再只关注失业保险，而将重点置于职业培训的政策，已在西欧各国广泛推行。因其目的在主体激活，这些政策也被命名为"激活软件"。当然也有针对其实际成效的批评，比如看不到戏剧性的明显效果，费时费力，连职业培训都不参加的"尼特族"少是少了，但并未彻底消失，等等。

在英国，只向参加职业培训者发放补贴的政策本身，早自撒切尔夫人任首相时就已推行，人们也嗅出了"不参加培训就没补贴"的保守味道，所以，也有批评认为，吉登斯的主张，不过是事后承认了这一点。

此外，吉登斯与贝克所谓范畴与阶级政治已不再成立的主张也遭到了批判。贫富差距严峻，在高等教育免费与职业培训中跃升起来的，也多是在富裕家庭中长大，文化资本雄厚，头脑本来就聪明，能力本来就强的年轻人，并未真正改变什么。保守派认为，基本保障是在姑息纵容，自己为自己负责，或实施弱势救济就足够了！批判从未止息。

尽管如此，其基本理念还是得到了相应的赞同与认可。毕竟，在左翼革命、福利国家、市场万能主义、回归传统等全都走投无路，合法性下降，不安全感增强之时，吉登斯提供了洞彻这一事态的思想。而这样的政策之所以会被各个国家导入，并为之投入大量的预算、人力与物力，也实在是因为，确实没有更好的理念可供参考了。相反地，英国保守党将工党设于各地的咨询所、交流中心相继关停后，2011 年，英国年轻人掀起了一场暴动。

毕竟，所有问题一揽子解决也不可能，而能否带来显著的效果，很大程度上又取决于经济的走势。所以最终就是，做比不做好。

从根本上改变社会

这样的思想，目的还是想把现代科学与现代民主主义等重新激活，若从应将现代科学与代议制民主主义废弃的观点出发，这一思想确无划时代之处。但彻底摒弃现代化的主张，也可能只会以"不幸的意识"而告终。

现代与现代科学本就具有两面性，一面是行使理性的主体操控客体，另一面则是通过公开与对话（辩证法）构筑新的关系。这里介绍的思想，也可视之为在现代内部寻找令其自发性改变的要素，从现代内部完成对现代的超越的思想。

若从另一视角来看，也可视之为，为充分发挥、修正代议制自由民主主义机能，而导入直接民主主义要素的探索和尝试。游行与社会运动，若与政权处于对立状态就会成为"对立的声音"，但若政权方予以正面回应，就会成为"对话的声音"。因此，构筑两者间的辩证式关系就可以了。

本来，代议制民主主义能将合法性维持到今天，也全赖在过去一百年间一直不断地扩大参政权，即不断扩大参政的"我们"的范围。很多发达国家将参政年龄扩大到 18 岁，也是通过让年轻人参与政治，来扩大社会性政治内涵的一环。若不让他们参政，他们就无法拥有政治智慧，也不会有作为社会一员的自觉。

但近些年来，即便形式上被赋予参政权却全无实际参政感的人实在是越来越多了。所以才采取分权、社区集会、职业培训、咨询处、社会运动、NPO 等方式，以不断扩大实质性参与及其内涵的范围。倘非如此，在看不到未来，又没有真正参与感的情况下，最终滑向民粹主义的人就会出现。这不是最近流行的社会保障政策的一股风，而是为维持社会运转，为让社会成立，不得已而为之的政策趋势。

经常有人问我："今后的日本会是什么样子呢？"而笔者的回答通常是："可能会成为一个一般意义上的发达国家吧。"

把一切委托给公司与政府，即便不关心政治、只着意于消费也会进入轨道，"一亿国民全中产"的稳定状态自会持续下去的时代结束了。日本会与其他发达国家一样，贫富差距不大不小，辍学、犯罪不多不少，时不时会有几次市民参与、社会运动、政权更迭，不时会来一次财政破产或金融危机，自己不思考、不行动就走不下去。日本会成为的，就是这样的一个国家吧。

2008 年的雷曼兄弟破产、2011 年的金融海啸，无不令各国的经济、就业与家庭等各方面的不稳定状态进一步加剧，政权更迭频繁，社会运动高涨。就在同一时期，日本的社会运动也再次抬头。乍看之下，所打出的运动主题有别于其他发达国家，但现象本身却是别无二致。

可以说，日本，只是在 1970 年代到 1980 年代这段时间内，成了其他发达国家眼中的例外：经济繁荣、就业稳定、长期一党执政、市民参与、社会运动归于沉寂……但如今，创造了这一例外的日式工业社会已经到达其自身极限，即将成为一个"一般意义上的发达国家"。

第七章　如何改变我们的社会

这一章，让我们回到现代日本的话题。

至此，或许您也能大致看到，所谓"要改变社会就只能让法案获得通过。所以要选举，要投票。游行之类毫无意义"这样的思路，未免狭窄。

接下来，就让我们在这一认识的基础上，再次回到本书的主题——"如何改变社会"。

"国体"思维

让我们从历史谈起。

1945 年 8 月，已有约 300 万"日本人"战死疆场，东京也在美军大空袭中化为一片火海，原子弹又投向广岛之后，走投无路的日本政府就是否投降进行了讨论，而讨论的重中之重，就是"维护国体"。

他们虽是想"保卫日本"，但说到具体要保卫什么，那就是"保卫天皇"。所以就有人主张在日本本土决战，只要天皇无虞，即便再死几百万也在所不惜！这在今天看来就是赤裸裸地无视人权。但若从"'王体'就是王国的体现""天皇代表着日本这个国家"等思维出发，就是无论国民伤亡多少"日本"也不至亡国，但若"天皇"的身体或地位等受到损害，"日本"却会因之损伤。

他们所秉持的，很可能就是这样的思维逻辑，但也未必仅仅如此。有人指出，当时很多政府要人所考虑的，是如若天皇被国际法庭处以极刑，或引咎退位，那自己也就在劫难逃！

不管他们是不是出于这样的逻辑判断，但可以想见的是，当时的很多人都认为，保卫天皇就是保卫日本的体制，并朦朦胧胧地将之与保护自身地位结为了一体。

此外，还有层次稍低的一些问题。比如 1945 年 3 月，因朝鲜人、中国台湾人被征兵入伍而成为日军中的一员，这就必须改善他们的待遇，但在讨论这一问题时，最为重要的竟是司法部、内务部与朝鲜总督府之间的权限之争！而东京大空袭之后，尽管东京已成火海，但与世界大问题相比，更在意上司脸色的事却绝不罕见。

当时，诸如"肩负日本命运的是内务部！若限制内务部权力，就限制了日本"之类的"代表"意识依然存在。对"我们"来说重要的东西保护好了，自己的地位就能保护好，反过来，保护好了自己的地位，就能保护好日本……

要从这样的逻辑出发，死几百万人也好，几十万人游行也罢，"不过是国民中的一部分"，"重要的（不是他们），是国体"。这里的"国体"，其定位也会因各自所属的"我们"而不同。在 1960 年的反《日美安保条约》运动中，面对五六十万人的游行与集会，财经界人士中就有人只会淡淡地说一句"股市可没下跌"；即便是在 2012 年的日本，面对着约 137 万毫无保障的临时工，面对着反对核电重启的舆论多数，也依然有人认为，对"制造大国日本"来说，大型制造业的短期利益才是最重要的。

而在霞关、永田町一带，活动半径不过数千米的政治家、官僚、新闻记者，认为这一活动圈内的人际关系最重要，其他的无视也可的，究竟又有多少？

从前，日本的新闻媒体曾重点报道过威权主义国家的"政治"——党内的派系斗争、党代会的席位安排重于一切。但日本的政治及政治报道形式呢？本身就形成于事实上的一党政治时代，再以其自身就极为陈旧的感觉报道威权主义政治，不过是五十步笑百步而已。

但现在，原有的社会基础已然无存，无论日本内外，这种政治，这种报道已无人再予以理会。

在笔者认识的人里，有一个就因沉溺于网络游戏而将生活毁于一旦。在其沉溺于网游的那几年里，跟家人、朋友的关系会怎样，自己的身体会怎样已全不理会，一天 18 小时全是网络游戏。在这段时间里，最重要的，据说就是圈内同好的得分与排行，其他事情就全不打紧了。

这是游戏，或许你也会感觉不正常，但为了股票而牺牲掉一切，一天 18 小时，两眼紧盯股价变动的那些人呢？谁能保证他们就正常？政治呢？

现代社会中"改变社会"是指什么

思考到这一步就会遇到一个问题："改变社会"到底是指什么。

在所有人都认为"王代表着社会"的时代，换一个王，或推翻王，就能"改变社会"；而在所有人都认为"议会的政党布局代表着社会"的时代，成为议会中的多数派就能"改变社会"。可现代社会呢？或许可以说，这样的东西已经没有了。

但是，现代社会中也有一个为所有人共有的问题意识，即"所有人都越来越'自由'了"，"自己说什么，已经没人听了"，"没人再拿自己当回事了"。这种感觉，不管你是首相还是高级官僚，还是非正式员工，恐怕每一个人都有。而若能改变这一点，就是对所有人来说都能成立的"改变社会"，不是吗？

现代日本的"贫富差距"意识

刚才提到的问题，实际上就是第六章中讲到的自反性增强的问题。这虽是全世界，特别是后工业国家都在面对的问题，但表现形式却又因各国的特有社会结构而互不相同。比如日本，虽然"贫富差距"已成热词，但不可思议的是，人们对年收入 10 亿日元的超级富豪却并无太多的反感，而只对年收入 700 万日元上下的公务员和正式员工满腹怨恨，这与2011 年"占领华尔街"时获得广泛社会支持的美国很不一样。

为什么会有这种不同呢？让我们稍绕一下远，从"贫富差距"一词的另一层含义说起——"没人拿自己当回事"。

第四章中也曾提到，在"互态共享"的社会，即便货币收入低一点也未必不幸福，但在没有金钱就无法构建关系的社会，一旦没钱就会由"贫"致"困"，同理，现代日本的"贫富差距"，似乎也不只是现金收入的不公平问题。在货币经济的渗透中，一步步进入自反性增强的后工业社会之后，"没人拿自己当回事""无立足之地""没人代表我"等感觉，在每一个人的内心深处都会引起共鸣。

在 2011 年的"占领华尔街"中，"我们就是那 99％"的口号引起了全美的强烈共鸣。或许，这句口号是基于"特权阶层正在榨取民众"的认识提出的，但之所以能引起美国社会的广泛共鸣，原因是否在于"我也不被当回事""我完全明白这种心情"的感受正为无数人所共有呢？据报道，同样发生于 2011 年的埃及政变中，最初发起运动的年轻人不但学历高，又个个都是网络高手，但在穆巴拉克体制下，却又全无用武之地，即同样是"根本不被当回事"。也就是说，运动以"不被当回事"的感受为跳板一气扩大，并最终酿成了无法收拾的政变。

"我们就是那 99％"的呼声也会以其他方式出现，比如日本的排外运动。当然，排外运动几乎会在所有的发达国家发生，日本只是未能幸免。日本有一个组织叫"免除在日朝鲜人特权公民大会"[①]，而他们喊出的口号也同样是"我们才是大多数""没人拿我们当回事"。这就与此前的人种歧视口号如"朝鲜人又脏又穷"不同了，但向"在日朝鲜人特权"发难、指责"就是那些家伙"在享受好处的"我们才是大多数"运动，却没能引起日本社会的共鸣。

这且不谈，笔者关心的问题是，这种声音为什么会在日本出现。现在，不只是日本，以排外为旗帜的民粹主义在世界各地都有抬头之势。即便是在没被划入发达国家的印度，伴随着 1990 年代之后的经济自由化，

---

① 2006 年决定成立，次年正式投入活动。——译者

强烈抨击伊斯兰教徒的印度教右派势力,羽翼日益丰满。发达国家的排外形式多会表现为排斥移民,印度则是抨击伊斯兰教徒,而在日本,就表现为与日本社会结构相适应的上述形式。

那日本又是什么样的社会结构呢?第一章中也曾说过,构筑于1960年代到1980年代的日式工业社会运转失灵,弊害丛生,但其基本结构却依然保留到了今天。以至于日本大学生找工作时,进入大企业的愿望反而更加强烈了。但只要这种共通意识占据统治地位,遗漏于"框架"之外的人就会对进入"框架"之内的人心怀憎恨。于是,正式员工、公务员、领取生活保护补贴的家庭等,就易因置身某一"框架"之内享受特殊保护而成为众矢之的。所以,日本对"贫富差距"的批判矛头,就易于指向上述阶层。

相反的,没在各类"框架"之内,而是依靠"实力"获得高收入的人群。就未必会成为日本社会的憎恨对象,即便其"实力"是来自父母资产所支撑的高等教育及人脉。所以,相比于年收入10亿日元的超级富豪,领取生活补助的一般家庭更易遭到非难。"在日朝鲜人"的框架内"特权",也是大同小异。

因此,现代日语中的"贫富差距",不单是指收入或财产方面的差距,还与社会结构相对应,包含着"自己不被当回事"的另一层感受。

而必须引起重视的,是柏拉图在《国家》一书中所揭示的规律:在国家中失去用武之地或立足之地的人,会投奔到反王、暴君大字书写的"抨击既得权益"的大旗之下。而在1920年代的德国,加入纳粹的很多人也正是因社会变动失去稳定生活,或失去立足之地的失业者及一战生还士兵……

在现代日本,"改变社会"是指什么

既然问题在这里,那准确把握"改变社会"的真正含义就很重要了。

首先,现代社会中,所谓"中央控制室"是不存在的。所以,只是换一个首相社会也不会改变。因此，即便以类似呼声能让政府的支持率大幅波动，也改变不了什么，而寄望于将既得权势扳倒、与诸位分享利益的僭主，等来的却很可能是背叛。"谁能为我们改变这个社会"这一意识本身就只会催生出一如既往的结构，就像买东西，腻了就不断去买新的一样，只会盼来一个新的暴君。

那裁减公务员，不特别关照生活保护对象，导入竞争的"新自由主义"又如何呢？前面也说过，这与斯密、哈耶克的自由经济思想实际上几无相似之处。就像在喊"没人把自己当回事""也得分给咱一份"一样。

而在第一章中我们也说过，日本政府的强势，在于中央政府的强大指导能力，但说到人均公务员数量，日本在发达国家中还算少的，所以，裁减公务员未必能实现不说，最终自掐脖子的事情却并不少见。

增加正式员工的要求是人之常情，但即便如此，"正式员工"与"临时工"的"贫富差距"也无法消除，因脱漏而不满的人还是会不断出现。没被惠及到的人，心怀不满的人，以"失业者""非正式员工""单亲母子家庭"等"范畴"去覆盖的思想，就像在第六章中说过的，已经达到了极限。再考虑到现代日本贫富差距意识的"性格"，无论增加多少"范畴"，只要"范畴"存在，差距就永不会消失。或许越增设"范畴"差距意识就越强烈……

在这种状况下，笔者所能想到的唯一出路，就是以所有人的共同感受——"自己根本不被当回事"为跳板让人们动起来。以此为起点，推动对话与参与，改变社会结构，重塑新的"我们"。

从这一意义上来说，现代日本的核电问题，就是一个恰逢其时的时代主题。

为什么这么说呢？在步入后工业社会的国家中，正在不断增加的不只是非正式员工与单亲家庭，还有学历不低工作不好、感觉"自己不被当回事"的人们……所以不管是好是坏，全球化与信息技术的推进与深化已是日本、美国、欧洲，甚至埃及都在共同直面的时代课题。

但具体到因此而起的社会运动的批判对象，各个国家又互不相同，美国指向金融界精英，埃及指向穆巴拉克体制，而日本的运动矛头，则直指被核电站事故暴露的利益"复合体"——一直支配着日式工业社会的垄断企业、行政与政治的三位一体。

当然，在美国社会运动的刺激下，2011 年 10 月，日本也爆发了针对富裕阶层的游行示威——"占领东京"，却没能像弃核运动一样产生广泛持久的社会影响。毕竟，作为"自己不被当回事"的象征，每个人的认识，都会因置身其中的社会结构而不同。就像在第三章中所介绍的，日本的社会结构本身也一直在随着时代而变化，"问题"本身也一直在变化。

不管置身于哪一时代，人们都会有一种说不清道不明的不安和不满，当看不到却能朦胧感知到的某一事物清晰地出现于眼前时，人就会感动（行动）。"民意"现身于世的瞬间、烦恼得到解答的瞬间、找到改变生活的具体方法的瞬间，人就会跨入到"祭祀"的神圣领域，心生感动（行动），这也是一切政治、经济、艺术、学问等人类活动的最初原点。

1960 年的《日美安保条约》修订、1968 年的越南战争，都曾发挥过将朦胧感知具体化，清晰地呈现于眼前的"代表"作用，而 2011 年的核电站事故也起了这样的作用。

说脱核电是现代日本恰逢其时的时代主题，就是基于这层含义。面对核电问题引发的各种行动及争论，日本政府也不得不重视对话了。而只要这些行动、争论及参与的气象不断高涨，其结果将不仅止于废止核电，还很可能实现更深层次的"社会改变"。

若仅为废止核电，可能交给一位强势、杰出的政治家来做更好。但如此一来，核电的废止就不再是"大家"的胜利果实，也就不再是大家一起参与，改变自身思维及行为方式，增强自身力量意义上的"社会改变"了。

从这一点来说，作为政治参与的一种形式，和平解决就具有特别的意义。比如，游说议员也是一种政治参与，却不是所有人共同参与。但和平游行却是一个谁都可以前往的"广场"。一旦出现问题，所有人聚集于市政府前的广场中一起发声，这才是自古希腊以来的民主主义的真正形态。

物色"好干事"不如"吃火锅"

可能有人会说，话虽如此，可运动啦、对话啦、参与啦，这都太麻烦！还是希望能有一位杰出的领导者，直接把我们的愿望给实现了！也有人会想，人，就是好逸恶劳的动物，参与之类是搞不下去的。

但也未必能如此断言。政治话题难免有沉重、晦涩之感，就让我们以宴会为例，把前面所说的"图式化"一下。

从前，要开个宴会不会有什么问题。"就吃这个吧。"有能人士一句话也就决定了。可供选择的菜本来就不多，大家也都感觉也就是吃这些，于是也就全体赞同，倒也吃得开心。

但后来，可供选择的菜式渐渐多了起来，组织宴会的干事也就越来越辛苦了。不但要事先问一下参加人员，西餐几人、日餐几人、中餐几人，以"范畴"归类后再点餐。一有不满，就得增加"范畴"，如点西餐的谁要吃肉，谁又要吃鱼等等。可无论干事怎么努力，不满总是会出现，"这个干事真无能"，干事的支持率也就下去了。这时有人说了，"好像有一位好干事"，并真就领来了一位新干事。但这位干事上任前信誓旦旦的那句"包大家满意"却在上任之后成了飞灰，总有不满的事态并没得到丝毫改善。

这时，一位老者说话了，"大家都太任性了！这样下去宴会还怎么开？！去找一位强势的干事，让大家听从安排！"没想到，赞同的还真就不少。问题是，年轻人不来参加了，宴会于是就顿显冷清。那就强制他们参加！结果强制之下，就是没完没了的争执和纠纷……

正无计可施时，又有人说，"我有个好主意！闹成这样，全因一切都由干事决定。不如就吃自助餐，吃什么大家自己选，这就好了。"大家不禁想，这可真是划时代的好主意，也暂时都满意了。

可自助餐好是好，又总是不断有人来问，"没这个菜吗？""没那个菜吗？"这就只好不断增加菜肴的种类，结果是剩菜越来越多，"效率"极差，开一次宴会得雇用几位专业厨师，还得购入大量食材。如此一来，熟识的当地料理店就再也无力应付了，这就只好把宴会挪到大城市的饭店里开。菜品是多了，可宴会的参加费却随之高企，家里窘迫点的就没法儿参加了。

那就降低参加费，可这就需要另外召集一大群人，以加大定餐量来降低成本。成本下来了，整个宴会的气氛也因不熟识的人太多而疏远起来了。固定的几个人凑在一个席位吃喝的，自己找个角落自斟自饮的，就都出现了。要这样子，连当初办宴会的意义都没了。

这就不好了，于是就上网搜，还真有人数少点也能便宜供餐的地方，并信誓旦旦地保证合乎大家口味。可仔细一看，菜品虽当真不少，可只是同一种蔬菜用了不一样的炒法。可能，正因为店方一次性大量购入一种蔬菜才这么便宜吧。

再看菜单，每道菜下方还都有分门别类的介绍，如"这道菜正适合什么样的您"之类。刚开始还颇觉有趣，可不多久就不只是厌倦，还会生出类似"您就是这样的人"的被分类、被操纵的不快。更让人不爽的是，曾在这里工作过的一位年轻亲戚又告诉你，"在这里做菜的不是厨师，都是些大姑娘小伙子的非正式工，照着总店制作的菜谱炒到一处就完事。这家店真的很过分噢……"

这算怎么回事？很多人都认为这很成问题。好在最近，终于有了解决办法——火锅。

火锅的特点，就是所有人一起参与制作。在一起动手，对话交流中，也自然产生了"我们"的意识。而且，既是大家一起做的，失败了也没人抱怨，反而吃得更有趣。要是从材料选购开始就一起商量决定，不满就会更少。不只是怨言会减少，因在共同制作中进行充分的交流，满意度还会大幅提高。

火锅的好处不只是不满少，成本还低。材料要不了多少钱，参加费大幅下降。也不需要厨师，对店里来说也不需要人工成本。金钱，本就是人类关系的物象化，是作为关系的替代物插足进来的，所以，关系越充实，需要钱的地方也就越少。

干事又该干什么呢？只负责确定大家吃火锅的场所就行了。从某种意义上来说，权力，也是作为关系的替代物介入的，只要关系足够好，权力小点也一切顺利。反而是权力干预过度，照顾太多，才会导致关系丧失。

只是，既要吃火锅，人太多了也不行，这就有必要依照能直接参与的规模分成小组，而至于各个小组吃什么，统一规定就一定会产生不满，直接交由各小组自己决定就好，这就是分权。既是自己决定，自己制作，也就没什么不满了。当然，有的小组可能不会做火锅，那就让火锅专家四处转一转指导一下，赋权到他们会做就可以了。而火锅小组越会吃，也就越不需要照顾了。但要像现在的日本政府，只靠收集的会费已根本办不了宴会，还得让干事去借钱，这才好不容易维持着办下去。既如此，那就更有必要改吃火锅了。

火锅在现代日本的极高人气，就是来自于既省钱又开心。不管现代社会提供的商品多么便宜，多么丰富，一起参与、自己制作的乐趣，人，是永远都不想放弃的。

"又是参与又是对话，没人会自找这些麻烦。"这样说的人一般主张"应该交给强势领导者"，或者"个人应该在市场中自由选择"等。而这些主张的前提是，人，本就是喜欢支配，或乐于把事情交给支配者，或喜欢"自由"行动的。如果这些也是一种快乐，在柏拉图看来，也不过是一种低层次快乐。人类喜欢做的是更为有趣的事。

各类社会运动论

接下来，我们具体谈一谈社会运动。希望这部分内容，能为理解本书的基本观点与主旨，想进一步了解具体做法的朋友提供参考。

当然，在政治学、教育学、社会保障、劳动政策、区域经济等不同领域，各自都有理论及实践方面的深刻见解，要详细了解的最好途径，莫过于直接阅读各领域的专业书籍，在这里，只对社会学层面的社会运动研究中出现的理论，以笔者自己的方式予以介绍。

关于社会运动，特别是 1960 年代到 1970 年代以后，世界各国都进行过多角度、多侧面的研究。因为从这一时期开始，劳动者发起的社会运动也好，政治运动也罢，均出现了不同以往的"性格"，日本也同样如此。

具有代表性的运动理论之一就是"资源动员论"。该理论主张，社会运动并不是基于不满而起的非理性行动，而是一种合理行为。在与敌方的斗争中，运动主体为实现变革目标，会对动员哪些资源、建立何种组织、采取什么战略等格外重视。

而具体到动员的资源，则包括备用资金、人力资源、有效的知识，及外部资源的调动、与行政决策者的联络，等等。并基于这一框架反向分析敌方资源、动员友方资源，最终确立战略。

但即便动员上述资源，在实现目标方面也是有成有败。为什么呢？"政治结构机会论"认为，社会运动的成败，还与当时的政治结构有关。如政治系统是否开放、信息是否公开、与政治程序相连接的可能性等，都会影响社会运动的最终结果。此外，有实力的同盟的有无、权力上层是否稳定、有无内部分裂等，也是必须考虑的重要因素。

议程关注周期论

有的社会运动，一时的盛况空前之后，不多久人们就对其主题心生厌倦。将这一现象加以理论化的，就是"议程关注周期"论。该理论认为，这一现象并非单纯的"时间一长自然会厌倦"，而是基于如下的"机械式"运转周期出现的。

第一个时期，社会问题已经出现，但又只在社会局部亮起了红灯，并不被一般大众所知；第二个时期，该问题因突发事故或某一事态的出现等而广为人知，社会的关注让社会运动进入高潮。但这一时期不会持续太久，因为，很快大家就会认识到，要解决某一问题所需的经济成本、政治成本或时间、人力成本等太高。当这一认识成为广泛共识，对这一问题的关注就会随之消退。

若参照这一理论，反核电运动中的一些主张就是在起反作用了。比如，"要废除核电，不抛弃工业文明是不可能的""要废除核电，不消灭资本主义是不行的"，等等。一旦这种认识扩散开来，社会就会心生退意："成本太高了，还是把这事儿忘了吧"。

那么，参照该理论，什么样的提法更好呢？比如："真没想到，没有核电，我们的日子也照过不误！"这类认识若能普及开来，或提出有实现可能的电力替代方案，或取得切实的运动成果，那么对核电问题的关注就不会随时间的流逝而消退。在社会运动中，对社会关注的持久性来说，这一点非常重要。

信息的两级传播与"革新者理论"

社会问题出现后，相关知识与对该问题的认识如何才能广为人知呢？在这方面，有"信息的两级传播"理论可供参考。

该理论认为，对于社会问题，一般人既无知识也不关心，不会直接接受难度较大的信息。信息要先传递给既有知识又高度关注这一问题的人，再由他们向大众进行"解说"和传播。

比如选举，什么人提出了什么政策主张等信息，往往是先传递给知识阶层、新闻记者及社会活动家，再由他们向一般大众传播。在这方面，过去的地方实力人物及学校老师等都曾发挥过重要作用。

从这一角度而言，官僚及知识分子认真阅读的 3 000 本书，有可能会比 500 万名普通观众心不在焉地收看的节目更有影响力。若运用于运动论，在哪里投入、如何投入、目标对象选择及方法等，就应重新考虑。或许，有比到处发传单，或没头没脑地街头演讲更好的方法。

顺便一提的是,市场理论中的"革新者理论"也可以拿来参考。该理论认为,消费者中的"先锋派"(革新者)只占整个消费群体的2.5%,继之行动的"初期试用者"占13.5%,当消费趋势形成后,行动较快的"前期追随者"、行动较慢的"后期追随者"则各占34%,一直到最后都不跟进的则占16%。

也就是说,继"先锋派"之后,"初期试用者"是否跟进,并进一步扩大至"前期追随者",就是决定某一商品的销售仅止于一部分人,还是扩大至全体进而形成巨大消费潮的关键。换句话说,一旦某商品的普及程度突破了"先锋派"与"初期试用者"的占比之和,即16%,该商品的普及就会是爆发性的。

若将之应用于社会运动中,也可以说,只面向革新群体的超前性呼吁,或反过来,只面向永不跟进群体进行"浅显易懂,不招致反感"的呼吁,基本不会有什么效果。但若面向虽很关心但缺乏相关知识,或虽有相关知识却又在行动面前犹豫不决的群体,远比要一气抓住所有群体更有效。从结果来看,这样的对象设定,也会最终促成社会的整体性改变。

认识架构论

认识架构论认为,对社会运动来说,"对问题的认识",即问题架构很重要。从现象学角度来看,对于错综复杂的"现实本身",人类并不具备相应的认识能力,而只能通过将现实简化或图式化来加以理解。因此,在很多情况下,改变对社会问题的认识架构非常重要。

比如在抗议冲绳普天间美军基地的运动中,除打起大旗"反对用于战争的军事基地"外,还出现了"普天间基地危及儒艮[①]的生存"的标

---

① 儒艮为海牛目哺乳类动物。分布于东南亚及冲绳浅海部。危及儒艮生存,实指美军基地对动物及人类生态、生存环境的破坏。——译者

语。以儒艮为象征的旗帜一经举起，人们对问题的认识也就随之改变，进一步推动了运动的发展。

该理论所重视的，是将对抗方的认识架构彻底推翻。比如要建大坝，支持派的认识框架是"建设大坝会促进经济发展"，此时，若反方只以"与经济发展相比，保护自然更重要"的认识框架反驳，就很难获得社会的广泛认同，但若改以"建还是不建，应由居民投票决定"，就能获得广泛的社会支持。因此，其重点在于要能以不同的框架改变人们的认识，彻底扭转局势。

西德"绿党"刚出现时，有过一段对话。在欧洲，环保运动的主力本是右翼保守阶层，可"绿党"中有的保守人士却同时拥有左翼思想，于是就有人质疑："你们到底是向左还是向右？！""绿党"的回答是："我们既不向左也不向右，我们向前。"或许也可视之为一种认识架构变革。就像打擂时，不在对方设计的擂台上一决高下，而是兜底改建擂台。若能做到这一点，即便在原来的擂台上处于劣势，形势也可能出现大幅逆转。

建构主义与运动主体的确立

与认识架构论相似又稍有不同的，就是第六章中介绍的"建构主义"。建构主义认为，很多"问题"本来并不是问题，而是某人突然喊了一声，越来越多的人加入交流之后才"建构为问题"的。比如女性的性别角色。本来没人认为这是个问题，但突然有人说这是问题，并发起了社会运动，而在运动的推进过程中，女性角色真就被逐渐"问题化"了。

运用到社会运动中，那就是"提出问题，就能打造出一支队伍"。比如自1980年代引起强烈关注的"过劳死"。但这样的事例，即因长期繁重劳动而致死的事例之前就非常多，只是一直以来仅被视为个别现象，各家遗属的官司也都是各打各的。

可突然之间，"过劳死"这个词出现了！一有此事，"这就是'过劳死'！"问题意识就此产生。于是，各打自家官司的遗属们也基于这一意识团结到一起，最终发展成为轰轰烈烈的反"过劳死"运动，"过劳死"也成了各类媒体的关注焦点，被大幅报道。本来"不是问题的问题"，就在运动的过程中日益显著化，并塑造出了一个因共同问题而走到一起的"我们"。

实际上，塑造一个共同的"我们"这一思想早在马克思主义的社会运动论中就已出现，其核心思想是，你很辛苦、他很贫穷等不是个别问题，其实质是资本主义的生产关系问题。而要改变这一生产关系，就要基于对这一实质问题的共通认识团结起来，确立起社会运动的主体——"我们"。

即便是这一思想也认为，所谓劳动阶级并不是从来就有的，而是在运动过程中，由运动主体自我打造的。而知识分子、社会大众、社会活动家及"普通人"之间的对立关系，也要在社会运动中改变，发展式消解。不只是劳动阶级，女权运动中的"女性"也基本如此。

道德经济

下面要介绍的，是来自历史学领域中的道德经济学说。其探讨焦点是"人们究竟会在何时投身于社会运动"。

学者们研究发现，历史上一次又一次的农民起义、粮食暴动，未必是饥馑或贫穷导致的，即人们不会只因生活吃喝出问题就毅然决然地投身于运动，但若一部分商人囤积居奇、强买强卖，物价飞涨、儿童殒命，人们就会毅然挺身而出。

也就是说，人未必会在困难的时候挺身而出，却一定会在自己的世界观或道德秩序，即道德经济受到侵犯时果断行动。这里的"经济"，并不是一般意义上的"经济"，实与"秩序"相通，即道德秩序。

而道德秩序，又会因时代或社会而有异。比如美国 2011 年的"占领华尔街"，就并非单纯起于长期存在的贫富差距。在美国，机会人人平等，在这样的前提下，人们对贫富差距这一结果会泰然处之。

但在雷曼兄弟破产之后，为防止金融恐慌对美国经济造成灾难性打击，政府动用了大规模公共资金向各大银行注资。正是美国政府的这一举动激怒了全美。我们连个像样的工作都找不到，却拿我们的税金去救助投资失败的金融界精英！我们揭不开锅，他们却拿我们的钱继续领高薪！这种做法，哪有正当性可言？！

正是这一认识的迅速蔓延，才不只让中下层美国人拥向华尔街并将之占领，就连富翁们也都义愤填膺，大力支持，认为占领华尔街完全是美国民众的正义之举。

当然，本章在前面也说过，激发人们投身于社会运动的事物，会因社会环境的不同而不同。即便是在同一个日本，就像我们在第三章中看到的，在1960年和1968年，"问题"的认知框架也是全然不同。而之前不是问题的，也会随着社会道德秩序的变化而成为问题。所以，提出问题时最好能洞悉社会结构及道德秩序，让人们清晰地认识到"问题就在这里"。倘非如此，人们最容易做出的反应就是："你确实很惨，可这跟我有什么关系？"

"借花献佛"

在共有某一道德秩序的社会，有一种被称为"appropriation"的方法，直译为"转用"，也译为"挪用"。

考察社会运动史中的成功案例就会发现，很多时候，运动一方的诉求方式或标语口号真的毫无新意，而只是"挪用"了妇孺皆知的某一道德秩序的代表性事物。比如欧美的劳工运动，其领导人发动工人时经常引用的不是马克思主义，而是《圣经》。原因在于，对当时的劳动者来说，阶级斗争、马克思主义这类新奇理论很难令他们电光火石般"怦然心动"，但《圣经》却是人人在读，所以，引用《圣经》来表达诉求就很容易深入人心。但《圣经》不鼓动劳工运动，所以这种方式就被命名为"转用"或"挪用"，做法看似"野孤禅"，但这种"借花献佛"的方式，却往往能将运动引向成功。

在日本的社会运动中，也有引用《圣经》的例子，比如冲绳伊江岛①美军基地的反建运动。当时，在自家土地即将被美军接收时，农民中的基督徒就在抗议中引用了《圣经·新约·马太福音》中的话："凡动刀的，必死在刀下。"当熟知《圣经》的美军士兵荷枪赶来，看到打起这一标语静坐的农民时，不由然心生惧意。

类似的例子还有 1965 年庆应义塾大学学生反对学费上涨时擎出的标语——"福泽②精神忘光了吗？！"在庆应义塾大学这一"社会空间"内，无论是经营方还是学生方，创办人福泽谕吉那句"天不造人上人，亦不造人下人"可谓无人不知。校方提高学费，穷人孩子上不起学，这的确有违福泽先生的精神。所以，学生们的这一标语对学生方与校方都产生了很大的影响。

在第三章中介绍的《故乡》之歌的小故事也一样。在成田机场的反建运动中，在农民们以"在那座山上追过兔子"起唱的歌声中，一度据守的小房子被推倒了……这个小故事，也把很多人内心深处最为柔软的地方深深打动了。在日本可谓无人不知的《故乡》之歌，就把寓于人们心底的某种思想感情激发了出来。但《故乡》之歌是文部省在学校教育中普及开来的，将之用于对政府的抗议，就与政策的原本意图全然无关了，所以，这也是一种"挪用"。

权力方推广的文化占据主导地位时，往往被称为"文化霸权"，但"挪用"，却可借由有效的反向利用逆转形势。appropriation 一词虽被译为"挪用"，但或许也可意译为"旧曲新弹"或"老歌翻唱"。

各种运动理论该如何评价

简单说，前面介绍的几种理论都有其合理性，又各有其局限。

---

① 位于冲绳县西北方。——译者
② 指福泽谕吉（1834—1901），日本思想家、教育家。庆应义塾大学创办人。——译者

　　资源动员论与政治结构机会论的指导意义都很强，并揭示了将社会运动理论化、战略化的可能。但又无法否认，两者又都稍有机械论或者说个体论之嫌。也就是说，两者只是提供了一个理论模型——若能掌握当时的形势、环境，有效动员资源，就能实现运动目标。其思维方式近于经济学的“经济人”假定、政治学的行为主义①。也就是说，只有在运动主体、外部支援及敌方行动都“合理”的情况下，现实中的社会运动才会与理论相符。但实际情况是，不按理论出牌的运动非常之多。所以，该理论对运动的分析常会给人以“事后诸葛”之感。

　　论点关注周期论也一样，虽然它在很多情况下都适用，但其前提却与资源动员论毫无二致，就像“经济人”假定，政治学中的行为主体也被假定为对政治目标的追求是永不厌倦的，但这就无法说明“对社会问题心生厌倦”的现象了，于是就解释为，一般所说的“心生厌倦”不是真的厌倦，而只是像“认识到目标的实现成本太高”从而控制投资一样。的确，不见成效的努力会令人疲倦，但人真的是只为取得成效、获得成果才会行动吗？

　　而“信息的两级传播”理论，其本身则来自1940年美国总统选战的调查分析。在政治家、知识分子或地方实力人物的地位依然很高，一般民众的教育程度偏低，普通人对他们言听计从的社会，这一理论或许还能适用。虽然今天也依然存在适用的部分，但其范围也正在一天天地缩小。

　　而革新者理论则又止步于经验论范畴，至于为什么会这样，却给不出明确的依据。并且，现实情况也会不断变化，昨天绝不跟进的人，今天却突然满腔热情的情况并不少见。所以，若头脑固化地认为“做这些人的工作纯粹是浪费时间”，就很值得商榷了。

　　理论前提截然不同于上述理论的，就是认识架构论与建构主义。二者在如何扩大支持范围，如何让更多的人产生共鸣，即在极为重要的主题

①　美国心理学家约翰·华生提出的一种心理学研究方法，尽量避免以人的内在心理、意识为对象，重视对“刺激—反应”等外在行为的直接考察。——译者

设定的理论化方面，做出了巨大的理论贡献，但对何种认识架构才有效却又没有定论，通常是举出成功案例后说"这就是很好的认识架构"。即虽有理论启发，但没有"操作说明"。

而给出明确解答的，就是主张阶级斗争，打造运动主体的马克思主义运动论。该理论认为，最本质的问题就是改变生产关系，所以最好的认识架构，就是让为劳累、贫穷等"疑似问题"所惑的人们意识到生产关系这一本质问题。民众的认识会在运动过程中不断清晰、进步，活动家也要在运动中向民众学习。如此，活动家与民众都会在辩证式发展中不断向真理靠近。

这一思想，一时间令无数人倾倒，但在其最根本之处，却是确信不变的本质与真理的存在，通过辩证之法即可向其靠近。这就不可避免地导向了权威主义，因为活动家与党中央更靠近真理，虽要向大众学习，但还是要对其加以领导。可从根本上来说，所谓的本质或真理真的存在吗？并且，就真正的辩证法来说，"已有一方洞悉终极真理"本身就不成立，马克思也有一句名言，即"我只知道我不是马克思主义者"。

在此，我们不妨从"真理"的角度对几种学说做一简单梳理。综合来看，现代经济学与行为政治学都将"人类本质上就是利益动物"作为普遍真理；但马克思主义却认为"这不过是生产关系的反映"，并以"生产关系才是本质"为普遍真理；现象学的普遍真理则又是"人类认知在关系中变化"。各种理论都有部分适用性，但又谁都不能包打天下，一揽子解决所有问题。

与以上理论相反，道德经济论与"挪用"论都是在"普遍真理"之外寻找理论依据。他们认为，无论有无普遍真理，但被语言及文化等区分开来的每一个社会集团，都拥有特定的价值体系，基于这一体系发起的社会运动成功机率就非常大。但这也同样引发了诸多质疑，比如，特定价值体系就不会变化吗？所谓价值体系，是否只是上层建筑？价值体系就不能"塑造"吗？

社会运动理论的运用

说一千道一万，理论到底也只是人类从事的一种"工作"，放之四海而皆准、万能钥匙般的理论至今都没出现，每一理论也只能覆盖现实社会的某一部分。

但可以明确的一点是，只要了解某一理论的成立前提，那就能对其是否适用于某一领域做出判断，且一旦掌握了锤子、凿子、镙丝刀各自的特性，就完全有可能熟练地加以组合运用。而对实际从事社会活动的人来说，重要的也不是哪一个理论最出色，而是谁能提供参考，起到帮助。

比如资源动员论与政治结构机会论，因其适用于组织、制度完备有效，制度就是人们的行为基准，即具有形式理性的领域；所以，在现代化推进到一定程度的国家，若想对政界或地方政府等施加影响以实现制度性目的，此二者就能发挥应有的效力。

而在社会成员的行为未必符合形式理性，却完好保留了权威及共同体机能的领域，如地方小城或村落等，"信息的两级传播论"就会相当奏效。提出问题时可参考建构主义，而在有必要逆转形势时，则又有认识架构论可资借鉴。

但若人们并不基于利害权衡，而是基本遵循特定价值体系行动，就可以参考道德经济及"挪用"论了，若能以迥异于权威一方的思路灵活运用，或可收立竿见影之效。此二者都以对民众反抗运动的研究起家，所以，若目的不在制度性目标，而是要引起社会对某一问题的广泛关注、激发人们的共鸣或参与欲望时，可发挥不小的威力。

理论运用方法的"方法论"

那么，这些理论，或者说工具，具体又该如何运用呢？

若要运用得当，第一要务就是明确目的。是要在国会中通过法案、在地方政府议会内推动决议等制度性诉求，还是要扩大问题认知群体、致力于民众启发，以改变人们的认识或意识等。

目的明确后就要确定活动对象，再根据对象确定激发其行动的方法。若要在国会中通过法案，那拿出替代性议案、游说政治家等有时会很奏效。但要启发民众，就不如邀请名人，或借助媒体宣传。活动对象是政治家，还是地方政府内的多数成员，是日本国民，还是全人类等，首先要确定下来。

在此基础上再来辨别何种方法最为有效，若活动目的、对象与方法不吻合就难以奏效了。比如，就为在村议会中通过某一决议，却选择借助东京的媒体进行"启发"，那就不只是不匹配，甚至会起反作用了。有人说，"什么都好，总之是要发起社会运动"。但这就像要用汉方治疗病毒性肝炎，"汉方可调理全身经络，其功效总会抵达肝脏"。此话或许不差，但直接作用于肝脏、病毒的药物，其速效性无疑更值得期待。

当然，汉方疗法也自有其重要之处。在代议制民主主义运转失灵的现代社会，即便你去游说政治家也不会如己所愿改变社会，这就像身体的整体机能弱化了却只去救治肝脏，再怎么救治怕也是收效甚微了。在这种情况下，以汉方全面改善体质的效果无疑会更为持久。如游行示威、启发认知等，在激发参与者甚至整个社会提高问题认知能力方面都有不小的威力。

在游行示威死水一潭的社会，游说与NPO活动也绝无繁荣昌盛的可能。而如"游行示威不过是老一套，NPO才是新生力量"的零和思维，也无建设性可言。理解汉方与特效药的各自特性，中西药结合，这才是最近的医学潮流。

"游行示威之类不过是自我满足而已。有什么要求或愿望，往当地政治家的事务所里跑一跑，到议员会馆去游游说才更为有效。"这类意见，在永田町、霞关一带很常见，而从他们的实际感触来说事实可能也的确如此。毕竟，多数议员也都是普通人，就像相比于政界动向，一般人更关注公司、学校或街坊四邻的人际关系一样，议员们更关注的，也是到访自己事务所的后援团体、电力公司、官僚及议员同伴们的动向。

说起来，如此行事的议员政治才更给人以"永田町的自我满足"之感。但不管怎么说，决定制度的那些议员们目前就是这样的状态，若认为改变眼前的制度更重要，那以对这一现状的清醒认识为前提加倍努力也未尝不可。

好在日本这个国家也不会因带人出入议员事务所就会被逮捕，所以，借助同乡情谊也好，朋友关系也罢，有需要了就往政治家那里跑跑也无需太多的顾虑。并且，近来的政治家们也知道，只依靠先前的老地盘已无前途可言，只要不被劈头盖脸、义正词严地一顿"说教"，能听一听平时难得一见的人说说话反而会颇觉有趣。

但在这一过程中，最为重要的，是参与和对话能够取得进展，这对激活社会运动，或广义上的"改变社会"来说也是非常重要的。若只顾游说议员，或只热衷于邀请名人，那连你自身的正统性也会受损，参与者的热情也会随之熄灭，最后，就很容易陷入这样的境地："都交给你了"或者是"你自己看着办好了"。

当然，若做法得当，游说与正统性也会相得益彰。比如，"有这样一个可替代方案"，或者是，"这一次，对政治家谁谁谁做了积极工作"，这都会鼓舞参与者们的士气。若要达到这样的效果，就需要将要游说哪一位政治家，要与哪一位名人协商予以公开，让大家参与到决定中去。若领导者独占信息，擅自决定，运动也绝不会向好的方向发展。

战后日本的社会运动

接下来，让我们看一看战后日本实际发生的几次社会运动，以实例思考一下理论运用。

1996 年，新潟县卷町(今新潟市)居民以公投的方式叫停了核电站项目。一般认为，这次运动能以胜利告终，当地广义"保守阶层"的参与功不可没。

　　有分析认为，若只是从町外赶来支援的工会会员、知识分子及一部分反对建核电站的居民，要想撬动议会、制定居民公投条例根本不可能。而这一运动的领导方，也确是扎根当地、有资源动员能力的本地人，而非"外来者"。并且，反对建核电站能获得多数居民赞同的主要原因，则要归功于特殊的认识架构——不是是否赞成核电站建设，而是是否要举行居民公投。

　　当然，它成功了；但也要看到，这一程式之所以能成立，离不开 1990 年代如卷町一样的地方居民对确立公投制度的普遍愿望。举行模拟公投时，参加居民之多令运动方自己都大感意外，而运动就是以此为契机扩大的。

　　在相对狭小的社会，所有人都是利害攸关人员，问题关注度本来就很高，所以在这一案例中，问题本身认识不清、缺乏参与热情等问题并不存在。甚至刚好相反，正因在地方社会的围墙之内，自由表达意志的意愿被长期压抑，匿名表达自我意志的公投才会如此有效。

国际 NGO

　　在分析战后日本其他事例之前，顺便介绍一下运动机理与上述运动——即地方社会型运动——全然不同的各类国际性 NGO。

　　其中，如 WWF（世界自然基金会）、国际特赦组织、无国界医师组织等都在世界范围内拥有大量会员，致力于意识启蒙活动。其他还有在巴勒斯坦经营聋哑学校、将孟加拉国贫穷女性种植的作物销往日本、筹措会费投身于意识启蒙活动的 NPO 等。而笔者就同时是几个组织的会员，向其交纳会费。

　　启蒙活动未必会有制度性目标，而重在改变人们的意识，扩大组织影响，最终向政治施加一定的影响。

　　这类组织虽在世界范围内拥有大量会员，却基本不会组织游行类活动，并且，为最大可能地广纳会员，他们也会力避复杂政治关系，采取不偏不倚、不党不私的中立立场。从这一点来说，他们也不适合组织抗议活动。但也正因如此，很多会员仅仅止步于被启蒙，而不会成长为活动家。

而其活动家在进一步专业化以后，也会投身于政治游说。有的组织也会以社会事业的形式致力于发现社会问题，催生需求，进而走经营之路。

可以说，对这类活动而言，资源动员论与政治结构机会论就比较适用。

但既然是启蒙活动，就难以摆脱"有知方"与"无知方"的关系，若非有意识地积极参与，就很容易分化为"专家"与"只交会费的会员"，即"主体与客体"的分化。

生活俱乐部

既是一种风险性商业活动，又具有强烈社会运动性格的，就是"社会性事业"，对日本来说，这也不是最近才出现的新生事物。可以说，早在1956 年，由东京都世田谷区"共同购物三人组"发展起来的生活俱乐部即为其一。如今，该俱乐部已发展成为会员达 35 万之众的生活协会。

生活俱乐部的创建，始于食品的有害添加剂问题，后发展成为直接从合作农户、养殖户购入无农药有机农产品，再分销给市内会员的社会运动。再后来，该协会又把自己的"代理人"送入地方议会，打造出了不同于既有政党的自己的派别。而在反对核电的签名征集等活动中，该组织也是战绩不菲。

生活俱乐部的特点在于，并非以减轻参与者负担的方式增加会员。最近的大型流通业多是采用如下模式：在产地国际化中选择物美价廉的供货方，然后向消费者提供物美价廉的多样化商品，出现不合格产品就受理索赔。也就是说，这是一个生产者的日子很不好过，消费者又只能在商品面前被动选择的系统。"主体"与"客体"是完全分离的。

生活俱乐部的流通机制全然不同。先是会员以地区为单位建制为班，再以班为单位共同协商订货，货到之后，再从班里各自带回。会员之间既能基于班保持联系，又会到生产者那里参观，决定是大家一起做，对生产者的情况也比较了解，所以，即便有形状等不理想的蔬菜到货也极少怨言。有时虽是一头整猪送到班里再由会员切分，看似麻烦，但"做起来非常有趣"。

此外，一般的流通行业都是用票据，也就是借款进货的，所以，一旦卖不掉就有破产之灾。而生活俱乐部却是在订货前先付定金，也就没有了破产之虞，这对生产者米说也是美事一桩。不但一定会有人买自己的产品，货到之后还是以现金结算，等于是上了双重保险。有机农产品的自主流通本是流通界并不熟悉的供销模式，其之所以能扩大开来的一个重要原因，是其对生产方也大有好处。

此外，该俱乐部也不会在全球化的供销环境中选择生产者，而是锁定某一地区建立合作关系。山形县某地所产的大米，半数以上都被生活俱乐部订购，地域社会的经济状况也因之改变。进展顺利，就是一条生产、流通与消费三方联手，互惠互利，互相改变的经营之路。

话虽如此，但以班为单位的订购方式也令部分会员感觉到不便，也不如直接发货到家等，很多人也因此而退会。虽没有具体的统计，但据协会创始人的经验判断，参与这一运动的可能仅占日本总人口的3%左右。而3%，也正是革新者理论所讲的革新者占比。虽说只有3%，但换算下来，也已多达400万人之众，比《周刊少年 JUMP》的发行量还大。也就是说，若是良好的运动，就意味着不断扩大的市场。且这3%的行为方式，也将决定其能否最终改变全社会。

水俣病①诉讼

地方社会往往是保守派占多数，运动也多会成为少数人的零星运

---

① 指 1956—1965 年间，因工业废水污染，在日本熊本县水俣湾附近出现的神经疾患，表现为步履蹒跚、手足麻痹、感觉障碍、视觉丧失、震颤、手足变形等。重者神经失常，或至死亡。——译者

动。起初水俣病患者的抗议运动就是一例。

水俣市，本身就是受益于问题企业新日本氮肥公司才发展起来的城镇，受害者却又只集中于本市的少数渔民，他们在承受病患之苦外，还要遭受当地人的歧视，因所有人都担心"被怪病传染"，走在街上也是人见人躲……

在这样的地方社会，根本就不可能获得多数支持，居民公投就更是无法想象，留给抗议者的就只剩下了一条路——向外部社会控诉！先是当地诗人石牟礼道子以优美文笔著成《苦海净土》一书，对这一问题进行了深刻揭发，产生较大的社会影响，而患者们也组织起来，找到了氮肥公司东京总部的股东大会。

当时，患者们一身素白，举起黑底白字的"怨"字大旗悲壮行进的情形，借由电视、报纸的传播给整个日本社会带来了极为强烈的冲击。这在日本的整个社会运动史上，可能也是视觉及心灵冲击最为震撼的一次。

运动采用了两种形式，其一是"购入一只新日本氮肥公司股票，加入其股东大会"的倡议，若从公司制度及法律层面来说，就是一次股民运动；另一个则是赔偿诉讼，但从当时所发传单来看，患者们想要讨还的，却是某种人世公道："谋财害命者血债血偿！""先天性水俣病①顽症的幕后黑手——新日本氮肥资本若逍遥法外，日本就是暗无天日的人间地狱！"至于发起股东运动，也只为能向社长当面控诉，而他们对董事及负责人的责难，也是："我们不要钱，我们要你一起喝污水！"

这样的运动难以用资源动员论等加以分析。甚至，可能有意见认为，如此"过激"的诉求方式，是无法与经济界、政治界达成共识的，若要达到目的，就应采取更为明智的方式。更别说调动资源、拿出政策性替代方案了。尽管资源动员论把运动的"正当性"也纳入"资源"之内，但多少会给人以事后补缀之感。

---

① 指在胚胎期因母亲食用被水银污染的鱼类，导致水银通过脐带进入胎儿体内，出生后脑神经发育不良的情况。重症者会在成年之前死去。——译者

但就是这样的"非理性"行动，却唤醒了超越于形式理性之上的"理"。当时不少人都感觉，"他们代表了社会的愤怒"。至于是何种愤怒可能就因人而异了，如"尊严被剥夺的愤怒""对资本主义的愤怒""对文明的愤怒""神的愤怒"，等等。而其结果也正如大家所知，该运动不但获得了日本社会的广泛支持，还产生了较大的国际影响。

水俣病患者带给社会的强大冲击力，是冲破文化壁垒，借用不同社会的伦理素材才得以形成的。在日本，石牟礼道子《苦海净土》一书的标题很有佛教意味，而作品中的著名场景——医院内一位神经受损的老年患者，在肢体的痉挛中山呼"天皇万岁"的一幕令人难忘；而在美国摄影师尤金·史密斯的镜头之下，日本母亲抱着患有先天性水俣病的女儿入浴的构图，与圣母怀抱受难基督的《哀悼基督》完全相同……但这一系列的努力，既不是为实现某一制度性目标，也不是要以启蒙活动改变社会意识，而只是发源于对某种社会正义的呼唤。可以说，几乎所有的社会运动，至少在其初始动机中，都会包含这一因素，而很多投身运动的活动家，也都拥有最初打动自己的某一"原始体验"，这与运动方法毫无关系。

可以说，这些要素也是人类所创理论最无力解析的部分。笛卡儿也好牛顿也罢，都认为运动是可用算式把握的，也是人类有能力操控的，但最初激发运动的那种"力量"又是什么呢？他们也只能解释为"神的恩宠"。

越南和平联合会

一般认为，第三章中简略提到的越南和平联（还越南以和平的市民联盟）也是一次成功的社会运动案例。

越南和平联于 1965 年举起大旗，以"无组织运动"为信条。所谓"无组织运动"，就是不再将运动视为个体的运动，而视其为一种状态。活动家就是"在从事活动的人"，而非 活动家个体。所以，普通人投身活动就是活动家，而活动家不活动时就是普通人。但在现实社会中，人又很难逃离个体论的束缚，特别是浸润太久的人，这样的人辞职后去找工作，你问他"能做什么"，他会答"能做部长"。这类回答虽令人啼笑皆非，但说到活动家呢？活动家也只是"在从事活动的人"，并没有更高一层的特殊含义。

所谓越南和平联其实是指人们聚集在越南和平联名下从事社会运动的一种状态，而非组织。与这一定义相应的，就是其运动方式的自由多样。搞示威、办活动、做音乐、出杂志、制徽章都可以。

但因越南和平联没有"中央总部""支部"之类组织关系，所以，虽然直到1969年全日本越南和平联组织已有360个之多，但包括最初成立的东京越南和平联在内，其具体的运动情况却又无人能准确把握。

"无组织运动"本是法国共产党员，物理学家约里奥-居里①致力于和平问题时所提出的运动主张。所以一般认为，这一提法本身就脱胎于马克思的思想。

而具体到越南和平联打出的"无组织运动"口号，似乎是出于对当时重视组织、势力强大的共产党、社会党及工会等的反动，但可以说，其本身具有的思想性意义远在这一动机之上。

正因是这样的运动，越南和平联也没有制定所谓的"纲领"或"统一方针"。至于是否有人参与要看策划的好坏，而绝无强制、组织之说。所以，东京越南和平联发起的游行多时可达5万之众，少时也只有50人左右。

当然，运动过程中也会有讨论，也有人认为，导致此次战争的罪魁祸首就是资本主义，要不要反对资本主义？据说越南和平联对此的态度是，想做的就尽可放开手脚去做，也可以在越南和平联的集会上宣传，要发动这样的运动，那一起来吧！

---

① Jean Frédéric Joliot-Curie(1900—1958)，法国物理学家，诺贝尔化学奖获得者。——译者

越南和平联运动的基本思想，被简称为"越南和平联三原则"。"做想做之事"，"说了自己就要做"，"不批判他人（批判别人？你自己做好了）"。对于这样的思路，令当时的媒体及既有政党大惑不解，据说，报社记者的常问问题是，"越南和平联总部在哪里？""委员长是谁？""运动纲领是什么？""有多少支部？""有多少成员？"，等等。似乎也有意见认为，"连这些事情都不明确，就不是正儿八经的社会运动"。

还有意见认为，因越南和平联不是组织，运动一结束就自行消失。也就是说，美军一旦决定撤离越南，东京越南和平联等就随之解散。也有人感觉这实在可惜，但越南和平联认为，为让组织维持下去，刻意去寻找其他主题投身运动就本末倒置了。当然，因各地团体都是自由行动，也有的成为后来地方市民运动的源头。而其解散仪式，也是越南和平联的一向作风，以各自喜欢的方式各行其是。至于解散之后怎么办，因为是越南和平联，应该也没人会问。

看上去，这就是一场理想的社会运动，但也存在着究竟如何运作的问题。但若实际考察其运动过程也不难发现，在东京越南和平联的中心部位，同样有一批经验丰富、精明强干的活动家，如知识分子、艺术家及退党的原共产党员等，他们的理论、设想及经验，在运动的各个层面都留下了大量痕迹。比如，不惜钻法律空子放美军逃兵出走海外，在美军内部组织反战运动，等等。这就不仅需要相关知识，还需要丰富的实战经验了。

地方越南和平联虽多是年轻人自由结合而成，但似乎也以当地知识分子及工会活动家等为中心。毕竟1960年代，是知识分子、活动家拥有绝对力量的时代，其社会运动即便是基于全新的概念发起，也依然脱离不了这一社会结构。

尽管如此，很多年轻人也积累了丰富的经验，在后来的社会运动中成为中心人物或新闻工作者大显身手的，也不乏其人。

可以说，这次运动的宗旨打破了"活动家"与"普通人"之间的固有藩篱，对鼓舞大家踊跃参与起到了很大的推动作用。但要争取地域社会的多数支持，或要实现制度性目标，这样的运动就不太适用了，一是对地域

社会的渗透度较低，二是在凝聚力、可持续性方面也有局限。但对日益
"自由"的都市型运动来说，这样的形式就再合适不过了。

如此运作必败无疑

以上示例中的运动方式各有长短，只能根据运动的目标及社会条件
有针对性地加以参考。

但总体来说，虽没有"如此行动就一定成功"的无敌铁律，却有"如
此运作必败无疑"的明显倾向。即在不同的时代或社会条件下照搬过去的
成功经验，基本就会以失败而告终。

从整体趋势来看，人们的"自由"会日甚一日，社会的自反性也在不
断增强，个体论思维已很难顺利推进了。不说运动，就看今天的选举，即
便在曾是典型地方社会的选区，浮游选票也是越来越多，保守派候选人要
靠原有做法已是无法当选。

而要避开个体论思维对运动的危害，就需要注意以下几个问题。

第一，不要将运动视为"组织"。在"组织"观念之下，很容易产生
"控制组织"的想法，由此陷入路线纷争、向首领递话等老式运作；而
"保护组织"的想法又极易坠入清除异己、邀约实力人物等徒有形式的操
作。而最终的结果就是合法性下降，参与者远离。这样的事情过去已经有
很多了。

第二，"统一"性思维，也是将组织视为个体的思维。比如，某某工
会有 1 万会员，某某党有 2 万之众，某某同盟有 3 万之师，若三方领导聚
首结成统一战线，就能发动 6 万人的集会……看起来不错，可一旦要统合
意见不一的各方领导，原有方针就要变通，就要以稳妥为要，而对不愿服
从的非核心成员又多以驱除为能事。如此一来，即便集会了，也会成为一
支有势无力的散漫队伍，社会也会视之为"一群怪人"。

不单是组织，个人也不应再视为"个体"。如那个人是活动家，这个
人意识不到位，那个人是某某派，这家伙背叛过一次，那家伙关键时刻没

来，等等。但人既不可能终生"意识不到位"，也未必是至死意见都不同。自己主动一点，或许对方也会改变。

有趣的是，镇压方倒经常会利用运动中的个体论思维。当某一运动扩大到一定规模，镇压方就会想方设法让"稳健派"与"过激派"分裂。比如，以交通违章、妨碍公务等名目逮捕核心人物杀鸡儆猴。如此，有的人就会心生惧意而退出或有所节制。而剩下的就可以斥为"过激派"，并以此确立打压的正当性。即便不直接逮捕，而只是通过强化管制，让运动发展不如预期，也同样可以制造这一分裂。

而一旦在运动内部制造了"稳健派"与"过激派"的对立，"稳健派"会想"只能请过激派退出"，而"过激派"则会怒斥其为"一群毫无骨气的叛徒"，剑拔弩张之下，参与者们也就不来了。队伍缩小，对立就会更为严重。不久，"稳健派"的士气会越来越低，而"过激派"则因越来越偏激，影响力也就就此丧失了。利用个体论思维，将运动瓦解于无形，基本就是这样的"流程"。

这种手段各国都会使用，日本则是始于明治时期对自由民权运动的镇压，并一直沿用达百年之久。并且，因写起来简洁易懂，媒体也往往会以"稳健派与过激派已势同水火"等方式加以报道。

非个体论运动

我们不妨反过来想一想。不再将运动视为组织，而是一种变动中的状态。为实现某一目标制定计划，团结起来共同行动的状态。至于人数多是不是就好，要视目的而定。比如，是大范围、浅覆盖、人多更重要，还是即便是少数，哪怕只有一个人，只要能让人们感觉到"喊出了我们的心声"就好，等等。

认为一切都能还原为数字，且数字越大越好，这虽是现代社会的典型思维，但社会中的一切，却绝非仅此一点就能决定的。认为没有数量就没人相信，没有媒体报道，也就没了自信的想法本身就极为可悲，以这种方式证明的所谓正确，垮塌也只在一瞬之间，比一夜暴跌的股票好不到哪里。

也有人说，"东京的话还能发动数万人的游行，但在地方办不到"，原因似乎在于，大家都在意周围人的目光，不来参加。但这不过是对数字的误解。在人口1 000万的大城市发起一场2万人的游行，与在人口仅万余的小城发起20人的游行，人口比完全相同不说，就效果而言，可能也是后者更好。

当地人之间在游行中的交往也很重要。2011年4月的高圆寺游行，虽有在网络呼吁下赶来的，但相当一部分是因当地人的呼朋唤友而来。在发起此一呼吁的中心人物中，有一位三十几岁的旧货店个体经营者，据说，他所在的商店街老龄化很严重，而给这条老街注入活力的，就是他和朋友们一起开的这些店铺，他也是当地商店协会的副会长。每当上门收购旧货，或在自己店里，他常会与老年主顾聊上几个小时。而在高圆寺游行中，他又与商店街合作，尝试推出"游行折扣"，为参与者们游行后的开怀畅饮提供打折服务，也为这些店做了宣传。

运动方式也没有固定的形式，只要与"这能改变社会"相适合就可以。去找政治家、官僚反映一下情况也是好事，他们之所以选择了如此棘手的工作，初衷也是想为人们做些什么。而要实现，就非当选不可，但在为当选而努力的过程中，却又时时将目的与手段混为一谈，这时候，也需要有人直率地问他们一句："你真是因为想做这些才当政治家的吗？"基本上，没人能"强大"到明知是坏事也能做下去的地步。

政治家与官僚既非无恶不作的魔鬼，但也绝非有求必应的神仙。就像无力尽善尽美的社会运动，政治家也有其自身的无奈与局限。重要的是互相理解，真正对话，携手前行。

人不应被视为个体，而应被视为行为、关系与角色的连续介质。政治家是"在从事政治活动的人"，活动家是"在从事社会活动的人"，领导人是"在从事领导工作的人"，不是"我是部长"，而是"对你来说，我是部长"。

也许有人会想，如此一来，就没有一个稳定的"自我"了。也并非如此。若在以前就不用说了，当今社会，"全天候的终生母亲"与"在孩子面前时就是妈妈的母亲"，哪一个更轻松，更开心，哪一个"自我"更稳定，或者说，哪一个才是"好母亲"呢？

但在运动中，基于不同性格的角色分工却也不是坏事。出谋划策的人、具体实施的人、斡旋的人、一丝不苟的人、活跃气氛的人、没有实际帮助但有他就开心的人，等等。

也有人并无特长，虽喜欢批判，却又拙于对话，不谙世事。一般情况下，先不说其是否适合搞运动，在生活方面他们也基本不太擅长，但这样的人在运动中却也有供其发挥的地方，比如让他们在网上发牢骚。等他们找到感觉，或许还可赋之以其他角色。

有趣的是，几乎在所有的"社会"中都会有上述角色。领导者、斡旋者、智者、勤奋者、艺人、诗人、多余人、玩世不恭的人，等等，没有一个团体的成员全都是精明能干的领导人才，也没有一个团体能令玩世不恭者绝迹。即便是全由艺人组成的娱乐公司，全由学者组成的大学，上述角色自然都会有人扮演。每当看到这一现象笔者都不由会想，也许，人类就只会创造这样的社会吧。

如此说来，昨天的领导者也许今天就不活动了，今天的玩世不恭者明天就成热情的活动家了，而危急时刻突发神力，解全局之危的也许就是那个一无是处的多余人。组织论中有一个常识，若某一组织向着某一方向，不断提高效率，禁绝一切无用之功与不同意见，那其应对环境变化与突发事态的能力就会非常不堪一击。

虽是绝对论，但这个世界上是否真有"无用之人"真就很难说。柏拉图认为，统治阶级、战士阶级、劳动阶级，都是各类灵魂特点在人世中的体现，哪一个国家都需要，而其和谐共存就是"正义"的实现。亚当·斯密也认为，人的能力本身并无太大差别，所谓角色与职业，不过是行业分工的一个结果而已。或许真是如此吧。

个体论战略思维

当然，个体论思维也不能一概否定。比如在制定战略方面，就能发挥不小的作用。明确对抗一方的资源配置，洞见其弱点，并有效调动己方资源，这一运动方式"简洁明了"，易于激发参与者的群体士气。

比如，想要引发媒体关注某一方面，个体论思维就很有效。媒体的倾向是，"没有个体论框架，会产生认知困难"，"普通读者（视听者）认为不重要的，我们不能报道"。在媒体眼中，"普通读者"是永远不变的。

所以，如果认为借助媒体对社会运动来说很重要，那就应搭建一个易于认知的框架，塑造出明确的"主体"与"客体"。

而最需要注意的是，一旦情况有变，个性论战略就会随即失效。就像所有的科学实验，只会在物体不做理论外运动、外部环境可忽略不计时才会有效。"职业政治家"与"职业活动家"的思维与此相似，要确立政策A，就需要政治家B采取行动，而要B行动，只要与团体C交涉并向其施压。但其成立前提是，A、B、C都会基于预想中的利益需求而行动；并且，外部环境中的社会舆论、小规模社会抗议等也不会发展成大问题。但若事态发生重大变化，一直以为会漠不关心的人们却突然不断投身于抵制运动了，那原来的设想就不仅会失效，反而是有害了。在这样的情况下，自己采取主动，去改变人们的想法等关系论思维会更有成效。

在哲学与社会学中有"目的理性"与"形式理性"的区分，或许可把"目的理性"理解为追求真理，而把"形式理性"（工具理性）理解为追求真理的工具或手段。但人们又往往会因过分执着于手段而忘记目的，这一点也不仅限于社会运动。谁都知道，幸福才是目的，有偿劳动只是手段，但因劳动过度搞垮身体、破坏家庭、毁掉友情之事却又是屡见不鲜。

政治呢？本是为实现政治抱负才取得了政权，却又会为维持政权而放弃抱负，为公共投资而公共投资，为核电而核电，为制度而制度，为选举而选举，等等。

　　社会运动也一样，为保护组织而将运动毁于一旦，为争取政治家支持而变质为拉票组织，本应是社会事业却办成了营利企业……搞不清他们当初发起运动都是为了什么。

　　就像一开始所强调的，认清目的才是最为重要的。就像哲学王的培养，具体的形式理论大可放到后面学习，甚至可以直接交与他人。为实现目的，选择对象与方法固然重要，但若被方法绑架而迷失了目的，就是将他人，连同自己都视为手段，会让所有人都陷入不幸之中。

快乐的社会运动

　　对社会运动来说，有趣、有气氛也极为重要。当然，相比于开心，也确曾有过战斗性思想更有吸引力的时代，但也可以说，所谓"战斗性"，也不过是符合当时时代特点的一种表述。

　　笔者对今天"和平游行意义"的个人理解，首先就是开心。队伍里，志同道合者大有人在，有久别重逢的故旧，也有因共同话题而结交的新知，这就是一个社交场所。每个人都从中获得力量，这就是一件大好事。第一章中也曾提到，自2011年3月以来，已有越来越多的人亲身体会到了这一点。

　　和平游行与集会等，过去也曾是夸耀数量的手段。但在各类媒体日益发达的今天，若只为夸耀数量，其他方法多的是。一个个有血有肉的人汇聚到一起营造出来的，来自五官的复合感受，或超越了五官的那种"热闹气氛"，却是任何媒体都无法替代的。民主主义的真正原点，也正是参与者个个活灵活现，旁观者也人人想加入其中的"祭祀型政务"。

　　这也并不止于游行，在投身于某种活动的团体与个人那里，这也是共能的。甚至是行政方主办的听证会、审议会，只要真是意在地区发展、政策制定等的讨论，就会迸发出活力，人们就会参与。但若早就有了结论，所谓听证、审议不过是个形式，就会因其无趣而没人参加了，即便是配上插图，再怎么"深入浅出"也不过是一种宣传和公告，就没人会因此而开心。

参与的愉悦比数字重要。当抱怨"人数不多啊","为什么不来啊","不来的就是叛徒"的时候,往往是自己都感觉没意思的时候。

我曾见过英国铁路迷们的集会,一起开动迷你小火车时,溢于言表的那种发自内心的愉悦,既没有"这不过是为了满足自我"的假谦虚,也没有"我的知识比你丰富多了"的争强和批判。事物本身有趣,本身就是目的时,人是不去追求炫耀自己、贬低他人之类"结果"的。应试学习就是这样的典型。实际上是既无趣又空虚的行为,若借用阿伦特的说法,就是为生存而不得已从事"劳动"时,人才会寻求通过与他人比较以确定自己位置,通过贬低他人以获取优越感之类的"结果"。

若是受到这些可怜的"结果人"的非难,也实在没有在意的必要。就像在日益复杂的现代社会,不会有绝对的安全一样,也不可能有全然不被批判的事物。学校与职场欺凌也一样,若你哭了或是起而还击,反会让对方感觉有趣,欺凌更甚。

面对社会问题不能在意他人的非难,"安分守己,老老实实,政府和企业自然会为我们做些什么"的想法最好是放弃。政府、企业和媒体首先会关注动静大的地方。不说也会为你做,这种事只会发生在父母子女,或类似关系之中。

谈起福岛核电站事故时,笔者的一位朋友说:"这么严重的核电站事故要发生在法国,东电总部前早就堆满农民们卖不出去的烂菜了。"也有人说:"要在阿拉伯各国,国民们一早就知道政府、电视台会扯谎,让他们在政府指示下达前束手待命?!门儿都没有!"

不说国外,就说近代日本,大正年间与昭和初期的米骚动、二战结束之后的一系列社会运动等,日本人当时的行动也与现在大不相同。现在这种"什么都不做,政府、企业总会为我们做些什么"的感觉产生于高速成长后补助金过度发放,终身雇佣制进入全盛期的时代,但现在,政治家们已让大家"自谋生路",自己不行动就不会有任何改变。

也有人说,自己被坚硬冰冷的墙壁包围无法发声。但我认为,这话说反了。在他人看来，不发声的你就是这面墙的一部分。关系都是塑造与被塑造的，关系不会因等待而改变。当然，一旦发声，或许就会与某些人处于一时的敌对状态，但你的真正伙伴也会出现。

在 2011 年东京的某次弃核游行中，听说有过这样一件事，有一名成绩很好的高中男生，在过街天桥上看到行进队伍经过，不由态度恶劣地来了一句："日本人真是有闲啊！"也就是说，我被学习追得没白没黑，你们却大白天没事干，搞什么游行？！真是羡慕嫉妒恨，恶语嘴边生了。但让人意外的是，一参与就着迷的往往就是这样的人。冷笑的人、非难的人，实际上都是已在关注、已经与运动发生关系的人。他们与运动发生之前已然不同。

这就像俗话说的，"爱的反面不是恨，而是冷漠"，所以，说"你们这就是为了满足自我"，质问你"能有什么结果"的人，实际上多是已经在关心，甚至忍不住就要一脚踏入游行行列的人。或许可以称他们为潜在伙伴吧。若冲其一笑，或许对方就会改变。

放眼现代日本，想做点什么的日本人真不在少数。不只是去做志愿者的，去参加英语口语班的，去做音乐、去跳舞的，每天都去更新博客的，等等。一股想做更开心、更有趣之事的能量蓄满了整个日本列岛，或许，在每一个人的内心最深处，就是想彻底改变日本社会也未可知。问题是说到底，人怎么样才会开心呢？

买了这个不喜欢了买下一个；这个政治家不行，指望另一个；这个运动参加了，不太好，去别地方看看；自己拥有的夸耀一番，别人拥有的批判一顿……这些，实际上是不会让你开心的。为什么？这都不过是自己立于安全地带，而将对象视为可以取换的零件。或许无需费力，不会受伤，但人是欲望深重的动物，只是被动"消费"，而不采取行动自己做点什么，不与他人建立某种关系，是很难真正满足的。

采取行动，投身活动，与他人一起"打造社会"，是非常开心的。或许有人认为，这是理想主义，这不可能，这太麻烦，这很可怕。如果你认为现状就很好或还能忍受，那就请一直这样下去，但能持续多久也很难说。

要改变社会，自己先要改变；而要改变自己，就要采取行动！这话听起来像陈词滥调，但赋予其全新含义的时代已经向我们走来。

后　记

　　2009 年夏，我刚完成一本较大部头的书便于同年 9 月突然昏迷，住院疗养了一年左右。医生告诉我业已痊愈时，已是 2011 年的 4 月。

　　2000 年代后半期，写作对我来说已是一件相当困难，也颇感疲倦的事，也就没有太多的心力去关注社会的动向。但疗养期间，就像刚从国外回来一样，暂隔一段时间之后再度观察日本时突然感觉，与五六年前相比，日本社会已是大不相同。既然万幸捡回一条命，就想好好研究一下这些新的变化。

　　就在这时，东日本大地震、福岛核电站事故发生了。就像很多人亲身经历的一样，一时间，我也被巨大的恐怖与紧张挟持了……但就在第二个月，2011 年 4 月，东京高圆寺游行爆发，笔者前往参加时，感受到了与震后情绪"判若两人"的极大的开放感与无穷的活力。

　　参加游行我一向不反感。1980 年代的反核、反核电、2003 年的反伊战、2007 年的非正式员工运动等我都去过。但 2011 年这一次也是情况特殊，给我留下了不同以往的深刻印象。高圆寺游行之后，又发生了多次游行及其他社会活动，与之相关的会议也召开了很多，这中间，只要主办方来邀请我就会前往，或演讲，或召开新闻发布会，或参加筹备会，也曾为游行代表与首相的会见牵线搭桥等，去了很多运动现场。

　　在参与这些活动的过程中，笔者住所所在地东京都世田谷区下北沢又出现了大型干道的开发问题，于是又参与其中，与商店街、町内会、地方议员、区长、地方及国家行政负责人等进行了多次谈话。就是在这一过程中，我才大致明白了地域社会与地方政治是如何运作的，核电或为其一，不合理之处如此之多的公共投资又是如何推进的，也深切地感受到，这样的政治运作已经与现代社会的实际形态相脱节。

前往各类运动现场之于我的意义，是既能与久违的故旧重逢，又能结识意气相投的新知，而最为重要的，则是置身于社会变化的现场本身就令人愉快。就像去印度时写的日记，我喜欢去不同的地方，与人们交流，喜欢观察社会。而能将实地考察中的见闻与来自书籍、资料的研究两相对照，对我的本职研究也是一种推动。而从未想过所谓"知识分子的政治参与"。就像在本书中说过的，"知识分子与大众"的旧有模式本身就已不复存在，"知识分子"来指导运动也已不再成立。

笔者在上述活动中的所思所想及同时进行的研究，再加过去的积累与学习，所有这些合于一处，最终成就的就是本书。

在对各国思想的观照中，我也感觉到了各不相同的"国家性格"，或曰"国情"。

比如法国，基本就是"笛卡儿的合理性"与"涂尔干整体性"之间的对立模式不断地循环往复；而德国的思想，则分为"目的理性"与"形式理性"，二者在相互作用的辩证关系中超越对立；美国呢？则一方是以（竞技）游戏理论为代表的个体论合理主义，一方是提倡生态学与网络的整体论，双方虽处于对立状态，但双方又都以主动性、创业精神及实用科学等为共同意识基础。其他国家如印度、韩国等，说到底也都有其独特的思想性"国家性格"。

为什么会有这样的不同，不得而知。有可能，由于各地区及不同语言文化圈的社会构造、历史发展过程等，致使其本身本应具有普遍性的"公"与"私"、"圣"与"俗"的定位，以不同的表现方式呈现了出来。但是否如此也无法确定。

那么，要说日本的思想特点是什么，是否可以说就在如下的对立模式之中呢？即"原则话与真心话""政治与文学""官与民""启蒙思想与本土意识""西洋与东洋""大汉思想与大和精神"等，每一组都是日本人非常熟悉的。是否可以说，前者是长于近代科学、西洋思想、经济学、儒教等"外来思想"，而后者却坚信"外来思想无以言尽的日本"才真正重要呢？也就是说，"外来思想"与"本土意识"这一对立模式的存在就是日本的思想特点，或说"国家性格"呢？

但其复杂之处在于，双方在"圣"与"俗"、"体制内"与"抗议方"等领域内的具体定位，似又会依时代与具体案例而改变。

比如，有时候政府是现代科学与工业文明的代表，而民间则以传统佛教与本土思想奋力抵抗；但有时候，政府又成了前现代的、东洋的非合理主义代表，而批判方则成了以西洋思想为武器的现代公民。也有更为复杂的多重对立，如抗议方及马克思主义者将政府视为前现代代表，并以现代思想发起猛攻，但批判这些政党的评论家与学生却又以本土思想为武器，将政府视为现代产业文明的象征……

这些对立，似乎是源于以下的意见分歧，即一方认为，"只要找到了这条路，就一定能抵达至善之境"，但另一方却不以为然，"不懂你在说什么"。在这种情况下，若前者真的看到了"光明"或"真理"还好，但实际情况，却往往是连他们自己都搞不清楚，唯一能给出的理据，就是"伟人及西方思想家就是这么说的，错不了！"如此一来对立自然就加剧了。"搞不懂"派当然就越来越多，并理直气壮地讥之以"说教这么多，不过是想成为权威而已"。

西洋思想（被视为"西洋思想"）也好，日本思想（被视为"日本思想"）也罢，双方各自想表达的内容本身并无太大的不同。即为表达"理"，是借用"西洋思想"还是"本土思想"，几乎只是在履行一个"程序"而已。

但凡事都要按照教科书式学习习惯画叉的人，不分类、不贴标签就神不清气不爽的人，却往往会除"程序"之外便一无所见。这样的人要么会莫名其妙地固执于"程序"与形式，要么就轻率转向，弃旧从新。

可悲的是，或许是因为政府或帝国大学的毕业生们是在不甚了了的情况下引入西方文化，推动现代化进程的，日本历史中的这种固执与转向可谓多不胜数。这就难怪"搞不懂你在说什么"这一方的主张，看起来更像是"真正掌握了的思想"了。

而近现代日本文学中的角色，特别是"自传体小说"中的那个"我"，就多是"搞不懂你在说什么"的那个"我"。在工作、家庭及地域社会状态稳定，能拥有相对安定的"个人生活"的时代，或许这样的一个"我"也很不错。

在这样的"国家性格"之下，无论近现代日本引入哪种"最新的外来思想"，都不过是又有了可以更换的争论材料，但争论本身却依然是原来争论的循环往复。被视为"说教"一方所用的工具，此时换成马克思主义，彼时又换成"现代公民社会论"，而"搞不懂你在说什么"一方，则是此时换成黑格尔，彼时又换成后现代，等等。

上述德国、法国批判合理主义的思想，被"搞不懂你在说什么"一方拿来后，就成了"日本本土意识"正当化的依据，从明治时期的国体论，用到昭和初期的京都学派，并一直用到了高速经济增长期的日本文化论。当然，说教方中也有人用后现代思想作材料，这也无妨，拿其他材料来继续说"搞不懂你在说什么"就可以了……

曾被视为日本长处的那些方面，比如日本企业在一定时期内的超高生产率，日本的自然保护运动等，都以"搞不懂你在说什么"的主张为支撑。并且，就算批判其"可恶"，也会立即被视为"说教"，"搞不懂你在说什么"的人会再次增多，双方再次陷入到同样的循环往复之中，再来一遍……

而笔者最不希望发生的，就是突然有读者表示，你的说教太棒了，请一定把正确答案告诉我，都听你的，也不用自己动脑子了。倘如此，只能说明这本书白写了。

不断更换"正确答案"的材料，这回是政府，下回是市场，再下回又是 NPO，或一次次对之以"搞不懂你在说什么"，然后就等某人交给自己一个"新的正确答案"，都无法给我们一个新的开始。在既有思路堵塞时，不能只是更换材料与零件，而是真正意义上的思维转型。

而要真正转型，就要借助本国历史与国外思想，了解不同的思维方式，明了既有思路的狭窄。然后，再对原有思维如何改变，如何维持加以重新思考。而为做到这一点，本国历史，外国情势，及社会科学的视角等就必不可少。我也想通过本书向读者朋友提供这些视角。但再多的努力，至多也不过是从旁相助。读者阅读这本书之前，或许我的知识多一些，但读过之后，我们也就没什么区别了。所以接下来，希望大家用自己的双脚，或与其他读者一起，继续前行。

笔者研究至今的专业是日本近现代史，第四章至第六章的思想部分，以及第七章的社会运动理论，实际上都不在我的专业之内，更熟悉这些领域的大有人在，但目前，我又没有找到有助于"改变社会"，或为了解现代日本提供基本知识素养的书，于是就把我自认为有必要了解的内容写了下来。

因不能出现错误贻害读者，我也尽力对书中出现的事实关系进行了谨慎、仔细的核对，并请熟知思想史的杉田敦先生、熟知科学史的平川秀先生、熟知社会运动理论的长谷川公一先生及熟知社会保障的仁平典宏先生，分别对相关内容进行了确认。当然，最终为本书负文责的是我。

此外，想进一步了解日本的经济、思想及社会运动的读者，请不要满足于本书的介绍，务必做一番专业性的研究，或阅读原著。当然，本书没有介绍到的重要思想与学问谱系浩如烟海，若能把本书视为垫脚之石继续攀登，则是笔者之幸。本书第一章中写到的，日本社会在 1990 年代之后的变化、《日美安保条约》及美军基地问题等，在我于 2011 年 10 月刊行的合著本《平成史》（河出书房新社）中有更为详细的介绍，有兴趣的朋友也不妨找来一读。

包括笔者在本书中介绍的思想在内，书中所写都不是什么新鲜事物，后工业社会论早已有之，吉登斯及贝克等人的思想、主张，也早在约20 年前就已提出，都不是所谓"最新思想"。但在对欧洲思想家进行考察时又会发现，不管是吉登斯、贝克，还是与之论战的哈贝马斯①、布迪

---

① Jürgen Habermas(1929—)，德国当代最重要的哲学家、社会理论家之一。西方马克思主义法兰克福学派第二代中坚人物。——译者

厄，还是萨特①、福柯②，他们在论争中熟练运用的就是辩证法、物象化与现象学，而辩证法与现象学，又都是古希腊即已有之的认知思维原型，所以，恐怕他们本人也从不认为，自己的想法就有什么新奇，或是人类史上的第一次大发现。即便是笔者，虽时时会赞叹他们的运用之妙，思虑之周，却从不感觉他们的想法有多么的新奇。

这也正是欧洲思想的强大之处。不图新、不求奇，而是驾轻就熟地运用古已有之的思想方法，双方的争论也因此而具有了一个共通的基础，并能在此基础之上不断积累。但现代日本，当然也不只是现代日本，争论中往往会有人突然跳将出来，斩钉截铁地宣称某一思想为"划时代的最新思想"，可一回头就忘了个一干二净，然后原地踏步，周而复始重复原来的争论。与此相比，欧洲思想界确实拥有一个共通的论辩基础。

但即便是日本，热衷于"你追我赶"地竞相引入"西方最新思想"的时代也已走向终结，同时终结的，还有或说教或成为权威而不可一世的时代。是时候放弃对"最新思想"的追逐，而进入到在共通的基础之上，为共建一个怎样的社会而真正对话的时代了。

从广义上来说，所谓社会运动，就是人类的一种表达方式。推而广之，工作、政治、艺术、言论、研究、家务、恋爱等也都是人类的表达方式，创建社会的方式。无论哪一种，一旦不能如预想般展开，人就会枯竭。

面对"游行又能改变什么"的诘问，有人答之以"能创建一个能够发起游行的社会"。从某种意义上来说，这一回答实在是至理名言，面对"对话又能改变什么"的诘问，就答之以能创建一个可以对话的社会，一个可以建立对话关系的社会；面对"参与又能改变什么"的诘问，就答之以能创建一个可以参与的社会，催生一个能够参与的自己……

---

① Jean-Paul Satre (1905—1980)，法国思想家、作家，存在主义哲学大师。——译者
② Michel Foucault (1926—1984)，法国哲学家。有"思想系统的历史学家"之称。——译者

在本书成稿，直至置于读者案头的过程中，除笔者之外，很多人也都已参与其中。既有出版社的编辑、营销与宣传人员，也有校对、设计、印刷、制作、经销、送货及仓库管理人员，还有书店、图书馆的职员，等等。作为书籍内容的责任人，署的虽是我的名字，但仅凭笔者一人之力，这本书根本就无法送到读者们的手中。对我来说，除编辑之外，其他工作人员均不知其名，就借该书出版的机会向各位一并致谢。最后，也要向阅读本书的您衷心地道一声感谢。

写这本书非因笔者握有那把解决一切问题的"万能钥匙"，而是希望您在阅读中获得力量，更希望能为您迈出坚实的下一步铺下一块垫脚之石。

小熊英二

图书在版编目(CIP)数据

改变社会/(日)小熊英二著;王俊之译.—上海:
上海译文出版社,2017.1
(大学译丛)
ISBN 978-7-5327-7315-2

Ⅰ.①改… Ⅱ.①小… ②王… Ⅲ.①社会发展史—
研究—日本—现代 Ⅳ.①K313.5

中国版本图书馆 CIP 数据核字(2016)第 176325 号

SHAKAI O KAERU NIWA
© Eiji Oguma 2012
All rights reserved.
Original Japanese edition published by KODANSHA LTD.
Simplified Chinese character edition publication rights arranged with KODANSHA
LTD. through KODANSHA BEIJING CULTURE LTD. Beijing,China.
本书由日本讲谈社授权上海译文出版社发行简体字中文版,版权所有,未经书面同意,
不得以任何方式作全面或局部翻印、仿制或转载。

图字:09-2014-119 号

改变社会

[日]小熊英二 著 王俊之 译
责任编辑/李 洁 张吉人 装帧设计/未氓设计工作室

上海世纪出版股份有限公司
译文出版社出版
网址:www.yiwen.com.cn
上海世纪出版股份有限公司发行中心发行
200001 上海福建中路 193 号 www.ewen.co
上海信老印刷厂印刷

开本 890×1240 1/32 印张 9.25 插页 2 字数 201,000
2017 年 1 月第 1 版 2017 年 1 月第 1 次印刷
印数:0,001—5,000 册

ISBN 978-7-5327-7315-2/D·114
定价:45.00 元

大学译丛　书目